AF246443

FACULTÉ DE DROIT DE PARIS

DROIT ROMAIN

DE L'ACTION
FINIUM REGUNDORUM

DROIT FRANÇAIS

DE LA

CONDITION DES TRANSPORTÉS
AUX COLONIES
(ÉTUDE DE COLONISATION PÉNALE)

THÈSE POUR LE DOCTORAT

PAR

Aris BOUTINET

Avocat à la Cour d'appel

PARIS

LIBRAIRIE NOUVELLE DE DROIT ET DE JURISPRUDENCE

ARTHUR ROUSSEAU, ÉDITEUR

14, RUE SOUFFLOT ET RUE TOULLIER, 13

1889

THÈSE

POUR LE DOCTORAT

DROIT ROMAIN

DE L'ACTION
FINIUM REGUNDORUM

DROIT FRANÇAIS

DE LA
CONDITION DES TRANSPORTÉS
AUX COLONIES
(ÉTUDE DE COLONISATION PÉNALE)

THÈSE POUR LE DOCTORAT

L'ACTE PUBLIC SUR LES MATIÈRES CI-APRÈS

Sera soutenu le jeudi 2 juillet 1889, à 2 heures 1/2

PAR

Aris BOUTINET
Avocat à la Cour d'appel

PRÉSIDENT : M. LEVEILLÉ

SUFFRAGANTS :
- MM. BUFNOIR. *Professeur.*
- JOBBÉ DUVAL. *Agrégés.*
- LÉON MICHEL.

PARIS

LIBRAIRIE NOUVELLE DE DROIT ET DE JURISPRUDENCE
ARTHUR ROUSSEAU, ÉDITEUR
14, RUE SOUFFLOT ET RUE TOULLIER, 13

1889

A MON PÈRE

A MA MÈRE

DE

L'ACTION « FINIUM REGUNDORUM »

INTRODUCTION

Nous n'entreprenons pas ici d'exposer dans leur ensemble les différentes règles qui régissaient le bornage chez les Romains. Cette étude, pour être présentée sans lacunes, exigerait des développements que la nature de notre travail ne saurait comporter. Si l'on voulait, en effet, rechercher quelles étaient, dans l'ancienne Rome, les règles suivies sur la délimitation de la propriété, sur la conservation des bornes, et sur la sanction des obligations des citoyens en cette matière, on se trouverait amené à examiner les institutions politiques et religieuses qui se rattachent à l'histoire de la propriété romaine.

Le droit de propriété a été tout d'abord établi à Rome par la religion.

BOUTINET.   1

« Ce ne furent pas les lois qui garantirent au début
le droit de propriété, dit M. Fustel de Coulanges, ce
fut la religion.....

« Il est assez évident que la propriété privée était
une institution dont la religion domestique ne pouvait
pas se passer. Cette religion prescrivait d'isoler le
domicile et d'isoler aussi la sépulture : la vie en commun a donc été impossible. La même religion com-
mandait que le foyer fut fixé au sol, que le tombeau
ne fut ni détruit ni déplacé. Supprimez la propriété, le
foyer sera errant, les familles se mêleront, les morts
seront abandonnés et sans culte. Par le foyer inébran-
lable et la sépulture permanente, la famille a pris possession du sol, la terre a été en quelque sorte imbue
et pénétrée par la religion du foyer et des ancêtres [1]. »

Le bornage, aussi ancien que le droit de propriété
auquel il se rattache inséparablement, eut lui-même,
à l'origine, un caractère religieux. Ainsi que l'a dit
Michelet : « L'orientation et la limitation constituaient,
chez les anciens, une sorte de religion de la propriété [2]. »

Les géomètres élevés à la dignité de grands-prêtres
formaient le collège important des *agrimensores* ; l'arpentage n'était pas seulement une opération géomé-
trique, mais consistait aussi dans des rites religieux

1. Fustel de Coulanges, *Cité Antique*, p. 70.
2. Michelet, *Origines du droit français*, préface, p. 25.

rigoureusement observés ; enfin, la violation des bornes était punie des peines du sacrilège : « *Qui terminum exarasset*, dit Festus, *et ipsum et boves sacros esse*[1]. »

Ces idées anciennes disparurent peu à peu, et le droit de propriété ainsi que le bornage perdirent tout caractère religieux. La délimitation des terrains ramenée à une opération ordinaire, les *agrimensores* devinrent de simples géomètres.

C'est alors que s'établirent les règles de l'action *finium regundorum* telles que nous les ont transmises les compilations du Bas-Empire. Ce sont ces règles qui ont traversé l'ancien droit pour passer en grande partie dans notre législation, que nous nous proposons d'étudier.

Laissant de côté la période du droit romain dans laquelle la limitation avait un caractère religieux et solennel, nous ne rechercherons donc pas quels étaient les rites sacrés et les procédés techniques suivis par les *agrimensores* dans les opérations du bornage. C'est au seul point de vue de l'établissement et de la conservation des bornes, au moyen de l'action *finium regundorum*, telle qu'elle fut organisée dans le droit classique et dans le droit de Justinien, que nous voulons nous placer. Notre étude ainsi limitée n'offre pas un pur intérêt d'érudition, elle comprend, en effet,

1. Festus, v° *Terminus*.

l'explication de règles et de principes qui sont encore en grande partie appliqués, ce qui montre bien que, sur ce point comme sur tant d'autres, l'œuvre des lois romaines n'avait pas un caractère arbitraire et passager.

Après avoir dit quelques mots de l'origine et du fondement de l'action *finium regundorum*, nous examinerons successivement : l'objet de l'action, ses conditions d'exercice, ses caractères, sa procédure, et, en dernier lieu, les fins de non recevoir qu'on pouvait opposer au demandeur qui voulait l'exercer.

CHAPITRE PREMIER

ORIGINE ET FONDEMENT DE L'ACTION *FINIUM REGUNDORUM*

A l'origine de Rome, quand les terres furent l'objet, sous les rois, d'un partage entre citoyens, le bornage eût lieu avec un caractère exclusivement religieux.

La délimitation de chaque pièce de terre ne se fit pas séparément, mais se rattacha à une division d'ensemble qui, conservée au moyen d'un plan figuratif, permettait aisément de se rendre compte de l'étendue et de la situation d'une parcelle quelconque. Plus tard, chaque fois que des terres conquises par les Romains donnèrent lieu à un partage, il se fit de la même façon et le bornage fut soumis aux mêmes règles.

Les terres se divisaient alors en deux classes bien distinctes, celles du domaine public, et celles qui avaient été distraites de ce domaine, pour faire l'objet d'un droit de propriété au profit des particuliers.

L'*ager publicus* comprenait presque exclusivement les territoires pris aux vaincus et qui n'avaient été ni distribués ni vendus [1]. Ces terres reçurent à l'origine plusieurs destinations différentes. Les unes étaient exploitées au compte du trésor public [2], les autres, abandonnées aux vétérans de l'armée, moyennant une redevance, faisaient l'objet d'un droit particulier appelé *possessio;* et prenaient le nom *d'agri occupatorii* [3]. Enfin, il arrivait souvent que les Romains, après avoir soumis un pays, ne dépossédaient pas complètement ses habitants. Les vainqueurs, dans ce cas, se contentaient de changer le titre de jouissance des vaincus ; de propriétaires libres ils en faisaient des tributaires, qui, chaque année, devaient verser au trésor des sommes déterminées. Les fonds de terre qui se trouvaient ainsi restitués, dans une certaine mesure, portaient le nom *d'agri redditi* [4].

L'*ager privatus* était une portion distraite de l'*ager publicus* que l'Etat concédait gratuitement ou vendait aux particuliers, qui en avaient désormais la libre disposition.

L'*ager privatus* comprenait notamment des *agri*

1. V. M. Garsonnet, *Locat. perpét.*, p. 77 et s.
2. Cic., de lege agraria, II, § 29.
3. Hygin, *Grom. vet.* p. 205 ; — M. Garsonnet, *op. cit.*, p. 115.
4. V. M. Garsonnet, *op. cit.*, p. 101.

assignati et des *agri quæstorii*. Les *agri assignati* étaient distribués gratuitement aux soldats ou aux citoyens; les assignations de terres étaient le plus souvent accompagnées de la fondation de colonies dépendantes de Rome[1]. Par *agri quæstorii* on désignait les terres, qui, à la suite de conquêtes, étaient réparties par lots et vendues ainsi aux citoyens par les soins du questeur[2].

La distinction que nous venons d'établir entre l'*ager publicus* et l'*ager privatus*, fort importante, au point de vue du caractère de la possession des terrains qu'ils comprenaient, offre également un grand intérêt, relativement au bornage.

On ne pouvait, tout d'abord, obtenir ni concession ni vente de terres appartenant à l'Etat sans qu'un mesurage exact et une délimitation parfaite eussent été faits. Aussi, lorsqu'une loi intervenait, déterminant une certaine quantité de terrain qui devait être aliénée, le rôle des *agrimensores* commençait. Hyginus[3] et Siculus Flaccus[4] ont longuement décrit les

1. V. Garsonnet, p. 86 et s.

2. Siculus Flaccus, *De conditionibus agrorum*, Grom. vet., p. 152; M. Garsonnet, p. 112. — Les *Agri vectigales*, à l'époque classique, étaient sans doute de simples concessions de l'*ager publicus*. A l'époque du Bas-Empire, ils n'appartiennent plus à l'Etat, mais aux cités et aux temples. Les *agri quæstori* ont peut-être aussi, au début, constitué de simples possessions du domaine public; v. M. Garsonnet, p. 106 et s.

3. Hygin, *Grom. vet.*, p. 108 et s.

4. Siculus Flaccus, *loc. cit.*, p. 134 et s.

procédés à la fois solennels et techniques auxquels le bornage donnait lieu.

Sans rentrer dans l'examen des détails d'exécution de cette opération, nous indiquerons seulement ici les résultats qui découlaient du tracé des limites [1]. Les *agrimensores*, après avoir établi la délimitation des terres obtenues par les particuliers, en dressaient un plan qui devait servir plus tard à éviter toute contestation, au sujet de la contenance. Ils pouvaient d'ailleurs encourir une responsabilité pécuniaire lorsqu'ils se trompaient de mesure soit par leur faute, soit par leur dol. Quant aux indications qu'ils fournissaient, elles faisaient foi à l'égard de tous. Siculus Flaccus, dit en effet : « *Quidquid instituerunt, curandum erit ut fide publica æstimetur, nequis voluntario finem proferat* [2]. »

Le même Siculus Flaccus nous apprend que les possesseurs d'*agri occupatorii* [3] frappés des avantages qui résultaient ainsi de la limitation des propriétés, ne tardèrent pas également à recourir au bornage. Mais il fait toutefois observer que l'*agrimensor* intervenait ici à titre purement privé; la limitation qu'il opérait ne pouvait faire foi à l'égard des tiers.

---

1. Voy. de Tissot : *Etude historique et juridique sur la* Condition des agrimensores, *en droit romain.*

2. Siculus Flaccus, *Grom. vet.*, p. 154.

3. Appelés aussi *agri non limitati.*

Le bornage des terrains qui était d'une grande utilité pour les particuliers, entraînait d'ailleurs certaines conséquences que nous devons signaler. Le caractère religieux que les Romains donnaient à cette opération, et qui rendait la propriété qui en avait été l'objet à la fois inviolable et sacrée, faisait que les fonds une fois limités n'étaient susceptibles d'aucune augmentation. Le jurisconsulte Florentinus, faisant application de cette idée, dit en effet : « *in agris limitatis jus alluvionis locum non habere constat*[1]. » Le fonds, ayant reçu des limites fixes et invariables, ne pouvait s'étendre au delà. Tout ce qui dépassait l'*æs* ou titre public rédigé par l'*agrimensor*, appartenait au voisin ou bien à l'Etat. Les alluvions, dans ce dernier cas, faisaient partie des *agri subsecivi*.

L'application du principe que nous avons posé plus haut, conduisait également à dire que l'île qui venait à se former dans le lit d'un fleuve bornant le fonds limité était une chose *nullius* sur laquelle le propriétaire riverain ne pouvait avoir aucun droit[2]. Ajoutons enfin, que si le fleuve abandonnait son lit, le propriétaire dont il limitait le fonds ne pouvait non plus prétendre à aucune portion de ce lit, qui ne faisait pas partie du terrain primitivement concédé ou vendu par l'Etat et mesuré par l'*agrimensor*.

1. L. 16, D. 41, 1; — V. M. Garsonnet, p. 115.
2. Ulp. 4, I, § 6, D. 43, 12.

Ces solutions rigoureuses, qui toutes découlaient du caractère sacré de la propriété, furent plus tard abandonnées. Justinien, se plaçant dans la dernière hypothèse que nous venons d'examiner, décide en effet que le lit abandonné appartient sans distinction aux riverains. C'est là ce qui résulte manifestement du § 23 des *Institutes*, au titre *De divisione rerum* où l'empereur s'exprime ainsi : « *Prior quidem alveus eorum est qui prope ripam ejus prædia possident, pro modo scilicet latitudinis cujusque agri, quæ latitudo prope ripam sit.* »

M. Giraud explique de la façon suivante le changement qui s'était opéré. « Il arriva, par le laps de temps, que la conservation du bornage primitif et de ses souvenirs devint une œuvre très difficile. En effet, des mutations s'opéraient, les lots se démembraient, un seul propriétaire en réunissait plusieurs ; dans ces cas, la reconnaissance des limites devenait peu facile, si les possésseurs négligeaient d'en prendre soin [1]. » Ajoutons à ces explications que l'abandon graduel des idées religieuses fit assez promptement délaisser une pratique dont l'accomplissement réclamait des formalités compliquées et gênantes.

La limitation solennelle disparut donc peu à peu, et les fonds de terre, quelle qu'en fût la provenance primitive, devinrent peu à peu, à une époque qu'il est

---

1. Giraud, *Recherches sur le droit de propriété*, p. 126.

assez difficile de préciser, des *agri non limitati*. La confusion qui s'était opérée et qui explique la solution donnée plus haut par Justinien, fut, du reste, facilitée par les changements qui s'étaient produits dans la condition des possesseurs des *agri occupatorii*. Ceux-ci, par l'effet du temps, avaient peu à peu acquis sur les terrains qu'ils possédaient des droits, que personne, pas même l'Etat, ne songeait à leur contester[1]. Le préteur reconnaissant, du reste, le changement qui s'était opéré, avait muni d'action leur droit de propriété.

Aussi les auteurs parlant de la limitation des *agri quæstorii* et de celle des *agri occupatorii*, n'établissent plus, entre les deux, aucune distinction. Siculus Flaccus dit notamment : « *Ergo in quæstoriis agris adhuc in regionibus quibusdam manentibus lapidibus, quibus limites inveniri possunt, aliqua vestigia reservant : sed ut supra diximus emendi vendendique aliquas particulas ita confuderunt possessores ut ad occupatoriorum conditionem reciderint*[2]. » Comme on le voit par ce texte, le bornage primitif aux formes solennelles, avait peu à peu disparu, laissant peu de traces de la pratique ancienne.

L'action *finium regundorum* était née, d'ailleurs, avant cette disparition. Envisagée d'une façon géné-

1. V. M. Garsonnet, p. 117.
2. Siculus Flaccus, loc. cit., p. 154.

rale, elle protégeait les limites des *agri limitati*, en même temps qu'elle permettait de borner les *agri non limitati*, et nous verrons que, pendant longtemps encore, on distinguait de nombreuses hypothèses pouvant donner lieu à l'application de l'action en bornage.

Au temps des *agri limitati*, la loi des XII *Tables* avait eu soin d'ordonner qu'entre les héritages, on laisserait une bande de terrain de cinq pieds de longueur : « Chaque champ devait être entouré d'une enceinte le séparant nettement des domaines des autres familles ; cette enceinte n'était pas un mur de pierre ; c'était une bande de terre de quelques pieds de large qui devait rester inculte et que la charrue ne devait jamais toucher. Cet espace était sacré ; la loi romaine le déclarait imprescriptible[1]. » La même loi avait prévu les contestations pouvant résulter de l'incertitude de la ligne séparative et avait ordonné qu'elles seraient soumises à trois arbitres. Une loi *Mamilia*, sur laquelle on a peu de notions précises, décida plus tard qu'un seul arbitre devrait désormais trancher le différend dont nous parlons[2]. Telle est l'origine de l'action *finium regundorum*.

Quand le bornage se fit sans caractère religieux, sans solennité, sans se rattacher à un ensemble d'opérations, l'action *finium regundorum* s'élargit. Elle

1. Fustel de Coulanges, *La cité antique*, p. 70.
2. Voy. Cicéron, *De legibus*, I, 21.

s'appliqua à toutes les hypothèses, où il y avait contestation sur l'existence ou sur la place des bornes, entre deux champs. C'est avec ce caractère que nous l'étudierons.

Le fondement de notre action est facile à indiquer. Les Romains considéraient avec raison, comme toutes les législations l'ont fait depuis, que c'est une obligation pour le propriétaire d'un fonds, vis à vis les propriétaires voisins, que de délimiter sa propriété. Voilà pourquoi ils ont muni d'action le droit qui résulte de cette obligation. La confusion des limites est considérée comme génératrice d'obligations, au même titre qu'un contrat ; l'obligation au bornage naît, en effet, *quasi ex contractu*, aussi bien que l'obligation qui résulte du fait de l'indivision.

L'on peut dire, d'ailleurs, que l'absence de limites entre deux fonds, établit entre eux, dans une certaine mesure, une sorte d'indivision de fait, qu'il importe de faire cesser. L'action *finium regundorum* qui permet d'arriver à ce résultat, est comme les deux actions *communi dividundo et familiæ erciscundæ*, une action divisoire.

CHAPITRE II

OBJET DE L'ACTION *FINIUM REGUNDORUM*

L'action *finium regundorum* a un objet principal qui est le même que celui de notre action en bornage et qui consiste dans l'établissement ou le rétablissement des limites de deux propriétés. A côté de ce but direct, l'action dont nous nous occupons pouvait également avoir pour objet la restitution de parcelles de terrain usurpées, l'adjudication d'une partie de propriété, ou bien encore le réglement des fruits à restituer par le possesseur évincé. Nous devons remarquer, à cet égard, que le droit romain ne faisait pas, comme notre législation, une distinction absolue et tout à fait tranchée entre l'action en bornage et l'action pétitoire, entre la simple contestation sur le placement des bornes et le procès portant sur la propriété d'une parcelle déterminée de terrain. A Rome, l'action *finium regundorum* pouvait tenir lieu de revendication. Du but complexe que pouvait poursuivre cette action résulte la nécessité de faire une distinction entre les deux hypothèses bien séparées qui pouvaient donner lieu à son exercice.

L'action *finium regundorum* pouvait d'abord être donnée pour établir la fixation de limites encore incertaines : dans ce cas, elle était dite simple ; en second lieu, notre action pouvait aussi se trouver compliquée d'une contestation sur une partie de terrain et alors elle était dite : *actio finium regundorum qualificata* [1].

L'étude des contestations qui pouvaient se produire, lors de l'exercice de l'action en bornage avait donné lieu à une analyse subtile et complète des différents points sur lesquels pouvaient exister des difficultés. Cette analyse se retrouve toute entière dans les compilations des écrits des géomètres romains. Au dire de Frontin, les *controversiæ agrariæ* étaient au nombre de 15. Le nom que les *agrimensores* ont donné à chacune d'elles indique quel était son objet. Nous donnerons quelques détails sur les *controversiæ de fine et de loco*, de beaucoup les plus importantes, nous contentant d'énumérer les autres avec quelques mots d'explication.

1° La *controversia de positione terminorum* avait pour but de faire cesser la confusion qui naissait du déplacement des bornes.

1. Molitor, *Oblig.*, t. II, p, 91 ; — Barruel de Saint-Pons, *Rev. histor.* 1878, p. 146.

2° *De rigore*. — Le rigor était un sillon formant ligne droite et qui, dans notre hypothèse, reliait plusieurs bornes ensemble, établissant ainsi une démarcation entre les deux fonds contigus. Les règles de cette controverse sont les mêmes que celles des *controversiæ de fine*.

3° *De fine*. — Qu'entendait-on tout d'abord par le *finis* ? Les auteurs enseignent généralement que c'était un espace de cinq pieds, compris entre les deux propriétés. Quant à la nature de cet espace de cinq pieds et au caractère légal qu'il pouvait avoir, les avis sont partagés. Les uns disent que c'était un espace vide n'appartenant à personne et privé de toute culture [1] ; d'autres, au contraire, soutiennent que cet espace intermédiaire n'était pas *res nullius*, mais appartenait par moitié à chacun des propriétaires des fonds séparés [2]. D'après M. Rudorff, dont l'opinion nous paraît seule devoir être admise, il n'y aurait là qu'une servitude légale, utile à la fois aux deux propriétaires [3]. M. Barruel de Saint-Pons, dans un remarquable article que nous avons déjà cité, s'exprime à ce sujet dans les termes suivants : « Le mot *finis* désigne une servitude légale d'allée et de tour de charrue éta-

1. Godefroy, *ad Cod Theod.*, II, 26 ; — Cujas, édit. 1722, t. 7, col. 71 ; — Niebuhr, *hist. rom.*, IV, p. 428 ; — Dezobry, *Rome au siècle d'Auguste*, t. II, p. 309 ; — Fustel de Coulanges, *Cité antique*, p. 77.

2. Puchta, *Cursus der institut.*, II, § 234, p. 514.

3. Rudorff, d'après Barruel de Saint-Pons, *loc. cit.*

blie, dans l'intérêt de l'agriculture, sur deux pieds
et demi de terrain pris sur les deux fonds voisins de
part et d'autre de la ligne de séparation, en tout
cinq pieds [1]. » Cette solution est bien celle qui paraît exprimée par les géomètres romains. Hyginus
parle, en effet, du *finis* comme étant « *circumactus
aratri quod usucapi non potest* » ; il en fait ainsi une
servitude légale qu'il oppose à la servitude conven-
tionnelle *iter ad culturas accedentium* [2]. Il y avait
donc *controversia de fine* chaque fois que le procès
portait sur un espace compris dans les deux pieds et
demi, à partir de la ligne séparative.

4° *De loco.* — Ce que nous venons de dire, au sujet du *finis*, nous rend maintenant facile la définition
du *locus*. On désigne ainsi toute parcelle de terrain
plus étendue que les cinq pieds du *finis* Les textes
paraissent être formels sur ce point « *de loco controversia est*, dit Frontin, *quum quid excedit supra
scriptam latitudinem* [3] ». La loi 50, D , 16, dit également : « *locus est non fundus, sed portio aliqua
fundi* ».

Il y avait donc *controversia* « *de loco* » toutes les
fois que les anticipations prétendues portaient sur un

---

1. On remédie aujourd'hui à l'inconvénient qui résulte pour la culture de la contiguité des fonds en labourant d'une façon différente un
espace de cinq pieds situé sur la limite du champ voisin.

2. *Gr. veteres*, p. 125.

3. *Gromatici, veteres*, p. 13.

espace de plus de deux pieds et demi, mesurés à droite ou à gauche de la ligne de démarcation véritable [1].

Il y avait, entre le *finis* et le *locus*, de nombreuses différences, dérivant presque toutes de cette idée que le *finis* était une servitude légale et se trouvait, par suite, imprescriptible, non susceptible de faire l'objet d'une possession *ad interdicta* ni d'une renonciation. Les règles de compétence, comme nous le verrons plus loin, n'étaient pas non plus les mêmes.

5° *De modo.* — La controverse portait sur l'étendue de la concession primitive d'un lot dans les terres limitées.

6° *De proprietate.* — Ici l'*agrimensor* n'avait à intervenir que pour régler la contenance exacte des deux propriétés.

7° *De possessione.* — Cette controverse relevait uniquement du préteur qui la tranchait par un interdit.

8° *De alluvione.* — On suppose ici que les eaux ont modifié la contenance d'un fonds de terre riverain et l'*agrimensor* intervient pour dire qui doit bénéficier de l'accroissement.

9° *De aquæ pluviæ transitu.* — Dans cette controverse le juge conférait à l'*agrimensor* le titre d'expert et le chargeait de rétablir le *finis* que le ravage des eaux avait déplacé.

10° *De locis publicis.* — Cette controverse avait

1. Barruel de Saint-Pons, *loc. cit.*

pour objet de réprimer les empiètements qu'on aurait pu faire sur les terres restées dans le domaine public.

11° et 12° *De locis relictis et extraclusis, et de subsecivis.* Ces deux controverses concernaient la limitation des terrains dont l'assignation n'avait pas été faite. « Si, à raison de la forme irrégulière du territoire à distribuer, de l'infécondité du sol ou des accidents de terrain, quelques parcelles avaient été laissées en dehors de l'assignation ou qu'il en restât de vacantes, après la formation des lots, elles continuaient d'appartenir à l'État, et les magistrats de la colonie n'y avaient pas de juridiction [1]. »

13° *De territorio.* — Ce cas se rapproche des précédents en ce qu'il s'agissait encore ici de faire respecter le domaine public d'un municipe ou d'une colonie.

14° *De locis sacris et religiosis.* — Les terrains réservés au culte étant exemptés de limitation, l'*agrimensor* pouvait intervenir pour faire cesser les usurpations commises à leur égard.

15° *De itineribus.* — Cette dernière controverse avait pour objet de conserver leur largeur aux voies publiques.

Cette longue énumération terminée, nous devons examiner quelques-unes des difficultés accessoires que le bornage pouvait présenter. Que l'action fut

----

1. V. M. Garsonnet, p. 1r0 ; — Voy. aussi M. Accarias, t. I, p. 487.

simplex ou *qualificata*, l'objet était toujours principalement et directement la délimitation de la propriété.
Mais, accessoirement et indirectement, comme conséquence de la délimitation, le procès pouvait, nous
l'avons dit, avoir d'autres objets importants sur lesquels il nous reste à nous expliquer.

A. Tout d'abord, l'exercice de l'action *finium regundorum* pouvait donner lieu à la restitution de parcelles usurpées par l'un des voisins. La loi 7, D., X. 1,
dit en effet : « *Is qui majorem locum in territorio habere dicitur, cæteris qui minorem locum possident,
integrum locum adsignare compellitur* [1] ».

B. En second lieu, le juge pouvait, au moyen de
l'*adjudicatio*, rétablir les limites respectives des deux
fonds, en procédant à une translation de propriété, au
profit de l'une des parties. Ce pouvoir conféré au juge,
par une partie de la formule de notre action, constituait une dérogation au droit commun, d'après lequel
personne ne pouvait être obligé d'aliéner ou d'acquérir. C'était là, il faut le reconnaître, une véritable
expropriation pour cause d'utilité privée, qui, du reste,
n'a point passé dans notre droit.

Ce point une fois établi, nous devons nous demander dans quel cas le juge devait procéder à une adjudication. Les textes, sur ce point, présentent une
grande clarté. La loi 2, § 1, D., X. 1, dit en effet : *Ju_*

1. V. aussi l. 4, C., , 39.

dici finium regundorum permittitur, ut, ubi non possit dirimere fines, adjudicatione controversiam dirimat. Gaius, dans la loi 3, au même titre, nous donne la même solution. L'adjudication n'intervient que lorsqu'il est impossible de trancher autrement la contestation, et alors celui qui bénéficie d'une parcelle de terrain *certa pecunia condemnandus est*[1]. Justinien, au livre IV de ses *Institutes* (titre XVII, § 6), partage également cette manière de voir.

Quant aux effets généraux de l'adjudication, ils ne sauraient entrer dans le cadre de cette étude. Rappelons seulement qu'elle laisse subsister les droits réels établis par le propriétaire antérieur, qu'elle emporte garantie de l'éviction, soit par *actio ex stipulatu*, si le juge a eu le soin de faire faire une promesse d'éviction, soit, dans le cas contraire, par l'action *ex præscriptis verbis*[2].

C. Il pouvait, en troisième lieu, arriver que la limite fixée par le juge obligeât à la démolition de constructions ou à la destruction de plantations, lorsque ces constructions ou plantations se trouvaient sur le *finis*[3].

D. L'action *finium regundorum* peut encore avoir pour objet accessoire, le règlement des *immenses*

---

1. L. 3, D , X, I.
2. L. 25, § 24, D., X, 2, et l. 10, § 2, D. X, 3.
3. L. 4 § 3, D. X. I.

faites sur le fonds dont la restitution est ordonnée. La loi IV, § 1, au **D. h. t.** indique d'une façon générale la mission du juge à cet égard : « *In judicio finium regundorum etiam ejus ratio fit quod interest.* »

En principe, il est donc certain qu'il fallait tenir compte au prossesseur évincé, des dépenses faites par lui sur le fonds. Ce principe admis, nous devons rechercher à la fois la nature de ces dépenses et la qualité du prossesseur admis à en bénéficier.

Le droit romain n'offre pas de règles uniformes sur le point spécial qui nous occupe. Les solutions données par les textes varient suivant qu'il s'agit d'une pétition d'hérédité, d'une revendication ou de l'action *communi dividundo*. Dans notre hypothèse, on pourrait hésiter entre l'application des règles ordinaires de la revendication et l'application par voie d'analogie de celles posées en matière d'action *communi dividundo*. Dans cette dernière action, en effet, comme dans celle qui nous occupe, il s'agit d'obligations quasi contractuelles ; on serait donc tenté d'affirmer que les règles relatives aux *impenses* sont les mêmes, dans les deux cas. La conséquence de ce raisonnement amènerait notamment à faire tenir compte au possesseur évincé, de toutes ses dépenses, soit nécessaires, soit simplement utiles. C'est ce qui résulte pour l'action *communi dividundo* des lois IV, § 3, VI pr. et § 3, 11, XIV, § 1, 22, 29 pr. D. *Com. Div.* Ces lois

ne font aucune distinction entre les dépenses nécessaires et utiles, au point de vue de l'exercice de l'action *communi dividundo*.

Nous pensons, malgré l'analogie qu'on a cherché à
établir entre ces textes et l'hypothèse qui nous occupe,
que lorsque la restitution d'une parcelle de terrain a
été ordonnée, ce sont les règles ordinaires de la revendication qui doivent intervenir, quant aux *impenses.* Ce n'est pas, en effet, *quasi ex contractu* que les
voisins sont obligés de se tenir compte des fruits
qu'ils ont recueillis et des dépenses qu'ils ont faites.
Leur obligation à cet égard est la conséquence directe des restitutions accessoires que le juge a impo-
sées. La situation de celui qui est tenu de restituer
une parcelle de terre est donc plutôt celle d'un possesseur ordinaire évincé par le véritable propriétaire.
Ce point étant établi, il nous reste à signaler les
distinctions, assez simples du reste, auxquelles aboutissent, en matière de revendication, les règles relatives aux *impenses.*

Aux termes des lois XXVII, § 5 et LXV. pr. D. *De
rei vind.* le possesseur, qu'il soit de bonne ou de mauvaise foi, doit être indemnisé des dépenses nécessaires
par lui faites. Quant aux dépenses simplement utiles,
le possesseur de mauvaise foi n'a rien à réclamer ;
le possesseur de bonne foi a droit, au contraire, à
ce qu'on lui tienne compte ou de la plus-value obte-

nue, ou des dépenses qu'il a réellement effectuées[1].

Nous devons toutefois reconnaître que cette solution que nous donnons à la question des *impenses* est loin de rallier tous les auteurs. Un parti très puissant dans la doctrine et qui s'autorise de l'opinion de Cujas accorde au possesseur de mauvaise foi le droit d'obliger le propriétaire du fonds à lui tenir compte de la plus-value réalisée par ce fonds. Nous ne saurions discuter ici cette question qui dépasse les limites de notre sujet[2].

E. En même temps que la question des *impenses* qui pouvaient être dues au possesseur à qui une parcelle de terrain était enlevée pour être restituée à son voisin, pouvait se présenter la question des fruits perçus par ce possesseur. Nous devons nous demander ici à partir de quel moment il en devait compte. La question ainsi posée se rattache à la théorie générale des restitutions de fruits, qui a soulevé, en droit romain, de nombreuses difficultés.

En se plaçant dans la période du Bas-Empire, la question qui nous occupe reçoit une facile solution. Le § 35 des *Institutes* II, I, est en effet formel : l'acquisition des fruits est subordonnée non seulement à la bonne foi du possesseur, mais encore au fait de la

---

1. L. 37, 38, 48 et 65 pr. D. *De rei vind.*
2. Voy. Pellat, *Prop.*, p. 243 et s. ; — Ortolan, t. I, appendice V, 12e édit.

consommation. Justinien, en effet, s'exprime ainsi :
« *Et ideo, si postea dominus supervenit et fundum vindicat, de fructibus ab eo consumptis agere non potest.* » Le possesseur de mauvaise foi doit rendre tous les fruits qu'il a perçus ; le possesseur de bonne foi ne rendra que ceux qui sont encore entre ses mains.

La difficulté de la question qui nous occupe consiste à rechercher si la théorie développée aux *Institutes* était bien celle du droit classique ou si, au contraire, le droit classique n'admettait pas le possesseur de bonne foi à acquérir les fruits, par le seul fait de la séparation. Beaucoup d'auteurs admettent cette dernière opinion, que de nombreux textes paraissent justifier.

C'est d'abord la loi **XXV**, § I, D. **XXII**, I, dans laquelle Julien s'exprime ainsi : « *Porro bonæ fidei possessori n percipiendis fructibus id juris habet, quod domini prædiorum tributum est.* » Plus loin, le jurisconsulte compare le possesseur à un usufruitier, et il lui reconnaît plus de droits qu'à ce dernier. « *Præterea, cum ad fructuarium pertineant fructus a quolibet sati, quanto magis hoc in bonæ fidei possessoribus recipiendum est, qui plus juris in percipiendis fructibus habent ?* »

Gaius, il est vrai, dans la loi **XXXIII**, au même titre, se contente d'assimiler le possesseur de bonne foi à l'usufruitier [1], et c'est encore la même solution qui paraît résulter de la loi XLVIII, pr. D, XLI, I, de Paul qui, en parlant du possesseur, dit : « *Quod ad fructus attinet loco domini pene est.* »

Les partisans de cette théorie concilient ces textes avec le passage des *Institutes* que nous avons rapporté plus haut, en disant que les principes du droit classique ont été modifiés plus tard, sous l'influence du senatus-consulte Juventien rendu en matière d'hérédité. C'est là, toutefois, attribuer, dans notre matière, au senatus-consulte une influence qu'il ne saurait avoir, car il est manifestement établi qu'il envisageait non pas le fait seul de la consommation, mais bien le fait de l'enrichissement. Cette théorie paraît néanmoins actuellement prédominante. Elle se heurte toutefois à un grand nombre de textes qui, selon nous, paraissent bien établir que Justinien n'a innové en rien, au point de vue spécial qui nous occupe.

Nous devons d'abord remarquer que le texte des *Institutes* ne présente pas la solution qu'il donne comme nouvelle. La loi XXII, C III, 32, n'en parle pas non plus comme d'une innovation [2]. Les derniers mots de ce texte qui constatent qu'après la *litis con-*

---

1. « *Pleno jure sunt bonæ fidei possessores et fructuarii.* »

2. *Certum est malæ fidei possessores omnes fructus solere eum ipsa præstare ; bonæ fidei, vero extantes : post autem litis contestationem universos.* »

testatio tous les fruits sont dûs, font simplement allusion à l'un des effets de cette partie de la procédure et ne sauraient soulever aucune difficulté. A côté de ces textes datant du Bas-Empire, il en est d'autres qui appartiennent à l'école classique et qui indiquent d'une façon formelle que les seuls fruits dont le possesseur de bonne foi ne devait pas compte au véritable propriétaire étaient ceux qu'il avait consommés. La loi IV, § 19, D, 41, 3, de Paul, dit à ce sujet : « *Lana ovium furtivarum, si quidem apud furem detonsa est, usucapi non potest : si vero apud bonæ fidei emptorem, contra ; quoniam in fructu est..... Idem in agnis dicendum si consumpti sint.* » La laine des brebis et les agneaux étant considérés comme fruits, deviennent, comme on le voit dans ce texte, la propriété du possesseur de bonne foi, mais seulement s'ils ont été consommés. La loi I, § 2, D, 20, 1, de Papinien reproduit la même idée, et la loi IV, § 2, D, X. 1, de Paul, en fait l'application à l'action même dont nous nous occupons : « *Post litem contestatam etiam fructus venient in judicio..... Sed ante judicium percepti non omnimodo hoc in judicium venient : aut enim bona fide percepit, et lucrari eum oportet, si eos consumpsit....* »

Dans notre action, les seuls fruits dont le possesseur de bonne foi ne devait pas rendre compte étaient donc ceux qu'il avait consommés.

La théorie adverse que nous avons examinée plus haut, fortement embarrassée par ces textes, les explique par des interpolations. « Il est facile de reconnaître, dit Pellat [1], que ce mot *consumpti* est une interpolation faite par les compilateurs byzantins, qui ont voulu mettre les textes qu'ils extrayaient des anciens jurisconsultes d'accord avec la jurisprudence du temps de Justinien. Il suffit, pour cela, de comparer ces passages avec ceux qui affirment sans restriction que le possesseur de bonne foi gagne les fruits, et de remarquer la singulière construction grammaticale que l'insertion du mot « *consumpti* » donne ordinairement à la phrase, laquelle devient très régulière par le retranchement du mot [2]. »

Le reproche d'interpolation que l'on fait aux textes que nous venons d'examiner ne nous paraît pas être absolument prouvé. D'abord la loi IV, § 2, de nôtre titre, n'offre aucune singularité dans sa construction grammaticale Quant à l'argument qui consiste à dire que la plupart des textes qui parlent des fruits consommés resteraient régulièrement construits si le mot « *consumpti* » en était retiré, nous ne croyons pas que ce soit là une preuve irrécusable d'interpolation. La théorie que nous avons soutenue et qui exige déjà, en droit classique, le fait de la consommation

1. Pellat, *De la propriété*, p. 307.
2. Voy. aussi M. Accarias, t. I, n° 250.

pour que le possesseur de bonne foi puisse garder les fruits, malgré le triomphe du revendiquant, a pour elle l'avantage de pouvoir concilier tous les textes sans y rien changer.

En résumé, certains auteurs pensent que le possesseur de bonne foi acquiert les fruits comme le propriétaire par la séparation ; d'autres apportent à cette opinion une restriction, pour le cas où un tiers revendique et triomphe, auquel cas les fruits encore aux mains du possesseur, au moment de la *litis contestatio*, doivent être restitués au véritable propriétaire. La distinction établie par cette dernière solution, bien que ne paraissant pas absolument satisfaisante pour l'esprit, nous semble cependant devoir être admise comme étant la seule qui tienne compte de tous les textes qui nous sont parvenus sur la question que nous venons d'examiner.

F. Il nous reste maintenant à dire quelques mots sur la question des frais de bornage. Ces frais, en principe, sont partagés par moitié. C'est là une solution très exacte qui résulte de la loi IV, § 1, D, X. 1. « *Sed et si mensor ab altero solo conductus fit, condemnatio erit facienda ejus, qui non conduxit, in partem mercedis.* » Cette solution, donnée par Paul, a été conservée dans l'article 646 de notre Code civil.

Nous devons, toutefois, faire remarquer que les frais qui se partagent ainsi par moitié sont ceux relatifs aux opérations du bornage proprement dit. Quant aux frais des contestations soulevées à l'occasion du bornage, dans l'action *finium regundorum qualificata*, ils doivent être supportés par la partie seule qui a succombé.

CHAPITRE III

CONDITIONS D'EXERCICE DE L'ACTION *FINIUM REGUNDO-RUM*

Pour déterminer exactement les conditions requises
pour l'exercice de l'action *finium regundorum*, nous
devons nous placer à deux points de vue différents.
Nous devons, en effet, tout d'abord, nous demander
à l'égard de quels fonds l'on peut exercer notre action
et examiner ensuite quelles sont les personnes qui en
sont investies. Les règles à suivre sur les deux points
ont été soigneusement déterminées par les jurascon-
sultes romains. Ces règles, du reste, ont passé pour la
plupart dans notre droit actuel, et un certain nombre
d'entre elles suppléent encore aujourd'hui au silence
du Code en cette matière.

**§ 1ᵉʳ. A raison de quels fonds l'action *finium
regundorum* peut-elle être intentée ?**

L'action *finium regundorum* suppose que l'on est
en présence de deux ou plusieurs fonds, appartenant

à des propriétaires différents, constituant des *prædia rustica*, et qui sont contigus.

A. On comprend aisément que le bornage peut s'appliquer à un ensemble de fonds, aussi bien qu'à deux fonds seulement. C'est, du reste, ce que fait remarquer la loi IV, § 8, à notre titre : « *Non solum autem inter duos fundos, verum etiam inter tres, pluresve fundos accipi judicium finium regundorum potest : utputa, singuli plurium fundorum confines sunt, trium forte vel quatuor.* » Il arrivera, en effet, souvent, qu'en recherchant les limites exactes d'un fonds, on sera conduit à redresser et à modifier les délimitations de plusieurs propriétés. Une pièce de terre peut confiner d'un côté à plusieurs autres ; si, dès lors, plusieurs empiètements ont été faits de ce côté, le juge peut ordonner que ce que l'un des voisins perd sur un point, il le reprenne un peu plus loin sur un autre voisin, du fait duquel il aurait été dépossédé lui même d'une parcelle de son fonds [1].

B. Les fonds doivent appartenir à des propriétaires différents.

Si deux fonds appartiennent au même propriétaire, ou si deux individus sont copropriétaires des deux fonds il ne peut y avoir lieu à l'action en bornage, la loi IV, § 6, de notre titre, le dit clairement : *qui communem*

______

1. MM. Aubry et Rau, prévoient une hypothèse analogue, t. II, p. 222.

fundum habent, inter se non condemnantur ; neque enim inter ipsos accipi judicium videtur.

Une hypothèse plus délicate peut se présenter ; c'est celle où, de deux fonds contigus, l'un est commun à deux individus et l'autre appartient à un seul des copropriétaires du précédent. On peut se demander, dans ce cas, si l'action *finium regundorum* est possible. Pomponius qui pose la question y répond négativement, et en donne la raison suivante : *quia ego et socius meus in hac actione adversarii non esse possumus : sed unius loco habemur*[1]. Les deux propriétaires du fonds commun, dit le jurisconsulte, ne font, pour ainsi dire, qu'un. De là vient, pour le communiste qui possède le fonds contigu, l'impossibilité d'exercer l'action en bornage, car, le faisant, il agirait pour ainsi dire contre lui même.

La raison ainsi indiquée par Pomponius résultant d'une impossibilité et non d'une rigueur formaliste, il s'ensuit que le propriétaire dont il s'agit ne pourra même pas obtenir d'action utile. La suite du texte nous en avertit, tout en nous indiquant une façon de remédier à cet inconvénient : « *Idem Pomponius, ne utile quidem judicium dandum dicit, cum possit, qui proprium habeat, vel communem vel proprium fundum alienare, et sic experiri.* » La seule ressource qui reste au propriétaire dont nous parlons, consiste, comme

1. L. 4, § 7. Dig., X, I.

on le voit, à vendre l'un des deux fonds, ce qui lui permettra d'agir en bornage à l'égard de l'autre.

Les décisions que nous donne la loi IV, § 7 de notre titre nous paraissent ne pas être en harmonie parfaite avec les solutions fournies par d'autres textes qui, dans des hypothèses analogues à celles que nous venons d'examiner, accordent une action.

Le même Pomponius, dans la loi XXVII, D, VIII, 2, prévoit le cas où, du fonds commun, on a jeté des objets sur le fonds voisin propre à l'un des communistes, et il donne une action. La même solution est donnée par Paul et Ulpien pour le cas ou l'on répandrait de l'eau du fonds commun sur l'autre [1].

Cujas, dans son commentaire sur la loi IV, § 7, h. t. [2], s'efforce de concilier ces solutions avec celles que nous avons examinées précédemment. D'après lui, l'action *finium regundorum* n'étant pas susceptible de s'éteindre par prescription, on peut refuser l'action, sans craindre pour cela de voir disparaître le droit au bornage. Les servitudes, au contraire, pouvant s'acquérir par prescription, il était nécessaire de donner une action pour que le droit du *dominus*, dans les hypothèses que nous venons de reproduire, se conservât intact.

---

1. L. VI, §§ 2 et 3, et L. 11, § 5, D. 39, 3. Voy. aussi, L. XIV, § 1, D. 8, 5.

2. Edit. 1722, t. 7, col. 479.

Cette explication nous paraît contestable ; car, si on peut soutenir que la prescription ne s'appliquait pas au *finis*, on ne peut en dire autant relativement au *locus*. Ajoutons qu'à l'époque où les compilateurs du *Digeste* ont introduit le texte de Pomponius, la prescription était admise d'une façon générale.

L'explication de Cujas repoussée, nous dirons qu'il y a dans le texte que nous avons précédemment examiné une solution spéciale à l'action *finium regundorum*, et qui tient à ce que les deux copropriétaires sont censés, pour le jurisconsulte romain, ne faire qu'une seule personne, au point de vue du bornage. Le propriétaire exclusif d'un des fonds semblerait donc plaider contre lui même en intentant l'action. Cette raison subtile n'existe pas dans les autres cas, et l'action qu'on y donne présente du reste un caractère moins indivisible que l'action en bornage. Au surplus la solution donnée dans la loi IV, § 7 h. t. présente un caractère peu rationnel, et ne saurait être suivie dans notre droit.

C. Les fonds doivent être des *prædia rustica*.

On sait que ces expressions désignent des fonds non bâtis, sans distinguer s'ils sont situés à la ville ou à la campagne. Les *prædia rustica*, à la différence des *prædia urbana* (propriétés bâties) donnent lieu à l'action *finium regundorum*. La loi IV, § 10, à notre titre, s'exprime à cet égard de la façon la plus explicite :

« *Hoc judicium locum habet in confinio prædiorum rusticorum : urbanorum displicuit.* » La raison de cette différence est donnée par le même texte : « *Neque enim confines hi, sed magis vicini dicuntur, et ea parietibus communibus plerumque disterminantur.* »

La loi II, pr. d'Ulpien, à notre titre, admet cependant l'action *finium regundorum*, même lorsque des édifices se trouvent élevés sur les limites des fonds ruraux, ce qui semble être en contradiction avec ce que nous avons établi précédemment. *Hæc actio pertinet ad prædia rustica, quamvis ædificia interveniant : neque enim multum interest, arbores quis in confinio an ædificium ponat.* La conciliation entre ces deux lois est facile à établir. L'hypothèse visée par Ulpien, dans la loi II diffère sensiblement de celle de Paul dans la loi IV du même titre. Ulpien fait allusion à un *prædium rusticum* voisin d'un fonds sur lequel se trouve situé un édifice, mais sans que la ligne séparative soit bien indiquée; Paul, au contraire, s'occupe de deux édifices bâtis l'un près de l'autre. Cela est si vrai que Paul lui-même, à la fin du texte précité, admet une solution identique à celle d'Ulpien [1].

D. Les fonds doivent être contigus. — On comprend aisément que la contiguité soit la condition essen-

---

1. « *Et in urbe hortorum latitudo contingere potest, ut etiam finium regundorum agi possit.* »

tielle pour qu'on puisse concevoir la nécessité d'un bornage. Nous avons vu, à ce sujet, au pr. de la loi II de notre titre, que la seule existence d'arbres ou d'édifices, sur la limite d'un des fonds, n'empêche pas la contiguité. Mais si, entre les deux fonds, il y a un intervalle n'appartenant pas à l'un ou à l'autre des propriétaires qui plaident, on ne peut pas dire que les fonds soient contigus, peu importe, du reste, que l'intervalle soit public ou privé.

Faisant application de cette idée, Paul, dans les lois IV, § 11, et V, à notre titre, dit que le « *confinium* » n'existe pas si une route ou un fleuve séparent les deux fonds. Le jurisconsulte suppose, il est vrai, une *via publica* ou un *flumen publicum*; un chemin ou un ruisseau privé, situé sur la propriété d'un des plaideurs, ne saurait, en effet, empêcher la contiguité.

Supposons d'abord que les deux héritages soient séparés par une route. Les textes ici distinguent clairement les cas dans lesquels la route sera publique et ceux dans lesquels elle sera privée, « *viam publicam eam dicimus, cujus etiam solum publicum est* [1] ». La voie publique, en effet, établie par l'État, est accessible à tout le monde; la voie privée, au contraire, n'appartient qu'à ceux qui l'ont faite ou qui en ont obtenu l'accès. C'est tantôt une servitude de passage, tantôt un chemin d'exploitation, tracé sur le

1. L. II, § 21, D. 43, 8.

fonds même auquel il sert. Ajoutons enfin que certaines voies dites *viæ vicinales* et qui, tout à la fois, conduisent à des bourgs et en forment les rues, sont publiques ou privées, suivant que le sol en a été fourni par l'État ou les particuliers [1].

Nous plaçant à un second point de vue, nous devons examiner si l'*actio finium regundorum* est recevable lorsque les deux fonds sont séparés, non plus par une route, mais par un cours d'eau. Les lois V et VI de notre titre [2] établissent encore ici la distinction faite précédemment. Le cours d'eau est il public ? il n'y a pas lieu à borner ; est-il privé ? l'action *finium regundorum* peut s'intenter.

Les Romains partageaient les cours d'eau suivant leur importance, en deux grandes catégories : les *flumina* et les *rivi* [3]. Devons-nous tenir compte de cette division, et dire que les *flumina* se rattachent au domaine public, tandis que les *rivi* feraient partie du domaine privé ? Cette solution qui, à première vue, semble résulter des lois V et VI de notre titre, est contredite par Ulpien qui indique clairement que les fleuves comme les ruisseaux peuvent être publics ou privés [4].

1. L. II, § 22, D. 43, 8.
2. L. V et VI, D. X, I.
3. L. I, § 4, D. 43, 12.
4. *Hoc interdictum ad flumina publica pertinet : si autem flumen privatum, cessabit interdictum, nihil enim differt a cæteris locis privatis flumen privatum* (L. I, § 4, D. 43, tit. 12). *Hoc interdictum ad omnes*

Justinien, il est vrai, dans ses *Institutes* (L. II, tit. i, § 2) dit que les fleuves sont tous du domaine public; mais le passage en question est considéré, par tous les commentateurs, comme étant une reproduction incomplète et maladroite d'un texte de Marcien, dans lequel le mot « *pene* » a été supprimé [1].

La meilleure distinction, au point de vue du caractère public ou privé des *flumina* et des *rivi* consiste à distinguer ceux qui sont « *perennes* », c'est-à-dire qui coulent toute l'année, et ceux qui ne sont pas « *perennes* » et qui n'existent qu'à l'époque des pluies. C'est, du reste, la solution que nous donne Ulpien, dans la loi I, § 2 et 3, D., 43, 12. « *Publicum flumen esse. Cassius definit, quod perenne sit.* » La loi romaine, comme on le voit, ne tenait aucun compte, dans sa classification des cours d'eau, du caractère de navigabilité ou de non navigabilité des *flumina* et des *rivi*.

Ce que nous venons de dire des cours d'eau, ne serait plus exact, s'il s'agissait de nappes d'eau telles que lacs ou étangs. Il résulte, en effet, du titre xiv du livre XLIII qu'ils peuvent être publics ou privés, sans qu'il y ait à distinguer leur caractère de *perennés* ou de *non perennes* [2].

rivos pertinet, sive in publico, sive in privato sint constituti (L. III, § 4, D. 43, tit. 21.)

1. L. IV, § 1, D. 1. 8.

2. On voit que, dans notre théorie, les Romains distinguaient les cours d'eau en deux catégories seulement, ceux qui étaient *perennes*

§ 2. Quelles sont les personnes qui peuvent intenter l'action *finium regundorum*.

Cette action appartient d'abord, sans contestation, au propriétaire de l'un des fonds réunissant les qua-

soit qu'ils fussent d'ailleurs des *flumina* ou des *rivi* : ils étaient publics ; ceux qui n'étaient pas *perennes,* peu importe encore qu'ils fussent des *flumina* ou des *rivi :* ils étaient privés.

Dans l'ancien droit, il y eut sur ce point des controverses sérieuses. Un grand nombre d'auteurs ne distinguaient que deux catégories de cours d'eau, mais il se plaçaient à un autre point de vue, celui de la navigabilité ; on connaissait ainsi : les fleuves ou rivières navigables d'une part, les petites rivières ou ruisseaux d'autre part (V. Guyot, *Traité des fiefs,* chap. VI, *Des rivières ;* — Loyseau, des *Seigneuries,* chap. XII, n° 120 ; — Ferrière, *Instit.,* liv. II, tit. I, § 2 ; — Pothier, *Droit de propriété,* n° 53 ; — Bacquet, *Droits de Justice,* chap. XXX, n° 25 ; — Merlin, *Rep.* v° *Rivière*).

D'autres distinguaient, au point de vue de la propriété, les rivières navigables, les rivières non navigables et les ruisseaux (Loysel, *Instit. cout.,* liv. II, tit. II, reg. 6 ; — Boutaric, *Instit.* liv, II, t. 1, § 2 ; — Duparc Poullain, t. 2, p. 398 ; Bouteiller, *Somme rurale,* tit. 73.)

Le Code civil ne fait, croyons-nous, que créer deux seules catégories de cours d'eau, basées sur la navigabilité ; en un mot, sous le nom de rivières non navigables, il désigne aussi les ruisseaux (art. 538, 556 al. 2, et 644 ; — *sic.* Championnière, *Propriété des eaux courantes,* n° 412 ; — Chardon, *Droit d'alluvion,* n° 35 ; — Aubry et Rau, t. II, p. 248.) Les fleuves et rivières navigables sont du domaine public ; les rivières non navigables ou ruisseaux sont du domaine privé, *perennes* ou non. En d'autres termes, le système du Code diffère du système romain. (Voy. en ce sens Daviel et Championnière ; — Wodon ; — Pardessus, *Servitudes,* n° 77 ; — Cotelle, *Droit admin.,* n° 353 ; — Laurent, t. VI, n° 15 et s., etc.)

Cependant certains auteurs soutiennent qu'encore aujourd'hui la règle romaine est en vigueur. (Voy. not. Proudhon, *Dom. public,* n°s 733 et 936 ; — Foucart, *Droit administratif ;* t. II, n° 477 et s. ; —

lités que nous avons énumérées au paragraphe précédent[1].

Le copropriétaire d'un fonds indivis peut aussi l'exercer dans l'intérêt de tous (v. l. IV, § 3, D., 8,5).

Les propriétaires, du reste, ne sont pas les seuls à pouvoir l'intenter. Il ne faut pas prendre à la lettre la loi I de Paul, à notre titre, « *finium regundorum actio in personam est, licet pro vindicatione rei,* » ni la loi III D. *h. t.*, qui semble dire que la question du bornage est étroitement liée à celle de la propriété. Les doutes qu'on aurait pu avoir, en combinant ces lois avec la loi XXIII pr. D., 6, 1 de Paul, se trouvent complètement éclaircis par un texte précis de notre titre, qui donne l'exercice de l'action *finium regundorum* au possesseur de fonds vectigaliens, aux gagistes et aux usufruitiers : « *Finium regundorum actio et in agris vectigalibus, et inter eos, qui usufructum habent, vel fructuarium, et dominium proprietatis vicini fundi, et inter eos, qui jure pignoris possident, competere potest*[2]. »

Pour les possesseurs d'*agri vectigales*, la question

Laferrière, *Rivières*, t. III, p. 971.) Dans un autre système, les petits cours d'eau seraient *res nullius*, les cours d'eau intermittents ou torrents étant seuls propriété privée. (V. Demolombe, t. X, n° 130 et s. ; — Dalloz, v° *Eaux*, n° 213 ; — Ducroq, *Droit administratif*, n° 1009 et s. ; — Dufour, t. IV, p. 646.)

1. Mais il pourrait arriver que l'action *finium regundorum* intentée par un vendeur contre un acheteur fut écartée par l'obligation de garantie. (Voy. l. X, C. 8, 45. Cpr. l. XLV, D. 21, 2.)

2. L. IV, § 9, D. X, 1.

n'aurait guère soulevé de difficulté. La loi I, § 1, D., VI, 3, dit en effet : « *Qui in perpetuum fundum fruendum conduxerunt a municipibus, quamvis non efficiantur domini, tamen placuit competere eis in rem actionem adversus quemvis possessorem.* » Ayant l'action réelle en revendication, les possesseurs dont nous parlons pouvaient, à plus forte raison, intenter l'action *finium regundorum.* C'est, du reste, ce qui résulte de la loi V, § 3, D., 47, 7. Dans ce texte, Paul, parlant de l'action *arborum furtim cæsarum* dit : « *Qui fundum vectigalem habet, hanc actionem habet : sicut et finium regundorum.* » Mais sans la loi IV, § 9, à notre titre, que nous avons citée, il eût été difficile d'accorder notre action aux usufruitiers et aux gagistes ; les lois I, § 20, D., 39, 1, et XXIX, D., X, 2 ne leur reconnaissent, en effet, le droit d'agir en revendication qu'au nom du propriétaire.

A l'énumération que nous venons de faire des personnes qui peuvent intenter l'action *finium regundorum,* nous devons ajouter : le possesseur d'un fonds provincial, l'usager, et l'emphytéote qui avait, croyons-nous, les actions attribuées par les textes aux possesseurs d'*agri vectigales*[1]. Quant au simple posses-

---

1. La loi I, § 1. D. VI, 3, peut, en effet, s'appliquer à ces deux possesseurs. L'énoncé du titre auquel elle est placée est, du reste, ainsi conçu : *Si ager vectigalis, id est, emphyteuticarius, petatur* ; v. M. Accarias, t. I, n° 283 bis.

seur, en l'absence de textes, nous appliquerons les principes généraux qui distinguent la possession de bonne et mauvaise foi. La loi CXXVI, D., 50, 17, assimilant le possesseur de bonne foi au propriétaire, nous lui donnerons l'exercice de l'action *finium regundorum*, bien qu'en réalité il n'ait sur la chose aucun *jus in re*. Nous refuserons, au contraire, notre action au possesseur de mauvaise foi, car aucun texte ne lui donne les pouvoirs que possède un véritable propriétaire.

La simple détention ne pouvant conférer aucun droit réel, nous en concluons que le locataire et le commodataire ne peuvent, dans aucun cas, exercer l'action *finium regundorum*.

CHAPITRE IV

CARACTÈRES DE L'ACTION *FINIUM REGUNDORUM*

L'origine, le but et les conditions d'exercice de l'action *finium regundorum* étant connus, nous devons maintenant en déterminer les caractères.

L'action qui nous occupe est-elle réelle ou personnelle, civile ou prétorienne, *concepta in jus* ou *in factum*, de bonne foi, de droit strict, ou arbitraire ? Telles sont les diverses questions que nous devons maintenant examiner.

1. C'est, d'abord, croyons-nous, une action personnelle. L'action personnelle repose sur un rapport d'obligation existant entre deux parties. Or, l'obligation dont il est ici question dérive, comme nous l'avons montré précédemment, du quasi-contrat né de la confusion des limites ou, tout au moins, de la contiguïté des deux fonds. Le demandeur soutient que son

adversaire est tenu de supporter le bornage, mais il n'intente pas contre lui une véritable action en revendication. Le juge, il est vrai, usant du pouvoir que lui confère l'adjudication de la formule, pourra terminer le différend par des attributions de propriété; mais cette éventualité ne peut changer le caractère de l'action, donnée uniquement pour protéger un droit de créance.

Les textes confirment, du reste, cette manière de voir : c'est d'abord la loi I de notre titre, ainsi conçue : « *Finium regundorum actio in personam est, licet pro vindicatione.* » Ainsi, alors même que cette action serait exercée pour reprendre la possession d'une portion de terrain comprise dans la partie possédée par le voisin, elle n'en resterait pas moins une action personnelle. Le demandeur, en effet, est toujours considéré comme alléguant un droit de créance, sur le fondement duquel il réclame le rétablissement régulier des limites des deux fonds. Au texte que nous venons de citer, vient s'en ajouter un autre non moins probant : c'est la loi I, § 1, au Code, VII, 40, dans laquelle Justinien déclare que toutes les actions personnelles se prescrivent par trente ans, et, parmi ces actions, il cite l'action *finium regundorum.*

Notre action est donc personnelle. Cependant Justinien, après avoir présenté comme classification fondamentale la distinction des actions en réelles et per-

sonnelles, a employé pour qualifier les actions divisoires une expression qui a soulevé et soulève encore
parmi les interprètes une vive controverse.

L'importance du § 20, auquel nous faisons allusion, nous oblige à le transcrire en entier : « *Quæ-
dam actiones mixtam causam obtinere videntur, tam
in rem quam in personam : qualis est familiæ ercis
cundæ actio, quæ competit coheredibus de dividenda
hereditate; item communi dividundo, quæ inter eos
redditur inter quos aliquid commune est, ut id divida-
tur; item finium regundorum, quæ inter eos agitur,
qui confines agros habent. In quibus tribus judiciis
permittitur judici rem alicui ex litigatoribus ex bono
et æquo adjudicare: et, si unius pars prægravari
videbitur, eum invicem certa pecunia alteri condemnare.* »

Quelle est, au juste, la portée de ce texte et qu'ont
voulu dire particulièrement les rédacteurs des *Institutes* par ces mots : « *Mixtam causam obtinere videntur ?* » Les nombreuses explications intervenues à ce
sujet constituent autant de systèmes que nous devons
examiner.

Premier système. — Une première opinion qui ne
nous arrêtera pas longtemps soutient, contrairement
à ce que nous avons établi précédemment, que l'action *finium regundorum* est purement réelle[1]. Le

---

1. V. Voët, *Comment. ad Pandectas*, X, 1.

demandeur, dit-on, ayant surtout en vue de réclamer une partie de son fonds, agit, pour ainsi dire, en revendication. S'il lui arrive parfois de réclamer et d'obtenir des prestations personnelles, en compensation des empiètements faits sur son terrain, ce n'est là qu'un caractère accessoire de l'action, caractère qui pourrait, du reste, ne pas exister. Justinien, dit-on, en employant l'expression « *mixtam causam* », fait allusion à cette dernière situation, qui intervient parfois, mais qui n'est nullement de l'essence de l'action *finium regundorum*.

Comme on le voit, ce premier système consiste surtout à dire que l'action que nous examinons est réelle, parce qu'elle poursuit une restitution. L'application d'une pareille idée ferait également reconnaître le caractère de réalité aux actions de dépôt, de gage et de commodat.

Pour qu'il y ait revendication, il faut que le litige porte sur l'existence ou la non-existence d'un droit réel. Or, dans notre hypothèse, c'est précisément le contraire qui se trouve avoir lieu. Le demandeur, en agissant en bornage, reconnaît, en effet, la propriété de son adversaire et ne demande qu'à tracer des limites entre les deux fonds.

Deuxième système. — Dans un deuxième système, l'expression : « *tam in rem quam in personam* » signifierait que l'action *finium regundorum* (aussi bien, du reste, que les autres actions divisoires) est à la fois personnelle et réelle : personnelle, comme donnée en exécution d'obligations nées quasi *ex contractu;* réelle, en ce sens que le juge à qui elle est soumise, doit également statuer sur un droit réel de propriété [1].

Nous devons tout d'abord faire remarquer que l'action *finium regundorum* pourra être donnée, sans qu'aucun droit de propriété soit soulevé. Deux propriétaires reconnaissant les limites respectives de leur propriété pourront agir en bornage, à seule fin d'éviter des contestations futures. En fait, il arrivera souvent que le juge fera des attributions de propriété, mais ce n'est là qu'un moyen de donner satisfaction aux parties et de résoudre la question posée sur l'obligation principale de bornage.

Ce système aboutit, du reste, à des impossibilités qu'il importe de signaler. Une action ne peut pas être à la fois réelle et personnelle. On peut bien avoir deux actions, pour réclamer une chose, mais on ne saurait agir à la fois relativement au même objet contre tout le monde, en invoquant un droit réel, et contre une personne déterminée à l'aide d'un droit de créance.

On reproche également à ce système de ne pou-

1. V. Pothier, éd. Bugnet, t. I, p. 44. Ce système a été longtemps prédominant et a inspiré l'art. 59, C. proc. civ.

voir se concilier avec les règles de la procédure formulaire. L'*intentio* de la formule des actions réelles ne contient pas le nom du demandeur qui doit, au contraire, figurer dans l'*intentio* des actions personnelles. De la l'impossibilité où l'on se trouverait dans le système que nous venons d'examiner de rédiger cette *intentio*.

Troisième système. — Un troisième système consiste à dire que l'action *finium regundorum* est mixte, en ce sens que chacune des parties y joue le double rôle de demandeur et de défendeur. Justinien, dit-on, en employant l'expression « *mixtæ* », a voulu signaler l'anomalie que les trois actions divisoires créaient dans la procédure formulaire, d'après laquelle le défendeur seul pouvait être condamné. Les expressions : « *tam in rem quam in personam,* » dont nous recherchons l'explication, signifieraient alors que chaque plaideur est à la fois demandeur et défendeur, et que ce caractère peut se rencontrer tant dans les actions réelles que dans les actions personnelles.

La remarque que l'on fait dans ce système, sur le double caractère de chacune des parties est de tous points exacte. Nous devons ajouter que le sens qu'on donne aux mots « *tam in rem quam in personam* » se retrouve dans les *Institutes*, au § 3, *De actionibus*.

Nous rejetterons cependant cette explication en reconnaissant que la même signification donnée ici à ces expressions, serait tout à fait inadmissible. Il résulte, en effet, de ce que nous avons établi précédemment, que les actions divisoires ont bien le caractère indiqué par ce troisième système, mais que, quant aux actions réelles, il n'en est aucune qui ait, avec elles, à cet égard, un semblant d'analogie.

4ᵉ système. — M. de Savigny [1], a présenté une explication qui se rapproche assez de celle que nous avons étudiée dans le second système. D'après ce savant romaniste, l'action *finium regundorum* serait à la fois réelle et personnelle, en ce sens, qu'ayant généralement pour objet de trancher une question d'obligation, elle peut également servir à résoudre une question de propriété. M. de Savigny complète son explication en indiquant que le mot « mixte » se justifie également par la formule de l'action en bornage, dont l'*intentio* était rédigée *in personam* et l'*adjudicatio in rem.*

On ne peut nier tout d'abord, et indépendamment de tout système de procédure, que le juge ne soit souvent amené dans l'exercice de notre action, en statuant sur la question d'obligation, à trancher en même temps une question de propriété. Mais cette question, qui ne se pose qu'accessoirement, ne sau-

---

1. *Traité de Droit romain*, t. V, p. 97, édit. Guenoux.

rait déterminer la nature réelle ou personnelle de l'action, qui dépend uniquement du droit principal invoqué par le demandeur. Or ce droit, nous l'avons indiqué précédemment, consiste dans une obligation qui, seule, donne à l'action son véritable caractère. Quant à l'argument tiré de la rédaction de la formule de notre action, nous devons faire remarquer que l'existence d'une *adjudicatio* rédigée *in rem* n'influe en rien sur sa nature. L'*intentio* seule dans une formule donne au droit invoqué sa véritable qualification. Or, ici, l'*intentio* est rédigée *in personam*, preuve manifeste que le demandeur invoque un droit de créance.

5° *système*. — Dans un cinquième système, M. Demangeat [1] explique d'une façon fort ingénieuse, l'expression *tam in rem quam in personam* dont se servent les *Instituts*.

C'est, d'après lui, par une simple erreur de langage, que les rédacteurs ont qualifié de mixtes des actions qui sont purement personnelles. Les termes dont se servait la pratique, à l'époque de Justinien, auraient du reste singulièrement contribué à la confusion dont il s'agit. Quand un demandeur en revendication obtient gain de cause, on est porté à considérer la sentence intervenue en sa faveur comme constituant son titre de propriété. Sa situation semble donc analogue

---

1. *Traité de droit romain*, t. II, p. 650.

à celle du demandeur à l'action *finium regundorum* à qui le juge confère une portion de terrain, au moyen de l'*adjudicatio*. Dans les deux cas, le résultat pratique est le même, et il n'est pas surprenant, dit M. Demangeat, qu'à l'époque de Justinien, on ait assimilé l'attribution judiciaire à la déclaration judiciaire de propriété. Ainsi s'expliquerait l'expression « mixte » donnée à notre action, parce que, personnelle dans sa cause, elle paraissait néanmoins réelle dans ses effets.

Deux textes, au *Digeste*, semblent du reste confirmer ce système : la loi XVI, § 5, au titre *De pignoribus et hypothecis*, et la loi XII, au titre *De distractione pignorum*[1]. Le jurisconsulte Marcien emploie en effet, dans ces textes, l'expression «*adjudicare*» pour désigner la reconnaissance du droit réel d'hypothèque. C'est là, dit-on, une preuve manifeste de la confusion qui existait, même à l'époque classique, entre la reconnaissance du droit de propriété résultant des actions réelles, et l'attribution que le juge faisait de ce même droit, dans l'*adjudicatio* de la formule de l'action *finium regundorum*.

Ce système n'est pas plus concluant que les précédents. Les textes qu'il invoque prouvent uniquement que le mot « *adjudicare* » a été détourné de son véritable sens, mais il ne s'ensuit pas que les rédacteurs

____
1. D. XX, 1, et XX, 4.

des *Institutes* aient confondu, comme on l'a dit, l'attribution du droit de propriété avec la reconnaissance du même droit.

— Un dernier système qui, seul, nous paraît répondre au texte des *Institutes*, donne au paragraphe 20 l'explication suivante. Les actions divisoires sont bien des actions personnelles. Justinien, en se servant de l'expression « *tam in rem quam in personam* », signale seulement une particularité inhérente à ces actions. L'*adjudicatio* que contient leur formule, permet, en effet, au juge de faire, dans certains cas, des attributions de parcelles de terrain ; d'où il résulte que nos actions peuvent aboutir à la fois à des condamnations pécuniaires et à un transfert de propriété. De là l'expression : « *mixtam causam obtinere videntur*, » dans laquelle le mot « *videntur* » indique une comparaison ou tout au plus une analogie entre nos actions et les actions réelles.

Le pouvoir que l'*adjudicatio* confère aux juges, ne se retrouvant pas dans les autres actions personnelles, constitue, par là même, une particularité que les rédacteurs des *Institutes* ont voulu signaler.

Cette explication, beaucoup plus simple que les précédentes, donne au § 20 la seule interprétation qui lui convienne : « *Certaines actions semblent poursuivre un but mixte et sont à la fois relatives aux choses et aux personnes...* » puis le texte, après avoir énuméré les actions ainsi visées, justifie de la façon suivante le caractère mixte auquel il fait allusion : « *Dans ces trois actions, il est permis au juge d'adjuger* ex bono et æquo *une chose à l'un des plaideurs, et, si la part de l'un paraît trop grande, il peut le condamner en retour à payer à l'autre une somme déterminée.* » Cette dernière explication écarte une contradiction qu'on pouvait reprocher aux rédacteurs des *Institutes*, dans les systèmes précédemment examinés. La reconnaissance d'une catégorie d'actions appelées mixtes, ne saurait en effet se concilier avec la division donnée au commencement du titre VI, *De actionibus* (Inst. liv. IV), et qui comprend déjà toutes les actions : « *Omnium autem actionum quibus inter aliquos apud judices arbitrosve de quacumque re quæritur, summa divisio in duo genera deducitur : aut enim in rem sunt, aut in personam.* » L'expression « *summa divisio* » ne permet pas, comme on le voit, de supposer l'existence d'une troisième classe d'actions, qualifiées mixtes et qui seraient à la fois réelles et personnelles.

A ce système on fait toutefois deux objections :

D'abord on lui reproche de traduire le mot *causa* par but. C'est là, dit-on, un sens qui ne se rencontre pas ailleurs. L'inexactitude de cette première assertion ressort des nombreux textes qu'on peut citer, où l'expression dont il s'agit est prise dans un sens analogue à celui que nous lui donnons ici [1]. La vérité est que le mot *causa* a été employé par les auteurs dans les acceptions les plus diverses. On ne peut donc pas contester qu'il n'ait pu avoir le sens que nous lui donnons.

On a également objecté l'inutilité qu'il y avait à signaler les actions divisoires comme ayant deux buts distincts. Toutes les actions réelles, a-t-on dit, présentent le même caractère, elles ont toutes pour objet la reconnaissance d'un droit réel de propriété et aboutissent cependant à une condamnation pécuniaire. Il y a là, croyons-nous, une confusion qu'il importe de signaler. Les actions réelles n'ont qu'un but unique, la constatation du droit réel allégué. Le demandeur, dans *l'intentio*, réclame purement et simplement sa chose. Il soutient : *hanc rem esse suam*. La condamnation qui intervient résulte uniquement de la reconnaissance faite par le juge du bien fondé de la demande, et n'est qu'une conséquence du principe que, sous le régime de la procédure formulaire, toutes les condamnations doivent être pécuniaires [2].

2. *L'action* finium regundorum *est arbitraire.* — La division des actions en actions de droit strict, arbitraires et de bonne foi, est fondée sur le plus ou

---

1. § 2, *Inst.*, liv. II, tit. 16 : « *Unum est testamentum duarum causarum, id est duarum hereditatum.* » — V. aussi l. XV, D, XII, 4; L. XV, D. XIX, 5.

2. V. Dans le sens de ce système, Maynz, t. II, § 348; — Naquet *Rev. crit.*, 1873, p. 481 et s.; — Accarias, t. II, p. 1042.

moins de pouvoir laissé au juge,, dans l'examen des
prétentions des parties.

Dans les actions de droit strict, le juge, renfermé
dans les limites étroites de la demande, prononce
d'après les seuls principes du droit civil. Il ne prend
en considération les faits accessoires qui peuvent in-
fluer sur l'affaire qui lui est soumise, qu'autant qu'ils
constituent des exceptions, et qu'ils sont, de ce chef,
insérés dans la formule. Dans les actions de bonne
foi, au contraire, la formule *ex bona fide*, ajoutée à
l'intentio, permet au juge de statuer conformément à
l'équité. La loi XXI au *Digeste* (3, 1, § 20) dit en effet :
« *Ea quæ sunt moris et consuetudinis in bonæ fidei
judicium debent venire.* »

A côté de ces deux sortes d'actions, se placent les
actions mixtes ou arbitraires, spécialement créées
pour corriger ce qu'avait de rigoureux le principe
admis sous le système formulaire et d'après lequel
toutes les condamnations devaient être pécuniaires.
Le juge, dans ces actions, après avoir reconnu le
bien fondé de la demande, enjoignait au défendeur
de fournir telle ou telle satisfaction au demandeur,
et ce n'était qu'autant que le défendeur s'y refusait
qu'il prononçait une condamnation contre lui [1].

Dans laquelle de ces différentes classes d'actions
devons-nous ranger celle qui nous occupe. L'expres-

1. *Inst.* § 31, *De actionibus.*

sion « *ex bono et æquo* » que nous avons rencontrée dans le § 20 nous permet d'abord d'affirmer que l'action *finium regundorum* n'est pas de droit strict. Est-elle donc de bonne foi ? Justinien qui cite comme appartenant à cette dernière catégorie les actions *familiæ erciscundæ* et *communi dividundo* ne dit mot de celle que nous étudions [1]. Cicéron [2] et Gaius [3], qui ont aussi énuméré les actions de bonne foi, ne parlent pas non plus de l'action *finium regundorum*. A l'argument qu'on peut tirer de ces omissions successives vient s'ajouter un texte qui nous permet d'affirmer que l'action *finium regundorum* ne peut être rangée dans la catégorie des actions de bonne foi. C'est la loi IV, § 2 de notre titre au *Digeste* qui décide qu'en exerçant notre action, on ne peut obtenir que les fruits perçus depuis la *litis contestatio*. Dans les actions de bonne foi, au contraire, les fruits sont dus avant comme après la *litis contestatio* « *in bonæ fidei contractibus ex mora usuræ debentur* [4] ».

Ne pouvant ainsi être ni de droit strict ni de bonne foi, notre action est donc forcément arbitraire. Ce caractère, du reste, s'explique très facilement. Celui qui intente l'action *finium regundorum* voulant obliger son adversaire à supporter un bornage qui fixera défini-

1. *Inst.* IV, 6, § 28.
2. Cic. *Top.* 16, *De off.* III, 15 et 17, *De nat. rer.* III, 36.
3. Gaius, IV, § 62.
4. L. XXXII, § 2. D. 22, I,

tivement les limites des deux fonds contigus, ne peut obtenir pleine et entière satisfaction que si l'objet principal de sa demande lui est accordé par le juge. Ce dernier se servira de son *arbitrium* comme d'un moyen de coercition, et, en obligeant le défendeur à borner, sous peine d'une condamnation considérable, il assurera le plus souvent l'exécution principale du jugement. Plusieurs textes justifient, du reste, cette manière de voir. C'est d'abord la loi IV, § 3, à notre titre, qui est ainsi conçue : « *Sed et si quis judici non pareat in succidenda arbore, vel ædificio in fine deponendo parteve ejus, condemnabitur* » La condamnation n'intervient, comme on le voit, que si le *jussus* n'est pas exécuté. Le § 6 des *Institutes*, au titre *De officio judicis* (4, 17) accuse également le caractère arbitraire de l'action *finium regundorum*. Justinien, traitant de l'office du juge, s'exprime en effet de la manière suivante : « *Contumaciæ quoque nomine quisque eo judicio condemnatur veluti si quis jubente judice metiri agros passus non fuerit.* »

L'action qui nous occupe est donc bien une action arbitraire. Si Justinien ne la comprend pas dans l'énumération qu'il donne de ces actions, c'est que cette énumération n'est pas complète. L'empereur prend du reste soin de nous en avertir en disant : « *In his autem actionibus et ceteris similibus.* »

3. L'action *finium regundorum* est, comme les

deux autres actions divisoires, une action civile, c'est-à-dire qu'elle est l'œuvre de la loi et non du préteur. Cicéron nous apprend en effet qu'elle fut créée par la loi des *Douze Tables*, et le Digeste (l. I, X. 2) confirme cette assertion.

4. Notre action est, de plus, *concepta in jus* et non *in factum* ; c'est là du reste un caractère qui découle du précédent.

5. Un autre caractère de notre action, c'est d'être *rei persecutoria*, c'est-à-dire qu'elle a uniquement en vue l'acquittement d'une obligation, et qu'elle n'a nullement pour but d'enrichir le demandeur.

6. Enfin l'action *finium regundorum* est double, en ce sens que chacune des parties y joue à la fois le rôle de demandeur et de défendeur. C'est là ce que constate Ulpien, dans la loi XXXVII, § 1, du titre *De obligationibus et actionibus* (D., XLIV, 7) où il dit : « *Mixtæ sunt actiones, in quibus uterque actor est : utputa finium regundorum, familiæ erciscundæ, communi dividundo, interdictum uti possidetis, utrubi* [1]. » L'objet des instances auxquelles donne lieu l'exercice des actions divisoires est, en effet, multiple, et se présente souvent comme un véritable règlement de comptes à intervenir entre les parties, chacune d'elles adressant à l'autre des demandes et répondant à celles qui lui sont présentées.

1. Voy. aussi, l. X, D. X, 1.

CHAPITRE V

PROCÉDURE DE L'ACTION *FINIUM REGUNDORUM*

La procédure de l'action *finium regundorum*, comme celle de toute autre action, se divisait en deux phases bien distinctes ; la procédure *in jure* et la procédure *in judicio*. Nous allons, dans le cours de ce chapitre, examiner successivement l'une et l'autre.

I

IN JURE

Dans cette première partie de la procédure, le magistrat délivrait une formule qui désignait un juge et lui indiquait l'objet du différend. Outre la nomination du juge, la formule de notre action comprenait : une *demonstratio*, une *intentio*, une *adjudicatio* et une *condemnatio*.

1° *Nomination du juge*. — Cicéron nous apprend[1] que l'exercice de l'action en bornage donna d'abord lieu à la nomination de trois arbitres pris parmi les *agrimensores*, réduits plus tard à un par la loi Mamilia. Ajoutons que lorsqu'une question de propriété était soulevée, c'était un juge ordinaire et non un arbitre qui devait la trancher.

Lorsque c'était un juge qui était choisi par le magistrat, il laissait aux *agrimensores* le soin de résoudre toutes les difficultés pratiques que soulevait la contestation. Ceux-ci, comme nous le verrons dans la suite, jouaient alors le rôle de véritables experts, chargés qu'ils étaient de trancher des questions purement techniques.

2° *Demonstratio*. — Aussitôt après la nomination du juge venait la *demonstratio* qui lui indiquait la question dont il s'agissait et les faits qu'invoquaient les parties à l'appui de leurs prétentions.

3° *Intentio*. — L'*intentio* contenait les prétentions communes des parties. Ici, comme les conclusions formulées par le demandeur et le défendeur pouvaient porter sur plusieurs points différents, il est à présumer que l'*intentio* de notre action était conçue en termes très vagues, par exemple dans la forme : « *Quidquid paret alterum alteri condemnari oportere.* »

4° L'*adjudicatio* donnait au juge le pouvoir d'attri-

1. *De legibus*, § 21.

buer à l'un des plaideurs, et quelquefois à tous les deux, des parcelles de propriété. Cette partie de la formule, qui ne se rencontrait que dans les trois actions divisoires, s'explique ici par le but même que poursuivait notre action. Le juge, chargé d'établir une délimitation régulière entre deux fonds contigus, ne pouvait souvent arriver à ce résultat que par des attributions de propriété faites à l'une des parties moyennant indemnité.

5° *Condemnatio.* — La *condemnatio* qui, dans toutes les actions, donnait au juge le pouvoir de condamner ou d'absoudre le défendeur, pouvait spécialement, dans notre action, aboutir, comme nous l'avons vu précédemment, à la condamnation de chacun des plaideurs.

Le magistrat, après avoir rédigé les différentes parties de la formule que nous venons d'indiquer, y insérait également une disposition particulière, conférant au juge le pouvoir de prononcer un *arbitrium* sur les effets duquel nous aurons bientôt longuement à nous expliquer [1].

---

1. D'après Noodt (*Ad Pandectas*, X, I, édit. 1760, t. II, p. 183) la disposition de l'édit aurait été ainsi conçue :

« *Finium regundorum si agetur inter confines, arbitrum dabo; ut fines ejus arbitratu regantur, item, si quid damni datum factumve erit, sive quid eo nomine alicui aberit aut ad eum pervenerit, ut id præstetur.* »

Voici d'ailleurs comment M. Barruel de Saint-Pons a cru devoir rétablir la formule complète (p. 105).

Caïus, Judex esto.

Ea res agatur intra quinque pedes, si non veteribus cum signis limes

—La délivrance de la formule produit la *litis contestatio*. Nous n'avons pas à étudier ici tous les effets qui
résultent de cette partie de la procédure ; signalons
seulement deux points fort importants, au point de vue
de l'exercice de notre action : 1° la *litis contestatio*
fixe d'abord le moment où le juge devra se placer pour
apprécier les droits de chaque partie ; c'est donc en
tenant compte de cette époque qu'il déterminera les
indemnités que le demandeur ou le défendeur peuvent se devoir et les différentes restitutions qu'ils doivent se faire ; 2° En second lieu, la *litis contestatio* met
fin à la controverse que nous avons examinée plus
haut, au sujet des fruits que doit rendre le possesseur
de bonne foi au véritable propriétaire. A partir de ce
moment, il n'y a plus de distinction possible entre le
possesseur de bonne ou de mauvaise foi. Tous les

*inclusus finem congruum erudita arte præstiterit, neve præjudicium
fundo partive ejus fiat,*

*Quod pago illo, loco qui appellatur ille, inter duos confines fundos,
scilicet Cornelianum Gaio Seio et Quinto Lucinio communem, et Titianum
qui fundus est Lucii Titii, fines, qua de re agitur, regundi sunt ; qua de
re Gaius Seius et Quintus Lucinius Lucium Litium finibus regundis pro-
vocaverunt,*

*Quantum paret ob eam rem ex alterius prædii alii adjudicari, alteramve
partem alteri condemnare oportere ex fide bona,*

Tantam Judex, alteri ab altero adjudicato.

*Tantum alterumque alteri condemnato, nisi alteri ab altero satisfac-
tum sit ;*

Si non paret, absoluto.

Voy. encore sur ce point Lenel, *Das edictum perpetuum*, Leipsig,
1883, p. 166.

  CHAPITRE V

fruits perçus depuis la délivrance de la formule doivent, en effet, être restitués au véritable propriétaire.

II

PROCÉDURE DE L'ACTION « FINIUM REGUNDORUM » IN JUDICIO

Dans l'action *finium regundorum*, comme dans toute autre action, le juge devait tout d'abord examiner si les prétentions des parties étaient fondées. Son opinion arrêtée, il rendait un *arbitrium* par lequel il déterminait, selon l'équité et la bonne foi, les satisfactions qui devaient être respectivement fournies. Enfin, dans la sentence définitive, il prononçait une condamnation pécuniaire contre celle des parties qui n'avait pas exécuté l'*arbitrium*.

Avant d'aborder l'étude des différents points que nous venons d'indiquer, nous devons dire quelques mots, au sujet d'une particularité qu'offrait l'action *finium regundorum*, quand elle portait sur une « *controversia de fine* ». La contestation, dans ce cas, ayant uniquement pour objet l'espace de cinq pieds formant la séparation entre les deux fonds, était soumise à un *agrimensor*. Celui-ci mettait fin au différend à l'aide des ressources que l'*ars mensoria* lui fournissait. L'inspection des lieux et le cadastre lui permettaient généralement de rétablir les limites respectives des terrains contigus.

Quand l'exercice de notre action portait sur un « *locus* », c'était alors un juge ordinaire qui était chargé de statuer. Ici, en effet, plusieurs questions de droit pouvaient être soulevées, à raison même du caractère que présentait l'action en bornage.

Le demandeur, tout d'abord, qui prétendait que des empiétements avaient été faits sur son terrain, soulevait une question de propriété qui présentait, au moins par ses effets, une grande analogie avec l'action en revendication.

Le défendeur, de son côté, pouvait repousser les prétentions du demandeur en invoquant la prescription, et l'on comprend aisément que cette dernière question, ainsi que la précédente, dépassait la compétence de l'*agrimensor*.

Pour trancher le différend qui présentait ici une importance plus considérable que dans le cas précédent, le juge avait recours à de nombreux procédés qui lui permettaient généralement de retrouver et de rétablir les limites des fonds contigus. Il devait, tout d'abord, examiner soigneusement les lieux. La configuration du sol et les accidents de terrain qui peuvent exister, joints aux différents modes de culture, suffisent, en effet, parfois, à indiquer où commence et où finit la propriété de chacun. A ces indications pouvaient, du reste, se joindre d'autres éléments de nature à rendre encore moins incertaines les limites respectives des deux fonds. L'examen des lieux pouvait faire découvrir des fossés creusés d'une certaine façon, ou bien encore des arbres taillés d'un côté seulement, et c'était là pour le juge, autant de renseignements propres à entraîner sa conviction.

Il faut ajouter toutefois qu'il n'était pas obligé de faire par lui-même ces constatations. La loi VIII, § 1, D, X, I, dit, en effet : « *Ad officium de finibus cognoscentis pertinet, mensores mittere, et per eos dirimere ipsam finium quæstionem, ut æquum est, si ita res exigit, oculisque suis subjectis locis.* » L'*agrimensor* paraissait, du reste, tout désigné par la nature même de ses fonctions pour aider le juge à rechercher la limitation véritable des fonds de terre. La loi III au Code (III, 39) lui trace même les devoirs qui lui incombaient en pareil cas. Il devait arpenter les deux fonds, en présence des parties, sans que toutefois l'absence de l'une d'elles put mettre obstacle à sa mission. L'arpentage, avait alors lieu en présence de la seule partie qui comparaissait. L'*agrimensor* n'agissait ici qu'à titre d'expert, et ses pouvoirs étaient beaucoup plus limités que dans la *controversia de fine*.

Si l'inspection des lieux ne suffisait pas à révéler les véritables limites des fonds de terre, le juge devait alors avoir recours à d'autres preuves et, notamment, consulter le cadastre et les actes qui avaient pu être rédigés concernant les fonds litigieux. C'est ce qui résulte de la loi XI. D, X, 1, ainsi conçue : « *In finalibus quæstionibus vetera monumenta, census auctoritas ante litem inchoatam ordinati sequendu est : modo si non varietate successionum, et arbitrio possessorum, fines, additis vel detractis agris, postea permutatos probetur.* » Après avoir cité l'autorité du cadastre et des *monumenta*, relatifs aux fonds, au nombre des moyens d'investigation offerts au juge de notre action, la loi que nous venons de reproduire, fait deux restrictions sur lesquelles nous devons insister. Le cadastre et les *monumenta* anciens, d'après notre texte, ne peuvent servir de preuves, qu'autant qu'ils ont été dressés avant le commencement du procès, et la loi ajoute « pour que leur autorité soit probante il faut que les limites n'aient pas été changées, et qu'a la suite de successions les possesseurs n'aient pas ajouté ou retranché des parcelles de terrain aux héritages primitifs. » Un rescrit des empereurs Dioclétien et Maximin développe cette dernière idée, dans les termes suivants : « *Successionum varietas, et vicinorum novi consensus, additis vel detractis agris alterutro, determinationis veteris monumenta sæpe permutant* [1]. » La loi XII, à notre titre, fait applica-

1. I, 2, cod. 3, 39.

tion de ces principes. Paul suppose, dans cette loi,
que le propriétaire de deux fonds contigus en vend
un, mais après avoir changé les limites qù'il avait précédemment. Si, plus tard, l'acquéreur exerce l'action
en revendication, le jurisconsulte prend soin de nous
dire qu'il ne faudra pas tenir compte des bornes qui
séparaient primitivement les deux fonds, on devra
s'occuper seulement des bornes nouvelles, établies
ultérieurement.

Si, après avoir eu recours aux différents moyens
d'investigation que nous venons de signaler, le juge
n'était pas suffisamment éclairé, il pouvait encore in-
terroger tous ceux qui avaient des renseignements
à lui communiquer relativement à l'objet du litige.
La loi X, D., au titre *De probationibus et præsump-
tionibus*, indique néaumoins que ce n'est qu'à défaut
d'autres preuves que les témoins doivent être enten-
dus ; « *census et monumenta publica*, dit Marcellus, *po-
tiora testibus esse, senatus censuit.* »

Enfin, quand le juge a reconnu, par un des moyens
qui précèdent, les véritables limites des fonds, il en
établit le bornage par des signes distinctifs qui évite-
ront, plus tard, toute contestation. Mais, à côté de
cette question principale, d'autres pouvaient se présenter, relatives, soit aux parcelles de terre et aux
fruits qui devaient être restitués, soit aux indemnités
qui devaient être fournies. Le juge examinait ces dif-

férents points, et rendait ensuite un *arbitrium* par lequel il déterminait les satisfactions que les parties pouvaient se devoir réciproquement. Pour faire exécuter son *arbitrium*, le juge avait recours, comme nous l'avons vu plus haut, à un moyen détourné. Il fixait, à cet effet, à l'avance, une somme, généralement considérable, que devait payer la partie perdante, si elle n'exécutait pas l'ordre qui lui était donné.

On s'est demandé, à propos de notre action, si c'était là le seul moyen de contrainte qui pût être employé. Un certain nombre d'auteurs, se fondant sur un texte d'Ulpien qui leur a paru décisif, ont enseigné que le juge avait, à sa disposition, dès l'époque classique, une sanction beaucoup plus directe que celle que nous venons d'indiquer et qui consistait dans l'exécution forcée de la sentence *manu militari*.

La loi LXVIII, au D. VI, 1, objet de la controverse, mérite, par son importance, d'être reproduite intégralement. « Celui qui a reçu l'ordre de restituer la chose litigieuse, dit Ulpien, et qui n'a pas obéi à cet ordre du juge, prétendant qu'il ne peut pas restituer, celui-là sera dépouillé de la chose par la *force publique* émanant de l'autorité du juge, et la condamnation pécuniaire aura lieu seulement relativement aux fruits et aux autres chefs de la demande. Si le défendeur ne peut pas restituer, une distinction est à faire : s'il a cessé de posséder par dol, il sera condamné, d’après le serment du demandeur qui sera assuré de voir sa réclamation acceptée sous serment, sans aucune limite (*in infinitum*). Si le défendeur ne peut pas restituer, mais qu’il n’ait pas cessé de posséder, il sera condamné d’après l’évaluation de la chose et conformément à l’intérêt du demandeur. Cette règle est générale, elle s’applique à toutes les actions, aussi bien aux actions *in rem*, *in personam*, qu’aux interdits. » L’expression *manu militari*, employée par Ulpien, montre bien, dit-on, que dès l’époque classique, l’exécution forcée et directe des jugements pouvait avoir lieu *jussu judicis*.

Malgré l’autorité des auteurs qui défendent cette doctrine[1], nous ne croyons pas devoir l’admettre, en raison du grand nombre de textes qui contredisent celui que nous venons de reproduire et qui, suivant nous, du moins, semblent établir d’une façon formelle, qu’à l’époque classique, le *jussus judicis* ne pouvait aboutir à l’exécution de la sentence *manu militari*. C’est d’abord la loi IV, § 3, h. t. qui décide que « si l’un des plaideurs n’obéit pas à l’ordre du juge qui lui enjoint de couper un arbre ou de détruire un édifice placé sur la limite d’un champ, il sera condamné ».

---

1. Cujas, édit. 1712, t. VII, sur la loi LXVIII, D. 6,1 ; — Zimmern, *Traité des actions*, trad. Etienne, p. 192 et 201 ; — Pellat, *Prop.*, p. 367 et s. ; — Ortolan, 12ᵉ édit. t. 2, p. 564 ; — Accarias, t. II, n. 866 et s.

Il s'agit bien là, comme on le voit, d'une condamnation et il n'est nullement question de *manus militaris*. Le juge, dans notre hypothèse, reconnaît parfaitement que les empiètements de l'une des parties portent sur une portion de terrain à l'extrémité de laquelle se trouve un arbre ou un édifice dont il ordonne la destruction afin de pouvoir ainsi rétablir les limites primitives. Cependant, bien que le juge eût, dans notre action, le pouvoir extraordinaire de faire des attributions de propriété, le texte ne parle que de condamnation et non d'exécution forcée. Ce texte, qui présente un intérêt capital, puisqu'il se réfère à la question même qui nous occupe, semble bien indiquer que toutes les fois que des empiètements auront été faits par l'une des parties sur le fonds contigu, le juge se bornera à ordonner la disparition des obstacles qui effacent les limites véritables, sans jamais pouvoir user d'exécution forcée.

La doctrine que nous soutenons et qui consiste à dire qu'à l'époque classique le seul *jussus judicis* ne pouvait entraîner l'exercice de la *manus militaris*, résulte également d'un texte fort probant de Pomponius, dont voici la traduction littérale[1]. « Si je revendique la chose volée contre le voleur, la *condictio furtiva* me reste ; mais on peut dire qu'il est contenu dans l'office du juge qui connaît de la revendication, de n'ordon-

1. L. IX, § 1, D. XLVII, tit. 2.

ner la restitution de la chose volée, que si le demandeur renonce à la *condictio furtiva*. Si le voleur,
a d'abord été poursuivi par cette *condictio*, et qu'il
ait été condamné et ait payé, le juge qui connaît de la
revendication, doit ou absoudre le défendeur, ou (ce
qui est préférable), si le demandeur est prêt à restituer
la *litis æstimatio*, et que le voleur refuse de restituer
l'esclave volé, condamner ce même défendeur à une
somme fixée par le demandeur, sous la foi du serment. »
On sait qu'en droit romain la victime d'un vol avait
deux actions bien distinctes : la *condictio furtiva* et
la revendication. Le texte que nous venons de citer
montre toutefois que le cumul des deux actions n'était
pas possible. Pomponius indique cependant que l'exercice de la *condictio furtiva* n'imposait pas au demandeur l'obligation de renoncer à la revendication. Cette
solution fort équitable permettait au demandeur de
revendiquer sa chose, le jour où il la découvrait, en
abandonnant au défendeur le montant de la condamnation pécuniaire primitivement obtenue. Si, dans le
droit classique, la sentence du juge eut pu être exécutée
manu militari, nul doute que, dans le cas qui nous
occupe, le voleur eût été contraint à restituer la chose
elle-même. Telle n'est pas cependant la solution de
Pomponius qui reconnaît que le *jusjurandum in litem* était seul possible. Le demandeur conservait
ainsi la *litis æstimatio* obtenue par l'exercice de la

condictio furtiva, à laquelle se joignait l'excédant résultant de l'estimation faite sous la foi du serment.
Les textes que nous venons de citer semblent donc
bien indiquer que le *jussus judicis* ne pouvait aboutir
à l'exécution *manu militari*.

M. Demangeat [1], pour concilier les deux dernières
lois que nous venons d'examiner avec la loi LXVIII d'Ulpien, propose d'établir la distinction suivante : la *manus militaris* aurait eu lieu seulement lorsque le défendeur soutenait qu'il ne pouvait exécuter l'*arbitrium* du
juge, et était ensuite convaincu de mauvaise foi ; l'exécution forcée était alors une punition du dol qu'il avait
commis. C'est là, dit M. Demangeat, ce qui résulte
expressément du texte d'Ulpien et aussi de la loi III, § 2,
(D. XXVII, 9). L'hypothèse prévue par ce dernier texte
est celle d'un tuteur qui revendique le fonds de son
pupille et qui ne peut obtenir que la *litis æstimatio*. Le
jurisconsulte que nous venons de citer voit là une aliénation obligatoire qui montre bien que le tuteur ne
pouvait obtenir la restitution du fonds lui-même.

M. Accarias [2], qui a victorieusement combattu le
système proposé par M. Demangeat, donne à la
loi III, § 2, une interprétation toute différente. Suivant lui, les mots *hæc enim alienatio non sponte
tutorum fit* signifient simplement que l'aliénation

---

1. Demangeat, *Cours élémentaire de droit romain*, II, p. 588.
2. *Précis de droit romain*, t. II, p. 1143.

n'est pas spontanée, mais n'indiquent pas qu'elle n'est pas volontaire. M. Accarias fait remarquer, en outre, combien est peu juridique une théorie d'après laquelle « celui qui veut garder la chose d'autrui n'aurait qu'à montrer un peu de cynisme, et à braver ouvertement l'autorité du juge ». La distinction de M. Demangeat étant écartée, nous devons reconnaître que la loi LXVIII d'Ulpien est un texte interpolé par Tribonien et qui, par suite, ne saurait avoir la portée qu'on a essayé de lui donner. M. Labbé [1] démontre d'une façon péremptoire l'interpolation dont il s'agit. « La phrase : *hæc sententia generalis est*, dit-il, n'est pas latine ; elle contient des héllenismes : au lieu de dire *locum habet ad omnia,* on aurait du dire en bon latin « *in omnibus* » ; Le commencement de la loi a été également modifié: Ulpien n'a pas pu écrire, en effet : « *manu militari, officio judicis, ab eo possessio transfertur* » cela serait en opposition avec l'ensemble des textes. Pourtant le fond du texte est bien d'Ulpien. On peut conjecturer, sans pouvoir évidemment rétablir le texte tel qu'il avait été écrit, que le jurisconsulte supposait une action en revendication instruite et résolue *extra ordinem,* et alors Ulpien décidait que la *manus militaris* pouvait être employée. »

---

1. M. Labbé, à son cours, 1888-1889.

La distinction ainsi établie par notre savant maître, entre *l'ordo judicis* et la *potestas magistratus*, nous paraît seule devoir être admise. Elle nous permet, non seulement de concilier les différents textes que nous avons cités, mais encore de nous rendre un compte exact de l'exécution des jugements dans le droit antéjustinien. A cette époque, en effet, bien que la procédure fut ordinairement divisée en deux parties bien distinctes, la première se passant devant le magistrat et la seconde devant le juge, il pouvait néanmoins arriver que le premier retint l'affaire, et décidât ainsi à lui seul, sur la question qui lui était proposée. Dans ce dernier cas, le magistrat, statuant *extra ordinem*, pouvait incontestablement faire exécuter *manu militari* la sentence qu'il rendait. Pareil pouvoir n'était pas reconnu au juge, qui pouvait seulement déférer au demandeur dans toute action arbitraire : « le *jusjurandum in litem ob contumaciam rei* ». Nous conclurons donc en disant qu'à l'époque du droit classique, l'ordre du juge dans les actions où il exerce un *arbitrium*, n'était nullement susceptible d'exécution *manu militari*; seules, suivant nous, les décisions rendues par le magistrat *extra ordinem* pouvaient motiver l'exécution forcée.

De l'adjudicatio. — L'*arbitrium* prononcé par le juge portait sur les empiètements qui avaient pu avoir lieu, et aussi, comme nous l'avons vu plus haut,

sur toutes les questions accessoires qui pouvaient se
présenter, telles que restitutions de fruits, honoraires
dus à l'*agrimensor*, *impenses* faites par chacune des
parties sur une portion de terrain qui ne lui appartenait pas, etc., etc. En dehors de ces différents points,
le juge pouvait encore, en vertu du pouvoir que lui
conférait l'*adjudicatio* de la formule de notre action,
modifier les limites des fonds contigus en faisant à
l'une des parties ou à chacune d'elles, des attributions
de parcelles de terrain. Cela avait lieu généralement
lorsque les limites anciennes étaient trop difficiles
à reconnaître, ou bien encore quand elles nuisaient
à la culture réciproque des deux fonds. Il y avait alors,
dans ce cas, une sorte d'aliénation forcée, résultant de
l'attribution de terrain faite par le juge et de l'indemnité accordée à la partie qui se trouvait ainsi dépouil-
lée. Il va sans dire, du reste, que l'adjudication ainsi
prononcée ne transférait la propriété à celui en faveur duquel le juge la prononçait, qu'autant que le
voisin était lui-même propriétaire. Dans le cas contraire, il n'y aurait eu là qu'une possession acquise
avec bonne foi et susceptible de conduire à la propriété, par l'usucapion.

CHAPITRE VI

FINS DE NON RECEVOIR OPPOSABLES A L'ACTION *FINIUM
REGUNDORUM*

L'action *finium regundorum* peut se trouver écartée par des fins de non-recevoir se rattachant aux principes généraux. Il est bien évident, tout d'abord, que s'il y avait déjà des bornes régulières, il n'y aurait pas lieu à l'action en bornage : le propriétaire qui croirait avoir un droit sur une partie du fonds voisin ne pourrait en effet agir que par revendication. Il est certain encore qu'on pouvait opposer au demandeur son défaut de qualité, d'après les règles que nous avons posées plus haut. Ces différents points étant écartés, nous insisterons seulement ici, en premier lieu, sur l'exception de chose jugée et le but de la *præscriptio quinque pedum*, et, en second lieu, sur les règles de la prescription proprement dite.

. I. L'exception de chose jugée trouvait sa place

quand une décision était déjà intervenue sur le bornage de deux fonds voisins.

A ce sujet, nous devons observer que la différence primordiale entre le *finis* et le *locus*, faisait qu'il n'y avait pas exception de chose jugée opposable, si une personne, ayant d'abord agi *de fine*, agissait ensuite *de loco*. « Ces deux actions, dit M. Barruel de Saint-Pons, bien que réunies sous le nom générique d'actions *finium regundorum* n'ayant pas le même objet, il ne saurait y avoir *eadem res*[1]. » C'est là, du reste, une solution qui résulte d'une façon bien précise d'un passage de Frontin : « *Solent quidam per imprudentiam mensores arbitros conscribere aut sortiri judices finium regundorum causa, quando in re præsenti plus quidem quam de fine regundo agatur ; sic fit ut post sententia inrita sit, et rescindi possit quod aut judex aut arbiter pronuntiaverint, neque ullum commissum faciat qui sententiam non sit secutus, quando de alia re judicem aut arbitrum sumpserint*[2]. »

Cependant, comme il fallait, dans la pratique, pour préciser l'action du juge, user d'un moyen lui permettant de savoir s'il aurait à statuer sur un *finis* ou sur un *locus*, on devait, si l'on voulait se réserver, le cas échéant, le droit de plaider *de loco*, bien indiquer que

1. *Revue historique*, 1878, p. 151.
2. *Gromatici veteres*, p. 43 et 44.

dans la circonstance présente on n'entendait agir que *de fine*.

Les Romains se servirent, pour arriver à ce résultat, d'un moyen usité dans le système formulaire. Les *præscriptiones*, comme on sait, avaient pour but de limiter la *deductio in judicium* à une partie du droit, et, par voie de conséquence, de restreindre, dans la même mesure, l'effet extinctif de la *litis contestatio*[1]. » Le demandeur, en faisant insérer dans la formule de notre action la *præscriptio quinque pedum*, indiquait par là que le pouvoir du juge ne devait porter que sur le seul *finis*.

Si la formule, ou plus tard, sous le système de procédure extraordinaire, la demande introductive d'instance ne contenait aucune *præscriptio*, le débat portait sur le *locus*. Les demandeurs à notre action, généralement désireux d'empêcher ce résultat, faisaient insérer dans la formule la phrase suivante : « *Ea res agatur intra quinque pedes.* »

La *præscriptio* dont nous parlons pouvait également être invoquée par le défendeur. On sait, en effet, qu'en droit romain il intervenait fréquemment des *præscriptiones* « *a parte rei* » pour avertir le juge de ne passer à l'examen du fond qu'autant qu'il ne reconnaîtrait pas l'existence de tel ou tel fait.

La *præscriptio quinque pedum* trouvait à ce point

1. Accarias, t. II, n° 920.

de vue sa place dans l'exercice de l'action *finium regundorum*. Le défendeur, en la faisant insérer dans
la formule de notre action, restreignait le débat à l'é-
tablissement du *finis*, et écartait, par là même, tout
autre contestation.

Il y avait, paraît-il, dans cette institution de la
præscriptio quinque pedum, une source de nombreuses difficultés pratiques. Dans le droit classique, l'action formée *de fine* se trouvait repoussée par la *præscriptio quinque pedum*, si le débat devait, en réalité,
porter sur un *locus*. C'était là une conséquence de la
distinction établie par l'ancien droit entre la *controversia de fine* et la *controversia de loco*, au point de
vue de la compétence. Une constitution de 385, des
empereurs Valentinien, Théodose et Arcadius, pro-
hiba cette fin de non recevoir dans les actions *de fine*.
Cette constitution [1] qui forme la loi 4 du titre *finium
regundorum* au Code Théodosien (II, 26), a été reproduite, mais en partie seulement, par le Code de
Justinien « *quinque pedum præscriptione summota,
finalis jurgii vel locorum libera peragatur intentio* [2]. »
Cette dernière loi qui, selon nous, n'a eu pour objet
que de supprimer la *præscriptio quinque pedum*, telle
que nous l'avons fait connaître, a été interprétée dans

---

1. Elle est reproduite dans l'édition des *Gramatici veteres* de Lachmann,
p. 267.

2. L. V, C. 3, 39

des sens fort différents du nôtre. On a voulu, bien à
tort, comme nous le montrerons plus loin, y voir une
règle relative à la prescription du *finis.*

Cette constitution n'avait, croyons-nous, qu'un
simple intérêt de procédure. Elle ne supprimait pas
les différences essentielles dérivant de la nature des
choses qui existaient entre le *finis* et le *locus.* Le *finis*
restait une servitude légale, imprescriptible, non susceptible de possession *ad interdicta,* ne pouvant faire
l'objet d'une renonciation et soumise à la compétence
d'arbitres. Le *locus,* au contraire, portion d'un fonds,
restait soumis à toutes les règles du droit commun,
en matière de propriété. La constitution de 385 main-
tenait, du reste, notamment en termes fort précis,
l'imprescriptibilité du *finis.* C'est ce qui résulte du
passage suivant : « *Nec vero prolixioris temporis in
hujusmodi jurgiis locum habebit ulla præscriptio, cum
diuturno otio alienum rus quis se asserat diligentius
coluisse*[1]. »

Il paraît cependant qu'à la suite de cette constitution, on confondit presque complètement le *finis* et le
locus, au point de vue des règles du fond. Comme le
dit en termes très précis M. Barruel de Saint-Pons,
« la *præscriptio quinque pedum* était, en effet, le *cri-
terium* à l'aide duquel la pratique pouvait reconnaître
à première vue s'il s'agissait d'une *controversia de*

______

1. Voy. Lachmann, p. 269.

fine ou d'une *controversia de loco ;* la même pratique avait donc pris la facile habitude de rattacher toutes les différences signalées entre nos deux actions à la seule *præscriptio quinque pedum*, leur symbole accoutumé. Dans l'abolition de cette prescription, la pratique romaine allait voir, sans aucun doute, la suppression par voie de conséquence, de toute différence entre le *finale jurgium* et le *jurgium locorum*[1] ».

Aussi, pour mieux préciser le sens et l'objet de leur constitution de 385, les empereurs Théodose, Arcadius et Honorius en firent une deuxième dont le sens est fort précis. Cette constitution est ainsi conçue : « *Cunctis molitionibus et machinis amputatis, finalibus jurgiis ordinem modumque præscripsimus, ac de eo tantum spatio, hoc est pedum quinque qui veteri jure præcepti sunt, sine observatione temporis arbitros jussimus judicare ; quod si loca in controversiam veniant solemniter de his judices recognoscent...*[2] » Comme la première, cette constitution a été insérée au Code de Justinien, mais d'une façon encore incomplète et avec des modifications relatives à la prescription sur laquelle il nous reste maintenant à nous expliquer.

II. De la prescription en matière d'action *finium regundorum.*

----

1. Barruel de Saint-Pons, *loc. cit.*
2. L. 5, II, 26, au Code de Théodosien et loi 6, III, 37, au Code de Justinien.

L'action *finium regundorum* était-elle susceptible d'échouer devant une prescription extinctive ou acquisitive ?

Dans notre droit français, on peut aisément répondre à cette question : « L'action en bornage, disent MM. Aubry et Rau, est imprescriptible en ce sens que quel que soit le laps de temps pendant lequel deux fonds contigus sont restés sans être abornés, le bornage peut toujours être demandé. » C'est là la solution admise par tous les auteurs et qui s'impose forcément. La prescription extinctive ne pourrait, en effet, commencer à courir que du jour de la naissance de l'action : or, l'obligation relative au bornage étant imposée par la loi, il en résulte que l'action naît sans cesse, à chaque instant, en un mot qu'elle existe toujours, le fait générateur de l'action se reproduisant incessamment tant que le bornage n'a pas eu lieu. Dans notre droit, la prescription acquisitive est la seule qu'on puisse opposer à l'action en bornage. C'est là un fait qui se produit lorsque l'un des propriétaires des deux fonds contigus prétend avoir acquis par une possession prolongée une portion déterminée de terrain au delà des bornes de sa propre propriété.

Les principes que nous venons ainsi d'énoncer n'ont pas toujours été suivis en droit romain. Nous devons, à cet égard, distinguer la législation antérieure à Justinien et celle de cet empereur.

A. *Avant Justinien.* — Le droit romain dans cette période, admet, dans la question qui nous occupe, des solutions logiques et rationnelles.

L'action *finium regundorum* n'était, en effet, soumise à aucune prescription extinctive. L'ordre public, alors comme aujourd'hui, voulait que les propriétés fussent bornées ; on ne pouvait donc renoncer au droit que l'on avait de demander le bornage de sa propriété. La formule bien connue : « *quod nulla conventio effici potest, id non ullo temporis lapsu fieri debet* » s'appliquait à notre action. Celle-ci toutefois, bien qu'imprescriptible, pouvait échouer devant une prescription acquisitive des *ampliores fines possessi.* Alors l'action, sans être éteinte, devenait sans objet. La théorie que nous venons d'émettre se trouve de tout point confirmée par une loi de l'empereur Théodose, qui, établissant la prescription extinctive en matière d'actions personnelles, ne manque pas de faire une exception pour l'action *finium regundorum* [1].

Quant à la prescription acquisitive en matière de bornage, elle était évidemment admise, quand il s'agissait du *locus* et des *ampliores fines possessi.* Paul le dit expressément : « *Sed si fundus emptus sit, et am-*

---

1. « *Petitio finium regundorum in eo scilicet quod nunc est jure duralit.* » L. un. (C. Theod. II, 14), Voy. dans le même sens la loi V au même code : *De pactis.*

pliores fines possessi sunt, totum longo tempore capi[1]. »

Quand il s'agissait du *finis*, au contraire, la prescription acquisitive n'existait pas, ce qui s'explique aisément, étant donné le caractère de servitude légale qu'on lui reconnaissait. Tous les actes en effet, que l'un des propriétaires voisins pouvait faire sur la partie du *finis* prise sur l'autre fonds, s'expliquaient par l'exercice normal de la servitude. On ne pouvait, dès lors, invoquer ni titre, ni bonne foi, pour prescrire un terrain dont on jouissait par une disposition spéciale de la loi et dont la possession n'était susceptible d'aucune qualification. C'est là, du reste, une solution qui ressort nettement des lois V et VI du Code Théodosien (II, 26), dont nous avons parlé plus haut.

B. *De la prescription de l'action finium regundorum, sous Justinien.* — Les principes rationnels que nous venons d'examiner et qui dominèrent pendant toute l'époque classique, furent complètement oubliés sous Justinien. Cet empereur rangea l'action *finium regundorum* au nombre de celles qui désormais devaient se prescrire par trente ans[2]. Dans la loi VI, C. 3, 39 qui reproduit en partie la constitution de Théodose et d'Arcadius que nous avons analysée, Justinien

---

1. L. II, § 6, D. 41, 4.
2. L. I, § 1, C. 7, 40.

a même cru nécessaire de parler à nouveau de la modification qui résultait de sa constitution au sujet de la prescription [1]. Quoi qu'il en soit, on peut se demander si cette modification législative a jamais reçu son application dans la pratique. On ne voit pas, en effet, comment on aurait pu déclarer une action en bornage éteinte par trente ans de non exercice.

Quant à la prescription acquisitive, elle resta soumise aux mêmes règles que sous l'époque précédente; le *finis* ne pouvait être susceptible de prescription, le *locus* seul était soumis à la règle ordinaire.

La théorie que nous venons de présenter dans ce chapitre sur la *præscriptio quinque pedum* et sur les règles de la prescription acquisitive et extinctive en matière de bornage, est loin d'être admise par tous les interprètes. Le commentaire des deux constitutions de Théodose et des deux lois que le Code de Justinien en a incomplètement extraites, a soulevé des discussions nombreuses dans lesquelles il nous paraît superflu de nous engager. Nous nous bornerons à résumer, en terminant, l'opinion des différents auteurs qui se sont occupés de notre question.

D'après Cujas [2], la loi 5, au C. 3, 39, s'appliquerait à la *præscriptio quinque pedum* et exclurait ainsi

1. « *Cunctis molitionibus et machinationibus amputatis decernimus, in finali quæstione non longi temporis, sed trigenta tantummodo annorum præscriptionem locum habere* » (6, C. 3, 39).

2. Edit. 1722, sur la loi, D. X, 1.

l'idée de toute prescription. Quant à la loi 6, elle vise-
rait uniquement les anticipations pour lesquelles on
admettrait la prescription de trente ans. Ce système
nous paraît contredit à la fois par la loi 1, § 1,
C. 7, 40, *De annali exceptione*, et par la loi 2, § 6, D.,
au titre *Pro emptore*.

D'après le système de Molitor, il faudrait distinguer l'action *finium regundorum simplex* et l'action
finium regundorum qualificata. La première aurait
toujours été imprescriptible, la seconde aurait été
susceptible de s'éteindre par une prescription qui
était fixée à dix ou vingt ans, sous Théodose, et à
trente ans, sous Justinien. Bien que ce système renferme une certaine part de vérité, il ne saurait être
admis dans son ensemble. D'une part, en effet, la
loi I, § 1, au Code *De ann. exceptione*, déclare susceptible de la prescription extinctive de trente ans
toute action *finium regundorum*, sans aucune distinction. D'autre part, il est également certain que les
ampliores fines possessi étaient susceptibles, comme
nous l'avons vu, de la prescription acquisitive ordinaire. Ajoutons enfin que, dans ce système, la loi V,
C. 3, 39, ne présenterait aucun intérêt.

Une autre théorie, celle de Rudorff, enseigne que
la Constitution de 385 avait voulu supprimer toute
différence entre le *finis* et le *locus*, notamment au
point de vue de la prescription de dix ou vingt ans.

Dans ce système, on soutient également que la Constitution de 392 serait revenue à l'ancienne distinction, le *locus* devenant seul susceptible de la prescription que nous venons d'indiquer, et la prescription de trente ans ne pouvant pas être appliquée dans aucun cas. La Constitution de Justinien, dont nous avons parlé plus haut, ne serait alors intervenue que pour confondre de nouveau les deux hypothèses, et, n'établissant plus de différence entre le *finis* et le *locus*, au point de vue qui nous occupe, elle aurait indistinctement soumis l'un et l'autre à la prescription extinctive de trente ans.

Cette théorie qui contient, comme la précédente, une part de vérité, se heurte cependant, sur certains points, à des objections décisives. C'est là, du reste, ce qu'a démontré M. Barruel de Saint-Pons d'une façon péremptoire, en indiquant qu'on ne saurait s'expliquer que les recueils aient conservé les deux Constitutions de Théodose, si la deuxième abrogeait purement et simplement la première. L'auteur dont nous parlons montre également qu'on ne saurait comprendre comment Justinien aurait voulu écarter toute prescription acquisitive en cette matière, alors que la loi II, § 6, au titre *De emptore*, dit formellement le contraire.

Les différents systèmes que nous avons exposés commettent d'ailleurs, suivant nous, une erreur et une

confusion communes, dans l'application des mots :
præscriptio quinque pedum, employés par Théodose.
Les uns veulent y voir une prescription acquisitive ou
extinctive; les autres, au contraire, donnent au mot
præscriptio le sens de prescription légale. Nous avons
indiqué plus haut quel est, à notre avis, la véritable
signification de cette expression.

CONCLUSION

Les solutions admises par le droit Romain sur l'action *finium regundorum*, en en dégageant tout ce qui
était propre aux usages romains, tout ce qui restait
des limitations solennelles, des distinctions du *finis*
et du *locus*, et des *controversiæ agrariæ*, passèrent dans
notre ancien droit. Elles furent admises et appliquées
non seulement dans les pays de droit écrit, mais
encore dans les pays de coutume, où elles vinrent
compléter ou même remplacer les règles primitives
qui avaient été établies dans les périodes germa-
nique et féodale. Pothier les reproduisit en grande
partie, et, aujourd'hui encore, dans le silence de
la loi sur bien des points, on peut avoir recours à
elles.

Nous pouvons cependant, en terminant, noter des
différences profondes entre notre action en bornage
et l'action *finium regundorum*. D'abord l'objet de

l'action en bornage est plus simple et plus restreint. Le juge de paix ne peut en connaître que si la propriété ou les titres qui l'établissent ne sont pas contestés. Elle ne peut pas non plus tenir lieu d'action en revendication. Enfin le pouvoir d'adjudication n'appartient plus au juge qui en est saisi.

Ce sont là des différences profondes à l'avantage de notre législation.

Il en est d'autres dont l'exactitude est plus douteuse. L'article 646 du Code civil range l'obligation au bornage parmi les servitudes légales. C'est là une classification qui est susceptible de critique. On ne trouve guère, en effet, ici, les caractères ordinaires des servitudes. Aussi eût-il mieux valu en faire simplement une obligation légale entre voisins.

Enfin, notre législation semble ne pas reconnaître à l'action en bornage le caractère d'action personnelle. L'article 59 du Code de procédure, suivant en cela la tradition de l'ancien droit, admet qu'il y a, outre les actions personnelles et les actions réelles une troisième catégorie d'actions, les actions mixtes, parmi lesquelles il range l'action en bornage. Au point de vue pratique, les solutions qu'il donne n'ont rien de critiquable. Mais au point de vue théorique et si l'on s'en tient à une classification rigoureuse des actions, cet article est le résultat d'une lointaine erreur d'interprétation du § 20 des *Institutes* que nous avons étudié [1].

[1] « Il est curieux de remarquer combien peut devenir puissante une idée qui a fait une fois son chemin à l'aide d'une méprise et combien elle est difficile à déraciner. » (Machelard, *De l'accroisseme t*, p. 204.)

TABLE DES MATIÈRES

De l'action *Finium Regundorum*.

DE LA CONDITION

DES

TRANSPORTÉS AUX COLONIES

ÉTUDE DE COLONISATION PÉNALE

INTRODUCTION

La loi de 1854 sur la transportation avait pour but de purger l'ancien monde en en peuplant un nouveau. Aujourd'hui, si, après plus de trente ans d'application, on recherche quels ont été les résultats atteints par la pénalité nouvelle, on est obligé de constater que la loi de 1854, devenue insuffisante à protéger la métropole, offre également de graves dangers pour la sécurité de nos colonies pénitentiaires.

La loi du 27 mai 1885, sur la relégation des récidivistes, justifie amplement le premier point; le bien fondé du second ressort malheureusement des plaintes incessantes que reçoit la direction des colonies, relativement à la conduite des libérés de la Guyane et de la Nouvelle-Calédonie. La question des transportés libérés et des relégués est, pour nos colonies pénitentiaires, une question vitale. L'étude que nous avons entreprise sur la condition des transportés aux colonies se complète donc naturellement par celle de la situation qui est faite aux relégués, par la loi de 1885, et les nombreux décrets qui l'ont suivie. Nous avions pensé, dès le début, pouvoir mener de front ce double travail ; l'abondance des matières et le trop grand nombre de documents qui nous sont parvenus nous en ont empêché. Nous avons donc ajourné, sans l'abandonner, l'étude des relégués, qui doit être comme le corollaire de celle des transportés.

L'efficacité de la peine, le reclassement du condamné, la colonisation par le travail, obligatoire d'abord et libre ensuite, du transporté, tels étaient les buts différents poursuivis par la loi de 1854. C'est là, du reste, ce qui se trouve résulter des passages suivants, que nous extrayons de l'exposé des motifs de la loi, où se trouvent indiquées à la fois, la nécessité d'un nouveau système de répression et les conséquences qui devaient en résulter.

« Les travaux qui devraient être pénibles, ne sont plus, disait le rapporteur, qu'une tâche facile que le forçat acquitte en plein air, avec les ouvriers des ports, dans une sorte de demi-liberté.....

« Qu'on ne s'étonne donc pas s'il préfère le bagne à la maison centrale et la peine des travaux forcés à celle de la réclusion, de l'emprisonnement même.

. . . .

« Les considérations que nous invoquons ont pour but de moraliser la peine et de la rendre plus efficace, tout en l'utilisant au progrès de la colonisation[1]. » L'étude qui va suivre montrera comment les *desiderata* formulés par le législateur ont été réalisés.

Désireux d'envisager la transportation, au point de vue économique de la colonisation, nous avons dû laisser de côté l'examen des peines accessoires des travaux forcés. L'étude de la dégradation civique, de l'interdiction légale et de la double incapacité de disposer et de recevoir, aurait, en effet, demandé des développements que la nature de notre sujet n'aurait pu comporter. Nous nous sommes bornés, au cours de ce travail, à signaler les remises de déchéances que le gouvernement a accordées aux transportés, en vertu des lois des 30 et 31 mai 1854, en vue de favoriser leur reclassement dans la colonie. Quant à la surveillance de la haute police et à l'interdiction de séjour qui la remplace aujourd'hui, leur étude étant intimement liée à celle de la libération, nous avons du

1. Exposé des motifs de la loi du 30 mai 1854, Dalloz, 1854, p. 93.

lui donner, dans ce travail, une place importante.

Nous avons divisé notre sujet en six chapitres : le premier contient l'historique de la transportation anglaise et française ; le deuxième est entièrement consacré aux condamnés en cours de peine; le troisième et le quatrième traitent de la condition des libérés ; dans le cinquième, nous parlons de l'organisation de la famille ; et enfin le sixième et dernier chapitre comprend les particularités relatives aux juridictions de nos colonies pénitentiaires, et traite aussi des crimes et pénalités encourues par les transportés de toute catégorie.

Pour mener à bonne fin l'œuvre entreprise, nous avons mis à profit le concours de ceux qui, par leurs connaissances et leur situation, étaient à même de nous fournir d'utiles renseignements sur le sujet spécial que nous avons traité. C'est ainsi que nous devons tout d'abord remercier l'un de nos professeurs, M. Leveillé, dont les ouvrages, les articles de polémique et les conversations particulières nous ont puissamment aidés. Après lui, citons l'amiral de Pritzbuër, qui a bien voulu nous communiquer de vive voix ses appréciations sur l'application de la transportation en Calédonie, où il a été gouverneur pendant trois ans. MM. de Verninac et Gerville-Réache nous ont aussi remis leurs rapports sur la loi du 27 mai 1885. N'allons pas non plus oublier les docteurs

M*** et M*** qui, pendant tout le temps qu'a duré notre travail, ont bien voulu nous envoyer, l'un de la Calédonie et l'autre de la Guyane, les réponses aux questions que nous leur avons posées. Nous devons enfin à l'amitié du docteur Jean, récemment arrivé du Maroni, de précieux documents sur cette contrée [1].

C'est en comparant les appréciations diverses de ces différentes personnes que nous nous sommes formé une opinion sur les graves questions qu'a soulevées l'application de la loi de 1854. Le résultat de cette comparaison nous a également permis de contrôler efficacement les données officielles fournies par les notices publiées par le ministère de la marine, et de constater les erreurs et les exagérations contenues dans certains ouvrages écrits de parti pris sur ce sujet [2]. Uniquement préoccupés de rechercher la

1. Nous croirions manquer à tous nos devoirs si nous ne témoignions pas notre reconnaissance particulière à nos amis MM. Dangibaud et Ménard. Le premier, sous-directeur au ministère de la marine, nous a procuré la collection des *Notices*; le second, sous-préfet à Rochefort, nous a mis en relation avec le préfet maritime et les officiers de marine récemment arrivés de Guyane et de Calédonie.

2. L'étude à laquelle s'est livré M. Orgéas, sur « la colonisation à la Guyane » et qui fait partie d'un travail « sur le non cosmopolitisme », renferme des données beaucoup trop pessimistes sur notre colonie. L'ouvrage de M. Moncelon, que nous citons rarement, écrit dans un but électoral, peint également sous des couleurs trop noires la transportation en Calédonie. — D'une façon générale, ce n'est qu'avec une grande réserve que nous avons eu recours aux ouvrages publiés par les colons et par les représentants des colonies.

vérité pour la mettre au grand jour, nous croyons avoir fait œuvre utile en signalant les imperfections du régime pénitentiaire actuellement appliqué en Guyane et en Calédonie et en indiquant les modifications qu'il serait urgent d'y apporter.

CHAPITRE PREMIER

HISTORIQUE DE LA TRANSPORTATION

DE LA TRANSPORTATION ANGLAISE EN AUSTRALIE

L'exposé complet de la transportation pénale anglaise ne saurait entrer dans le cadre de notre étude. Nous examinerons seulement, aussi succinctement que possible, les différentes phases de la transportation en Australie, la condition faite aux convicts, et, après avoir énuméré les avantages que la main-d'œuvre pénale procura à la colonie, nous indiquerons les causes qui mirent fin aux envois de condamnés de la métropole.

MM. de Blosseville [1] et Michaux ont [2], dans leurs ouvrages, célébré longuement l'œuvre entreprise par l'Angleterre. Le rapporteur de la loi de 1854 a aussi,

1. Blosseville, *Histoire de la colonisation pénale et des établissements de l'Angleterre en Australie.*
2. Michaux, *Étude sur la question des peines.*

rapproché du système de transportation qu'on se proposait d'établir, celui qui avait déjà fonctionné en Australie. M. Gerville-Réache, rapporteur, à la Chambre des Députés, de la loi du 27 mai 1885 sur les récidivistes, a développé à son tour les arguments des auteurs que nous venons de citer, et les pages de son rapport fourmillent d'indications précises, que nous aurons souvent à mettre à profit.

L'Angleterre avait commencé, en 1717, à envoyer ses convicts dans l'Amérique du Nord. Ceux-ci aussitôt débarqués, étaient abandonnés à eux-mêmes, et pouvaient aller où bon leur semblait dans la colonie. Les émigrants libres qui les avaient précédés, furent bientôt victimes de leur mauvaise conduite. Les crimes et les vols se multipliant, les plaintes des colons ne tardèrent pas à se manifester. « Que diriez-vous, disait Franklin, si nous vous envoyions des serpents à sonnettes [1]. » L'Angleterre, sur ce point comme sur beaucoup d'autres, n'écouta pas les doléances de la colonie ; aussi compte-t-on « *la politique de débarras* » au nombre des griefs qui amenèrent la guerre de l'indépendance.

L'Amérique fermée aux convois de transportés, on s'occupa de leur trouver une autre destination. En 1786, le roi Georges III rendit une ordonnance qui désignait l'Australie pour recevoir les condam-

1. Blosseville, *op. cit.*, p. 24.

nés. Le premier convoi débarqua à Botany-Bay le 18 janvier 1788. Il comprenait 800 convicts, presque tous du sexe masculin ; quelques-uns avaient obtenu d'amener leurs enfants, mais c'était l'exception. Le commodore Philipp, qui portait le titre de gouverneur de l'Australie, à qui incombait le soin d'organiser la colonie nouvelle, dut surmonter, dès le début, des embarras sans nombre. La côte où l'on avait primitivement débarqué ne contenant que des marais, Philipp dut l'abandonner. Les convicts laissèrent Botany-Bay pour se rendre à Sidney. Aussitôt installés, les convicts cherchèrent à se procurer des vivres, pour remplacer ceux qu'on avait apportés et qui avaient été presque entièrement consommés. Le pays, malheureusement, présentait peu de ressources, et les indigènes, hostiles aux nouveaux venus, ne leur fournissaient aucun secours. Philipp eut même à lutter contre eux et contre bon nombre de condamnés, qui, après avoir abandonné le camp, étaient devenus des bandits redoutables. L'arrivée, en 1790, de nouveaux bâtiments chargés de vivres sauva la situation[1]. Le gouverneur s'occupa alors de colonisation, il divisa les convicts en deux classes, employa la première à des travaux de culture, et la seconde à la confection de routes, de canaux et au défrichement de terrains. En 1791, il y avait 700 acres de terre en pleine

1. Michaux, *op. cit*, p. 49.

culture, et le commerce de Sydney commençait avec le dehors [1].

Avertis de ce qui se passait, les Anglais ne tardèrent pas à arriver en Australie. La colonisation libre, représentée jusqu'en 1818 par les convicts mis en liberté et quelques officiers qui avaient demandé à s'établir comme planteurs, compta, à partir de cette époque, un nouvel élément qui alla toujours en s'augmentant.

La découverte de la terre de Van-Diemen, en 1806, offrit à la transportation un nouveau débouché. Le gouverneur de cette colonie et celui de la Nouvelle-Galles du sud, pour diminuer les frais de la métropole, autant que pour venir en aide aux colons, mirent la main-d'œuvre pénale à la disposition de l'émigration libre.

En donnant un certain nombre d'acres de terrain par tête de convict, on obligea les nouveaux venus à se charger des condamnés. Ceux-ci, du reste, n'intervenaient pas dans le contrat qui se passait uniquement entre le gouvernement et le colon [2]. Ce dernier devait loger, habiller, nourrir son nouvel ouvrier, sans être astreint à lui donner aucun salaire. Le colon devait, en outre, fournir à l'administration des notes

1. Michaux, *op. cit.*, p. 58.

2. Voy. Paul Leroy-Beaulieu, *De la colonisation chez les peuples modernes*, p. 463.

sur la conduite du condamné. Ce système, connu sous le nom *d'assignation*, mettait le convict sous la dépendance exclusive du patron. Les égards que celui-ci pouvait avoir pour lui variaient avec les services qu'il en retirait. Désireux de faire fortune le plus vite possible, les colons anglais traitaient généralement fort mal les gens qu'on leur confiait, tout en exigeant d'eux un travail considérable. Les ouvriers d'art, au contraire, avaient une situation beaucoup moins précaire; avidement recherchés par l'industrie, ils obtenaient des emplois qui amélioraient beaucoup leur position [1].

La condition des différents condamnés devenait, comme on le voit, fort inégale. Un point cependant les rapprochait. Peu ou point surveillés, au point de vue de la moralité, par les patrons à qui on les confiait, les condamnés, à quelques occupations qu'ils fussent livrés, passaient de l'état d'esclavage à l'état de liberté, sans s'être en rien réhabilités. « Un des faits les plus fâcheux du système de l'assignation, dit M. Paul Leroy-Beaulieu, c'était la situation des condamnés après l'expiration de leur peine, quand ils étaient libres de leurs actes et maîtres du fruit de leur travail. Selon Merivale, les anciens convicts se rangent presque tous dans l'une des deux classes suivantes : la classe basse et brutale, dont les habitudes

1. Paul Leroy-Beaulieu, *op. cit.*, p. 466.

ne diffèrent en rien de celle des convicts, mais qui, moins surveillée, a plus de facilités à mal faire ; la classe adroite et habile qui court après la fortune, et y arrive presque toujours par toutes sortes de moyens véreux. Cette dernière catégorie surtout était dangereuse par l'ascendant du vice enrichi et prospère [1]. »

Un tel état de choses ne pouvait durer longtemps. La population libre dont le nombre allait toujours croissant, se plaignit vite du contact qu'elle avait à subir, tant des condamnés que des libérés. Des pétitions furent signées en Australie et au Van-Diemen, demandant à la métropole de réorganiser le système actuellement appliqué à la transportation. L'Angleterre ne répondant pas aux vœux ainsi formés par la colonie nouvelle, les colons poussèrent plus loin leurs revendications, et organisèrent des comités qui demandèrent la cessation des envois de condamnés en Australie.

Le Parlement de la Grande-Bretagne s'émut alors de la situation, et, le 7 avril 1837, un vote de la Chambre des Communes décida « qu'une commission nommée *ad hoc* examinerait le système de la transportation, au point de vue de son efficacité comme moyen de répression, et de son influence sur l'état moral de la société dans les colonies pénales [2] ».

<hr>

1. Paul Leroy-Beaulieu, *op. cit.*, p. 466.
2. Gerville-Réache, *Rapport sur la loi des récidivistes*, p. 5.

Cette commission était, en outre, chargée de déterminer le temps pendant lequel on pourrait encore transporter les convicts aux colonies, sans nuire à leur prospérité. Le rapport fait au nom de cette commission et communiqué à la Chambre des Communes, le 3 août 1838, exprimait le vœu « que la transportation à la Nouvelle-Galles du sud et au Van-Diemen cessât dans le plus bref délai possible ». Le gouvernement se conformant, dans une certaine mesure, au vœu ainsi émis, n'envoya plus, à partir de 1840, de condamnés dans l'Australie méridionale[1].

La transportation, ainsi restreinte dans son application, n'en était pas moins considérée en Angleterre comme le seul moyen réellement efficace pour assurer la sécurité du pays en le débarrassant des malfaiteurs les plus dangereux. Aussi, pour éviter de nouvelles plaintes et pour assurer le fonctionnement d'une institution jugée indispensable, le Parlement fit procéder successivement à plusieurs enquêtes, dans les colonies mêmes, afin de vérifier les reproches adressés au système de la transportation. Les nouvelles investigations auxquelles on se livra à ce sujet permirent de signaler le peu de moralisation des condamnés et libérés, les premiers abandonnés à l'exploitation brutale des patrons, les seconds sans moyens d'existence et presque tous privés de famille.

1. Michaux, *op. cit.* p. 98.

Les enquêtes indiquaient aussi l'absence complète
de plan dans l'administration des gouverneurs, les
uns partisans de l'assignation, les autres n'en voulant
à aucun prix ; tous les rapports faits au Parlement
contenaient, du reste, certains *desiderata* particulièrement réclamés par les colonies, et que l'on peut
résumer ainsi : limitation des pouvoirs du gouverneur, suppression de l'assignation, efficacité de la
peine résultant de travaux pénibles, et, enfin et
surtout, réduction des cas de transportation.

Le bill de 1847, qui réalisa la plupart de ces réfor-
mes, divise la peine de la transportation en quatre
périodes.

1° Le condamné est d'abord soumis à un emprisonnement cellulaire de neuf mois. C'est là ce que
M. Léveillé appelle avec raison : le temps du repentir
et de la réflexion [1].

2° La deuxième période ou phase de l'épreuve
« probation » peut durer la moitié et quelquefois le
quart de la peine. Le condamné, pendant ce temps,
embarqué sur un ponton, d'abord en Angleterre,
puis à Gibraltar, à Porstmouth et aussi en Australie, est occupé à des travaux d'utilité publique et
reçoit, en même temps, une certaine instruction.

3° S'il a mérité de bonnes notes par sa conduite et
son travail, il est débarqué et mis en libération pro-

____

1. M. Léveillé à son cours.

visoire. On lui donne alors un « *ticket of leave* » et ce passeport temporaire et révocable, fait du convict un serviteur souple et sérieux, généralement recherché par les colons. Nous devons remarquer ici que ce n'est plus l'administration, comme dans le système de l'assignation, mais le condamné lui-même qui signe son contrat d'engagement et qui peut, dès lors, y faire insérer les clauses qui lui sont favorables.

4° Dans la dernière période, le convict qui a amassé un pécule peut acheter sa liberté.

Ajoutons que, d'après la loi nouvelle, les condamnés au-dessus de sept ans peuvent seuls être transportés [1].

Le bill ainsi voté semblait donner satisfaction aux réclamations résultant des enquêtes dont nous avons parlé. Les deux premières périodes paraissaient en effet devoir assurer l'efficacité de la peine, et les deux dernières aider au reclassement graduel du condamné.

La législation nouvelle intervenait, du reste, à un moment favorable. La Nouvelle-Galles du Sud, à la suite de négociations avec la métropole, consentait à rouvrir ses ports aux convicts, aux conditions suivantes : l'Angleterre devait envoyer en Australie un nombre égal de condamnés des deux sexes ; les familles des

---

1. Jusque-là, le gouvernement pouvait transporter tous les condamnés à plus de trois ans.

condamnés devaient être autorisées à les suivre, et le nombre des émigrants libres devait égaler celui des convicts [1]. Le gouvernement ayant accepté ces conditions, de nouveaux convicts arrivèrent à Sydney. La période d'expiation et la phase d'épreuve ayant été accomplis en Angleterre, on les mit de suite en liberté conditionnelle. L'application du bill de 1847 se trouvait ainsi réalisée.

Le nouveau système appliqué à la transportation ne donna malheureusement pas les résultats qu'on en attendait. Si quelques convicts cherchèrent et trouvèrent du travail, un plus grand nombre profitèrent de la liberté qui leur était laissée, pour vagabonder et ne rien faire. Les crimes et les délits augmentant dans la colonie, de nouvelles plaintes ne tardèrent pas à se manifester. Le comte Grey, quoique partisan de la transportation, reconnaît lui-même, dans un rapport adressé à Lord Russel [2], que l'opposition des colons à tout envoi de nouveaux convicts était encore plus prononcée en 1848 que sous le système de l'assignation. Les émigrants, toujours de plus en plus nombreux, ne voulaient plus souffrir le contact des transportés en cours de peine ou libérés.

L'exaspération fut à son comble, quand on apprit, à la fin de 1848, que le gouvernement métropolitain,

1. Michaux, *op. cit.*, p. 110.
2. Gerville-Réache, *op. cit.*, p. 17.

au lieu de tenir ses engagements avec la colonie, s'é-
tait décidé à envoyer un convoi de condamnés sans
colons libres. Les journaux protestèrent aussitôt, des
meetings furent organisés et le 1er juin 1849 le conseil législatif de Sidney votait une adresse à la Reine
« suppliant Sa Majesté de révoquer l'ordre par lequel
la Nouvelle-Galles du sud avait été de nouveau désignée comme lieu où pourraient être transportés les
criminels anglais [1] ».

L'Angleterre, bien avisée cette fois, n'insista pas.
Toutefois comme il fallait de nouveaux débouchés à
la transportation, à partir de 1850, elle envoya ses
convicts en Australie occidentale. Lord Grey parle
longuement des avantages qu'on attendait de ce
changement de destination : « Nous pensions qu'en
fournissant toujours au petit nombre des propriétaires déjà établis dans la colonie un renfort de
travailleurs, et tout à la fois un marché pour écouler
plus rapidement leurs produits, et entreprenant l'exécution, par les bras des convicts, des travaux les plus
urgents, les grands avantages naturels de la colonie
seraient développés.... Nous espérions qu'en peu d'années l'Australie occidentale deviendrait une riche et
florissante possession, ouvrant un vaste champ à l'é-
tablissement d'un grand nombre de convicts libé-

1. Gerville-Réache, *op. cit.*, p. 1*.

rés et à leur utile emploi dans la colonie[1]. »

Le premier convoi de transportés arriva le 2 juin 1850 ; cette fois femmes et enfants accompagnaient les convicts. De nouveaux envois ayant eu lieu, les colons eurent bientôt à leur disposition de nombreux condamns munis de « billets de congé ». Un fait qu'il est important de signaler, c'est que la main d'œuvre pénale a toujours été recherchée au début, aussi bien à la Nouvelle-Galles du sud, qu'en Australie occidentale. Les plaintes des colons se sont manifestées seulement lorsque le nombre des condamnés et des libérés, croissant demesurément, était devenu un danger pour la colonie.

Cependant, malgré les débuts relativement heureux de la nouvelle tentative que l'on venait de faire, de vives critiques furent élevées, en Angleterre, contre le système établi par le bill de 1847. On se plaignait notamment que la libération conditionnelle donnât trop de latitude au condamné et ôtât, par là même, toute efficacité à la peine. De plus, l'exemple qu'on avait de ce qui s'était passé à la Nouvelle-Galles du sud faisait craindre qu'au bout d'un certain temps, pareille chose se renouvelât en Australie occidentale. On disait « qu'il était inique de la part du gouvernement et du Parlement d'engager des colonies à se soumettre à un système qui leur était non moins préjudicia-

1. Gerville-Réache, *op. cit.*, p. 15.

ble qu'odieux[1] ». Tout en réfutant ces objections, Lord Grey reconnaissait « que de grands maux et une grande corruption morale étaient résultés de la transportation[2] ».

Les critiques dont nous venons de parler décidèrent, en 1853, le Parlement à faire une nouvelle enquête. Les renseignements fournis présentèrent une telle gravité que, la même année, un bill fût voté établissant la servitude pénale et modifiant ainsi complètement le système pénitentiaire anglais. La transportation dans la loi nouvelle n'était plus conservée qu'à titre d'exception et ne devait s'appliquer qu'aux condamnés à plus de 14 ans. Ainsi, le minimum de 3 ans établi au début, fixé à 7 ans, en 1847, était doublé, en 1853. Ces mesures successives nous montrent que la métropole, à ces différentes époques, se rendait parfaitement compte des dangers que le nombre des libérés, toujours croissant, faisait courir à la colonie.

Trois ans plus tard, de nouvelles plaintes amenèrent le vote d'un nouveau bill, décidant que la servitude pénale remplacerait la transportation et que celle-ci ne serait appliquée désormais que si on trouvait aux convicts de nouveaux débouchés[3]. La servi-

1. Gerville-Réache, *op. cit.*, p. 17.
2. Gerville-Réache, *op. cit.*, p. 17.
3. Michaux, *op cit.*, p. 126.

tude pénale s'appliqua, en Angleterre, de la même manière que le bill de 1847 s'appliquait en Australie. Mais là aussi les mêmes causes amenèrent les mêmes effets. L'augmentation croissante des délits et des crimes survenus depuis 1853 souleva l'opinion au point que le gouvernement, pour l'apaiser, dut nommer une commission chargée de faire une enquête sur les bills de 1853 et de 1857. Cette commission, reconnaissant les graves difficultés que rencontraient les libérés, en Angleterre pour se procurer du travail, proposa au Parlement de rétablir la transportation. On allait revenir au système ancien quand des bruits alarmants arrivèrent de l'Australie : les colons, avertis de ce qui se passait en Angleterre, menaçaient de fermer tous les ports aux convois de transportés. L'Angleterre céda devant les menaces de la colonie, et la transportation cessa, faute de débouchés.

Résultats obtenus par la transportation en Australie.

Le rapide historique que nous venons de faire de la transportation pénale en Australie nous a permis de constater les résultats obtenus par le système pénal anglais, au triple point de vue de la moralisation des condamnés, du caractère intimidant de la peine, et de la colonisation. Pour résumer les idées que nous avons précédemment émises sur ces différents points, nous ne croyons pouvoir mieux faire que de puiser aux sources auxquelles nous avons déjà eu recours jusqu'ici, et qui nous ont permis, nous le croyons du moins, de donner aux faits accomplis leur véritable importance.

En ce qui concerne, tout d'abord, la moralisation des condamnés et l'exemplarité de la peine, nous de vons rapporter ici l'opinion de M. Paul Leroy-Beaulieu. L'auteur de la *Colonisation chez les peuples modernes*, après avoir vanté les avantages de la transportation, au point de vue colonisateur, reconnaît cependant « que le but pénitentiaire a été sacrifié au but économique [1], » et il cite à ce sujet sir George Arthur qui faisait observer avec raison « que les condamnés doués d'une certaine habileté ne peuvent que se corrompre davantage placés chez les colons, et corrompre aussi leurs maîtres ». Le bill de 1847, hâtons-nous de le dire, en remplaçant l'assignation par un système d'épreuves successives auxquelles les convicts devaient être dorénavant soumis, améliora beaucoup leur moralité. Cependant ce même bill, en donnant aux transportés une plus grande liberté, ôta à la peine qu'ils subissaient une grande partie de sa sévérité. La dernière commission parlementaire dont nous avons parlé, constatait à cet égard, que la trans-

1. Paul Leroy-Beaulieu, *op. cit.*, p. 465.

portation, comme châtiment, avait en partie perdu son effet ; « tous les témoignages reçus montrent évidemment, (disait le rapport fait au nom de cette commission) que s'en aller dans une colonie lointaine n'est pas regardé comme une terreur par le plus grand nombre des condamnés [1]. »

Ainsi, au double point de vue de la moralisation des condamnés et de l'efficacité de la peine, le résultat obtenu par la transportation fut fort peu satisfaisant. Fut-il plus heureux relativement à la colonisation ? Pour résumer, sur ce dernier point, nos explications, une distinction est nécessaire. On ne peut tout d'abord contester que les nouveaux arrivants ont jeté sur une terre nouvelle, les fondements d'établissements durables. Les travaux de différente nature qu'ils ont exécutés ont également déterminés dans une certaine mesure l'arrivée des colons de la métropole. Mais il n'en est pas moins certain que l'Australie ne serait pas devenue ce qu'elle est aujourd'hui, sans le grand courant d'émigration libre qui, à partir de 1825, a commencé à se produire [2].

M. Gaulthier de La Richerie qui a été gouverneur de la Nouvelle-Calédonie et qui, par suite, était bien

1. Gerville-Réache, *op. cit.*, p. 21. Voy. aussi Mittermaier, *Revue Etrangère de législation et d'économie politique*, t. I, p. 15.

2. Voici, à ce sujet, les chiffres que donne M. Paul Leroy-Beaulieu (page 47.) sur l'émigration du Royaume-Uni vers les colonies austra-

placé pour se procurer les renseignements nécessaires et former son opinion sur la question qui nous
occupe, s'exprime ainsi dans un rapport au ministre
de la marine : « Ce ne sont pas les convicts qui ont
fondé l'Australie ; la Nouvelle-Galles du sud n'a commencé à sortir d'un régime de misère, pour marcher
à une prospérité toujours croissante, qu'après l'intro-
duction d'émigrants libres [1]. » Ceux-ci, au début, ont
cependant été, il faut l'avouer, puissamment aidés par
les convicts que l'administration mettait à leur disposition. Mais, l'émigration augmentant de plus en
plus, les colons purent bientôt se passer de la main
d'œuvre pénale qui, à côté des avantages qu'elle offrait, présentait aussi, comme nous l'avons vu, de graves inconvénients.

C'est alors qu'eurent lieu les plaintes réitérées des

	Total décennal.	Moyenne annuelle.
1825-1829	5.175	»
1830-1839	53.274	5.327
1840-1849	126.937	12.693
1850-1859	498.537	49.853
Total	683.923.	

1. M. Nouët, ancien gouverneur de la Nouvelle-Calédonie, partage
également le même avis : « Aujourd'hui, dit-il, bien des illusions se
sont évanouies, bien des erreurs historiques ont été rectifiées; nous
savons, d'une façon certaine, que la prospérité des colonies australiennes est due à un afflux puissant d'immigration blanche, mais que
celle-ci se composait, non de convicts, mais de chercheurs d'or. »
(Rapport du 6 janvier 1888.) — Voy. aussi Levasseur, *La question de
l'or.* p. 54.

colons à la métropole. Certains auteurs, désireux de justifier de tout point la transportation, ont prétendu que ces plaintes émanaient de transportés libérés ou de fils de transportés désireux d'oublier leur origine et peu soucieux de partager avec les convicts les richesses de toutes sortes de la colonie. Le chiffre atteint par l'émigration libre réfute suffisamment ces assertions. Ce qui motiva les doléances et les récriminations des colons de la Nouvelle-Galles du sud et du Van-Diemen, ce fut moins la crainte de voir la colonisation libre manquer de concessions de terre que le danger que présentait, sous toutes ses formes, la libération des condamnés. On cria contre *l'assignation* comme on cria plus tard contre la liberté conditionnelle accordée aux convicts, parce que ces deux modes d'exécution de la peine mettaient l'élément pénal trop en contact avec la population libre.

Le seul enseignement qu'on puisse tirer de l'œuvre entreprise par l'Angleterre en Australie, c'est que la transportation en elle-même est une institution qui, bien appliquée, peut être avantageuse tout à la fois à la métropole et à la colonie. Pour obtenir ce résultat, les convicts doivent être employés, comme nous aurons occasion de le répéter dans la suite, à des travaux d'utilité publique, dont l'exécution, toujours pénible, a le double avantage de conserver à la peine son caractère de gravité et d'être en même temps utile à la colonisation. Ajoutons enfin, en terminant, que la transportation ne doit pas durer indéfiniment dans un même endroit. Le manque d'espace, et le chiffre toujours croissant des libérés peuvent, en effet, amener des inconvénients que tous les avantages procurés par la main-d'œuvre pénale ne sauraient compenser.

DE LA TRANSPORTATION EN GUYANE ET EN NOUVELLE CALÉDONIE

LA QUESTION DE LA TRANSPORTATION JUSQU'A LA LOI DE 1854

Les condamnés à des peines assez graves étaient autrefois envoyés aux galères. Embarqués sur les bâtiments du roi, ils en constituaient la véritable force motrice. En 1849, une ordonnance royale substitua les bagnes aux galères. Toulon, Rochefort, Brest et Lorient reçurent ceux qu'on appela désormais les forçats. Astreints aux travaux les plus pénibles du port, soumis à une discipline sévère, nourris avec parcimonie, les condamnés portaient bientôt la marque de la peine terrible qu'ils subissaient[1]. Le gouvernement de Louis XV qui prit la mesure dont nous venons de parler, envoya aussi aux colonies un certain nombre de malfaiteurs, pris parmi les plus dangereux. La transportation, telle qu'elle fut alors

---

1. Voy. Lauvergne, *Des forçats considérés sous le rapport physiologique, moral et intellectuel*, 1841.

appliquée, n'avait rien de commun avec celle qui existe aujourd'hui. Les condamnés, une fois débarqués, étaient abandonnés à eux-mêmes et vivaient comme ils pouvaient. Les idées de répression et de colonisation n'existaient pas ; le but unique que l'on se proposait était de débarrasser le pays de la tourbe envahissante des malfaiteurs d'habitude.

Pour trouver une nouvelle trace de la peiné qui va nous occuper, nous devons aller jusqu'à la Révolution. Le Code pénal de 1791 décidait que « quiconque ayant été repris de justice pour crime, viendrait à être convaincu d'un nouvel attentat, serait, après en avoir subi la peine, transféré pour le reste de sa vie dans un lieu de déportation. » La Convention allant plus loin, assimilait, dans la loi du 24 vendémiaire an II, les vagabonds de profession aux récidivistes. Ces dispositions qui ne furent jamais appliquées, furent supprimées sous l'Empire, par suite de la perte presque totale de nos colonies.

En 1843, de nouvelles propositions eurent lieu, relativement à la transportation. La Chambre des députés adopta même une loi, d'après laquelle les criminels devaient être transportés, après douze ans de cellule. La Chambre des pairs n'ayant pas ratifié le vote, la loi ne reçut aucune exécution.

Les événements politiques qui eurent lieu, dans les dernières années de la République de 1848, firent faire un nouveau pas à la question. Louis Napoléon, qui avait déjà signé, en 1851, un décret ordonnant la transportation des condamnés convaincus d'affiliation aux sociétés secrètes, prit en 1852 une mesure beaucoup plus large. « Considérant, dit le décret du 27 mars 1852, que, sans attendre la loi qui doit modifier le Code pénal, quant au mode d'application des travaux forcés pour l'avenir, le gouvernement est, dès à présent, en mesure de faire passer à la Guyane française, pour y subir leur peine, un certain nombre de condamnés détenus dans les bagnes...., les condamnés aux travaux forcés pourront être envoyés en Guyane pour y être employés à la colonisation, à la culture, à l'exploitation des forêts et à tous autres travaux d'utilité publique. » Comme on le voit par la disposition qui précède, la transportation devenait facultative pour le gouvernement. Celui-ci, du reste, ne tarda pas à s'en servir. C'est ainsi que, le 31 mai 1852, bon nombre de condamnés de 1848, déjà internés à Lambessa, furent expédiés à Cayenne. La même année, les victimes du coup d'État du 2 décembre reçurent la même destination [1].

La loi à laquelle Louis Napoléon faisait allusion dans les considérants qui précèdent le décret de 1852, fut votée le 30 mai 1854. Cette loi rend la transpor-

---

1. La Guyane avait déjà reçu des déportés politiques sous la Révolution. Voy. Dislère, *Traité de législation coloniale*, p. 31.

tation obligatoire, de facultative qu'elle était auparavant. Nous étudierons, dans le cours de ce travail,
ses principales dispositions qui sont le plus souvent
la reproduction de celles du décret de 1852. L'article premier est ainsi conçu : « La peine des travaux
forcés sera subie à l'avenir dans des établissements
créés par décrets de l'Empereur sur le territoire d'une
ou de plusieurs possessions françaises autres que
l'Algérie. » La Guyane n'était plus, comme dans l'article premier du décret de 1852, le seul lieu de
transportation; un décret pouvait désormais changer la destination des convois de condamnés. Néanmoins, comme cette colonie avait déjà reçu bon
nombre de transportés, et que ses établissements pénitentiaires étaient en voie de se créer, ce fut là
que la loi de 1854 reçut sa première exécution.

DE LA TRANSPORTATION EN GUYANE

La Guyane ayant été le champ d'essai de la transportation, c'est là tout d'abord que nous devons rechercher les résultats de l'œuvre entreprise. Aussi,
après avoir dit quelques mots du pays et de ses habitants, nous examinerons successivement les diverses
tentatives de colonisation pénale entreprises par l'administration. Nous serons ainsi amenés à constater
les nombreux tâtonnements qui ont coûté tant de sa-

crifices à la métropole et qui ont enlevé sans utilité
appréciable l'existence à de nombreux condamnés.
Les recherches auxquelles nous allons nous livrer,
nous permettront, nous l'espérons du moins, de déterminer une partie des causes qui ont fait échouer
nos longs efforts, et qui, depuis 1852, nous tiennent
encore en échec.

La Guyane [1] est une vaste forêt coupée de savanes
et de marais, et arrosée par de nombreux cours d'eau.
Le sol bas, sur les côtes, s'élève peu à peu, à l'intérieur
des terres. L'abondance des pluies et les brises de la
mer maintiennent la température égale et élevée. Découverte en 1500, elle fut l'objet, au XVIIe siècle, de
nombreuses tentatives de colonisation et devint, sous
l'administration de Colbert, une possession française.

La richesse du sol se prête aux cultures les plus
variées; le cacao, le café, la girofle, toutes les plantes aromatiques y croissent facilement. Les forêts
contiennent des essences qui, bien que dispersées et
mélangées, seraient d'un grand profit pour l'exploitation. Ajoutons que l'industrie de l'or y est surtout la
source de fortunes considérables qui malheureusement ne sont d'aucun secours à la colonie, les émigrants n'ayant qu'un but, rentrer en France, après
s'être enrichis. La Guyane a une population de près

1. Voy. Léveillé, *La Guyane.*

de 28.000 habitants, y compris près de 4.000 forçats
venus tant de France que des colonies. Ce chiffre est
peu élevé, eu égard à la superficie totale du pays qui
est d'environ 150.000 kilomètres carrés.

La Guyane contemporaine, comme l'indique
M. Leveillé, date de 1848. L'abolition de l'esclavage,
qui eut lieu alors, rendit libres, du jour au lendemain,
des hommes qu'aucune mesure intermédiaire n'avait
préparés à la liberté. La prospérité de la colonie se
trouva, par ce fait, gravement compromise. Usines,
chantiers, cultures de toutes sortes, tout fut abandonné.
Le travail si longtemps obligatoire, devenu facultatif,
fut méprisé. Depuis 1848, les noirs de la Guyane n'ont
travaillé que pour subvenir à leur existence ou pour
se procurer les sommes nécessaires à satisfaire leurs
passions. Aussi, depuis cette époque, la colonie est-
elle tombée dans un état de prostration dont la main-
d'œuvre pénale, alimentée pourtant par de nombreux
convois de condamnés, n'a pu encore la faire sortir.

Les transportés arrivés par le premier convoi, en
1852, furent installés aux îles du Salut. Dès que les
cases destinées au logement des condamnés furent
construites, on créa des ateliers chargés de la confection des objets nécessaires à la transportation. Les
ouvriers des différents métiers reçurent ainsi une occupation en rapport avec leur aptitude particulière.

Les transportés dont la profession ne pouvait être utilisée furent employés à la culture avec ceux qui s'y livraient déjà en France et formèrent ainsi le plus nombreux contingent.

Au bout de peu de temps, on s'aperçut que l'étendue restreinte des îles, jointe au peu de ressource qu'elles offraient, ne permettait pas d'ouvrir des chantiers assez vastes pour une exploitation agricole. M. Sarda-Garriga, à qui incombait le soin d'utiliser la main-d'œuvre pénale, dut aller chercher sur le continent un terrain plus propice à la colonisation. Après avoir envoyé à Cayenne un certain nombre de transportés nécessaires aux travaux de la ville et du port, il choisit, au nord de la Guyane, sur la rive du Maroni, un terrain fertile qui semblait de tous points convenir à l'œuvre qu'il voulait entreprendre. Les condamnés, aussitôt arrivés, attaquèrent la forêt vierge et défrichèrent le terrain sur une assez vaste étendue. Au commencement de 1853, les installations et les travaux préparatoires étant achevés, on allait se mettre à cultiver, quand on apprit tout à coup que l'ordre avait été donné de quitter le Maroni et que M. Sarda Garriga était remplacé.

L'amiral Fourichon lui succéda et avec lui, comme le dit M. Leveillé, « commencèrent les tâtonnements dans le choix des emplacements et dans celui des travaux ». Quand, sous l'influence de causes diverses

que nous allons examiner, les terrains choisis par le
nouveau gouverneur seront à leur tour abandonnés,
un ordre d'un de ses successeurs prescrira, en 1857, de
recommencer au Maroni l'expérience tentée en 1852.
Mais alors il ne restera plus trace des anciens défrichements, et tous les travaux précédemment faits
n'existeront plus. Les changements de direction survenus, à l'avènement de chaque nouveau gouverneur,
auront ainsi fait, que les cinq premières années de la
transportation auront été entièrement perdues pour
la colonisation pénale, malgré les sacrifices en hommes et en argent que se sera imposés la métropole.
M. Sarda-Garriga était allé au nord, l'amiral Fourichon et ses successeurs allèrent au sud. En 1854,
on fonda deux établissements sur les rives de l'Oyapock (Saint-Georges et la Montagne-d'Argent), et,
l'année suivante, on attaqua la forêt vierge sur les
bords de la Comté, où deux nouveaux centres furent
rent encore créés [1]. Les essais tentés dans la région
nouvelle n'eurent malheureusement aucun succès.
Les défrichements ayant causé une mortalité plus
grande encore que celle qu'ils avaient occasionnée
sur les bords du Maroni, le gouverneur ne crut mieux
faire que de demander au département de la marine l'autorisation d'évacuer les nouveaux pénitenciers.

1. Sainte-Marie et Saint-Augustin.

M. Leveillé ayant fait, d'après les données du docteur Hache, un tableau complet de l'insalubrité de la
Guyane à cette époque, nous croyons devoir simplement y renvoyer [1]. Il est cependant un point sur lequel nous devons insister. Des documents qui nous ont
été communiqués et des renseignements qui nous sont
récemment parvenus, nous permettent d'affirmer que
si les précautions les plus rudimentaires avaient été
prises, un grand nombre de décès eussent pu être évi-
tés. A l'époque où eurent lieu les tentatives de colonisation dont nous avons parlé, l'administration pénitentiaire n'étant pas encore organisée, les agents de
culture n'étaient autres que des officiers de l'armée de
terre. Ceux-ci, considérant « la forêt guyanaise comme
une prison plus sûre que les bagnes métropolitains,
n'avaient d'autre objectif que d'y maintenir les condamnés, en les soumettant à une discipline sévère et à
un joug rigoureux ». Si l'on songe que la Guyane
était une terre vierge dont le défrichement demandait les précautions hygiéniques les plus grandes,
on voit de suite combien l'incompétence de tels surveillants fut funeste à l'entreprise. En effet : « Au
premier arbre abattu, au premier coup de pioche,
on allait dégager du sol les principes acidifiables qui
y étaient enfermés depuis des siècles. De là ces fiè-
vres terribles qui emportèrent les hommes par héca-

1. M. Léveillé, *op. cit.*, p. 33.

tombes, de là ces anémies caractéristiques qui portent dans l'organisme des troubles qu'il est si difficile de faire disparaître si l'on ne s'y prend à temps[1]. »

Avec les précautions nécessaires à l'exploitation forestière, il eut aussi fallu une certaine économie dans le travail et un régime fortifiant. Tout cela, hâtons-nous de le dire, faisait absolument défaut. « Dans l'immense forêt guyanaise, on avait défriché quelques points imperceptibles, on avait mis çà et là quelques hectares à découvert, surfaces perfides toujours saturées de miasmes délétères, que rien ne pouvait arracher à l'humide température des bois, ni la chaleur solaire, ni la brise à peine sensible dans ces profondeurs trop peu déblayées. » Au lieu de commencer par abattre la forêt sur une certaine étendue et de se livrer à l'exploitation des bois, on voulait défricher de suite et cultiver aussitôt. Cette faute grave coûta la vie à de nombreux condamnés qui mouraient atteints par les miasmes répandus dans l'atmosphère et qui, loin de se disperser, se condensaient dans les espaces défrichés « espèces de puits creusés dans la forêt ».

La première notice publiée par le ministre de la marine reconnaît également qu'on avait eu tort d'isoler les transportés par petits groupes, forcément astreints à une exploitation limitée. Du reste, le frac-

1. Extrait des notes d'un ancien directeur de l'intérieur en Guyane.

tionnement des forces spéciales, funeste, au point de vue sanitaire, l'était aussi au point de vue économique. Chaque groupe exigeait, en effet, une surveillance et une administration spéciale, un matériel d'exploitation distinct, et nécessitait des dépenses de ravitaillement particulières.

Le ministre de la marine, averti de ce qui se passait dans les centres pénitentiaires nouvellement créés, n'osa pas, tout d'abord, donner l'ordre de les évacuer, craignant de compromettre, par là, l'institution même de la transportation qui débutait. Pendant que le ministre était ainsi hésitant, ne sachant quelle mesure prendre, ni quel ordre donner, les condamnés qui avaient survécu aux premiers défrichements, s'acclimataient peu à peu, sur les bords de l'Oyapock et de la Comté. Aussi, le gouverneur, après avoir inutilement insisté pour l'abandon des postes insalubres, avait-il fini par en prendre son parti. Il était, du reste, porté à changer de résolution par les modifications mêmes des milieux choisis pour le campement des transportés.

Les choses en étaient là, la situation allant toujours s'améliorant, quand arriva, tout à coup, du ministère, l'ordre d'évacuation. Cette solution intempestive nous amène à insister sur l'inconvénient fort grave qui existe encore aujourd'hui pour l'administration pénitentiaire, et résulte de l'obligation où elle se trouve d'avoir recours au ministère pour toutes les questions qui viennent à se présenter. Dans l'étude que nous ferons plus loin de cette institution, nous verrons combien il serait urgent de lui accorder des pouvoirs à la fois bien déterminés et suffisamment étendus [1]. Les notices que le département de la marine publient sur la transportation, depuis 1867, contiennent de nombreuses solutions d'espèces indiquant bien qu'on s'en réfère au ministre sur toutes les difficultés qui viennent à se produire. Cependant le discernement de ce qui se passe si loin du centre gouvernemental est souvent altéré par la distance, et alors, comme nous venons de le voir, on hésite fort longtemps avant de prendre une résolution. Pendant ce temps, les événements marchent, se précipitent et une réponse tardive, loin d'améliorer la situation, souvent la rend pire.

Pour se conformer à l'ordre du ministère, on abandonna successivement les pénitenciers de l'Oyapock et de la Comté et l'on chercha une région nouvelle, pour y conduire les transportés. L'ordre donné en 1857, désignait le Maroni ; il s'agissait de mettre en culture les terres autrefois abandonnées. Le per-

1. M. de Verninac, faisant allusion à la lenteur avec laquelle procèdent les bureaux de la marine et aux difficultés que le ministre lui-même éprouve pour se renseigner sur chaque question, nous disait dernièrement : « Les bureaux de la rue Royale aujourd'hui, c'est la Marine du temps de Colbert. »

sonnel de Sainte-Marie et de Saint-Augustin qui, le premier, arriva sur les lieux nouvellement désignés, organisa les installations et fonda Saint-Laurent. Tout était à refaire ; aussi la première année fût-elle employée à de nouveaux défrichements et à l'édification de constructions nécessaires au fonctionnement du service pénitentiaire. L'arrivée des condamnés de Saint-Georges et de la Montagne-d'Argent [1], permit d'achever assez promptement ces premiers travaux.

En 1858, la mise en concession d'un certain nombre de transportés, marque le début de la colonisation pénale au Maroni. L'année suivante, Kourou fut fondé, au sud de Saint-Laurent, puis successivement Saint-Pierre, réservé d'abord aux libérés, et enfin Saint-Maurice, Sainte-Anne, Saint-Jean et Sainte-Marguerite, sur les bords même du fleuve [2]. Le groupement sur un seul point, d'un grand nombre de condamnés, mit fin à la période de tâtonnements qui durait depuis 1852. Les débuts de la nouvelle entreprise furent du reste de tout point satisfaisants. L'arrivée de nombreux convois de transportés, permit d'accomplir les travaux de toute sorte que réclamait la colonie naissante. Ajoutons que la culture prati-

1. Les essais de colonisation tentés à la Montagne d'argent n'ont pas été perdus pour tout le monde : « M. Florimond récolte aujourd'hui paisiblement ce que l'administration avait autrefois si chèrement et si péniblement semé. » M. Léveillé, *op. cit.*, p. 39.

2. Voy. la 1re notice publiée par le ministère de la marine.

quée sur des terres exploitées six ans auparavant ne
donna lieu à aucune épidémie.

Le nombre toujours croissant des condamnés né-
cessita malheureusement de nouveaux défrichements
qui occasionnèrent ici encore une assez grande
mortalité. Le ministère, ému par les statistiques qui
lui parvenaient et constatant que les décès se pro-
duisaient surtout sur les transportés de race blanche,
décida, en 1867, que les condamnés de la métropole seraient désormais conduits en Nouvelle-Calédonie. La Guyane, aux termes de la décision nouvelle,
ne devait plus recevoir que les condamnés des colonies. Les résultats d'une pareille mesure ne tardèrent
pas à se faire sentir. Les Arabes et les Annamites
qui formèrent désormais le contingent le plus nombreux des transportés du Maroni, sont d'assez bons
agriculteurs, mais sont peu industrieux. On ne rencontre, parmi eux, ni maçons ni charpentiers, ni
serruriers, ni charrons ; en un mot, les professions les
plus utiles à la colonisation leur sont presque inconnues [1]. Aussi, au bout d'un certain temps, ceux
qu'on appelait les ouvriers d'art n'étant plus renou-
velés, leur nombre devint de plus en plus rare dans
les ateliers de Saint-Laurent et toute une série de
travaux se trouva par là même ralentie et bientôt
supprimée.

1. M. Léveillé, *op. cit.*, p. 32.

La décision du ministère créa ainsi au Maroni une situation qui devint de plus en plus précaire. La période de 1860 à 1867 avait été relativement satisfaisante ; celle qui suivit fut marquée par l'abandon successif de divers pénitenciers que la main d'œuvre pénale ne venait plus alimenter. Sainte Anne, Saint-Pierre, Saint-Jean et Sainte-Marguerite furent ainsi tour à tour délaissés, et l'administration ne conserva plus que Saint-Maurice et Saint-Laurent où sont groupés, comme nous le verrons plus tard, les concessionnaires ruraux et urbains. Le chiffre des transportés qui dépassait encore, en 1870, 5.500, tomba, en 1886, à moins de 3.000.

Frappée de l'état déplorable dans lequel se trouvaient les différents pénitenciers de la Guyane, l'administration avait demandé à plusieurs reprises que la mesure ordonnée en 1867 fut rapportée. Une décision ministérielle du 15 mai 1887 est venue lui donner une demi satisfaction. Le ministre de la marine a, en effet, décidé, à cette époque, qu'on n'enverrait plus dorénavant en Nouvelle Calédonie que les condamnés à moins de huit ans. Cette mesure, qui se trouve être avantageuse pour nos deux colonies pénitentiaires, a déjà permis d'envoyer en Guyane de nouveaux convois de transportés européens. Les nouveaux arrivés ont été pour la plupart internés à Saint-Laurent, et bon nombre d'entre eux, placés dans les ateliers, comblent maintenant les vides que le décret de 1867 avait créés.

Érigé en commune pénitentiaire par le décret du 16 mars 1880, le Maroni est aujourd'hui administré par une commission municipale composée des principaux fonctionnaires détachés sur l'établissement. Doué d'une certaine autonomie communale, devenu le centre du domaine pénitentiaire, à la suite du décret du 5 décembre 1882, possédant comme nous le verrons, de nombreux moyens de colonisation, le Maroni ne tardera pas, espérons-le, grâce aux nouvelles recrues qui vont lui parvenir, à se relever du triste état dans lequel il a été longtemps plongé.

Aujourd'hui la Guyane compte un effectif d'environ 4.000 transportés dont un peu plus de 2.000 sont encore en cours de peine. Les îles du Salut, Kourou, Cayenne et le Maroni se partagent inégalement la population pénale. Les espaces qu'on peut, en Guyane, consacrer à la transportation, tout en observant une séparation presque complète entre la population pénale et la population libre, font que cette colonie tend à devenir le principal, sinon l'unique lieu d'exécution de la peine des travaux forcés.

Les expériences de colonisation tentées sur divers points montrent que la mortalité ne s'accroît qu'au moment des défrichements. Nous devons également ajouter que la grande mortalité qui résulta de l'exécution de ces travaux, de 1852 à 1857, est due en partie à la façon dont on procéda [1]. Nous tenons de source certaine, que l'adaptation des condamnés au sol et au climat fut alors confiée à l'initiative d'agents subalternes, incapables de mener à bonne fin une œuvre de cette importance, parce qu'ils n'avaient ni la haute intelligence, ni les connaissances multiples que réclamait une pareille entreprise.

[1]. Voici, au sujet de l'adaptation des condamnés de différentes races au sol et au climat de la Guyane, les renseignements qui nous sont parvenus à la fin de l'année 1888 :

« Le noir, vivant dans son propre pays ou dans un pays semblable à son lieu de naissance, d'une constitution robuste, jouit d'une assez bonne santé, mais, naturellement paresseux, il ne cherche pas à améliorer sa position, pendant la durée de sa peine, et, une fois libéré, il travaille juste assez pour satisfaire ses besoins qui ne sont pas grands.

» Le Coolie ou Indien, en général paresseux et chétif, ne produit pas plus que le noir et supporte beaucoup moins bien le climat.

» L'Annamite, transporté sous un climat à peu près analogue au sien, résiste bien ; actif, économe et sobre, il est apte à la colonisation.

L'Arabe est celui qui paie le plus large tribut à l'insalubrité du pays, soit que, devenu apathique et nostalgique, sous un ciel qui n'est pas le sien et où il ne peut vivre selon ses mœurs, il offre une résistance moindre aux causes morbifiques, soit qu'animé du désir de revoir son pays natal, il s'impose, tout en travaillant, les plus dures privations pour amasser l'argent nécessaire à son évasion.

» Dans un tableau indiquant le degré de résistance de chaque race au climat de la Guyane, l'Européen occupe le troisième rang. Plus enclin au travail que le noir, aussi actif et aussi intelligent que l'annamite, quoique moins économe et moins sobre, il est aussi apte à coloniser que celui-ci, à condition de travailler modérément et aux heures les moins chaudes de la journée, d'avoir une nourriture convenable et de ne se livrer à aucun excès pouvant aider l'action débilitante du climat. ».

L'étude sommaire à laquelle nous venons de nous livrer sur le passé de nos établissements pénitentiaires à la Guyane nous a permis de signaler un certain nombre de faits qu'on peut considérer comme autant de causes des échecs que nous y avons éprouvés. Ces faits ne sont malheureusement pas les seuls que nous ayons à déplorer. L'étude que nous allons faire de la condition des transportés aux colonies, nous en révèlera d'autres, qui subsistent encore et qui ont empêché, jusqu'à ces dernières années, tout progrès sérieux de s'accomplir.

DE LA TRANSPORTATION EN NOUVELLE-CALÉDONIE

La Nouvelle-Calédonie ne date, comme colonie pénitentiaire, que de l'année 1863. Fidèle au plan que nous avons suivi dans l'étude de la transportation pénale en Guyane, nous allons tout d'abord fournir quelques renseignements sur la région nouvelle qui a été ainsi appelée à recevoir les condamnés de la métropole.

Découverte par Cook, en 1774, la Nouvelle Calédonie fut tout d'abord visitée par de nombreux missionnaires. En 1843, M. Julien de la Ferrière y arbora pour la première fois le drapeau français, et la prise de possession définitive eut lieu le 24 février 1853.

Trois fois grande comme la Corse, la Calédonie possède un climat très sain [1]. Elle est arrosée par de nombreuses rivières et coupée en tout sens par de petites montagnes au pied desquelles se déroulent de très riches vallées. La canne à sucre et le café y croissent facilement ; on y cultive aussi un grand nombre de céréales, et la plupart des plantes de la métropole y sont acclimatées. Les forêts couvrent un peu moins d'un quart de l'île ; quant aux richesses minières, elles sont considérables. L'or, le cuivre, le nickel, l'antimoine, le fer et le cobalt s'y trouvent en abondance. Les terrains miniers représentent ainsi la moitié de la superficie, soit près d'un million d'hectares, dont cent mille à peine ont été exploités. La population totale est d'environ 50.000 habitants qui se répartissent ainsi : 35.500 canaques, 3.700 colons européens et 9.000 transportés dont plus de 3.000 libérés. A ces chiffres il faut ajouter le nombreux contingent fourni par l'infanterie de marine et les marins.

En exécution du décret du 2 septembre 1863, qui autorisait la création à la Nouvelle-Calédonie d'établissements pour l'exécution de la peine des travaux forcés, un premier convoi, composé de 250 condamnés, partit de Toulon, le 2 janvier 1864, et arriva, le 7 mai, à Nouméa. M. Guillain, alors gouverneur, s'occupa de l'installation des transportés. De 1864 à 1868, les convois de condamnés furent peu nombreux, car

1. Voy. Ch. Lemire, *La Nouvelle-Calédonie*.

la Guyane recevait alors la majeure partie des transportés. Les notices nous apprennent que, pendant
cette période, le service de la transportation fut restreint à la partie matérielle de l'œuvre. La main-
d'œuvre pénale fut alors employée à la construction
de pénitenciers, de casernes, de magasins et d'hôpi-
taux. Ces travaux indispensables étant achevés, le
gouverneur s'occupa de l'organisation intérieure des
pénitenciers. Il plaça dans les ateliers de l'île Nou
tous les transportés qui exerçaient un métier et envoya
les autres à Bourail, pour y défricher des terrains et
s'y livrer à la culture [1].

M. de la Richerie qui, en 1870, succéda à M. Guillain, pratiqua un système tout différent de celui qui
avait été jusqu'alors suivi. Au lieu d'occuper les condamnés dans les pénitenciers, il les confia en grande
partie aux colons et servit ainsi, dans une certaine
mesure, l'intérêt de la colonie [2].

M. de Pritzbuer qui le remplaça, consacra à son
tour la main-d'œuvre pénale à l'accomplissement de
travaux d'utilité publique. Le chef-lieu fut l'objet particulier de sa sollicitude, et l'on peut dire sans exagération que les améliorations dont il gratifia Nouméa lui ont acquis à jamais la reconnaissance de ses

1. Nicomède, *Un coin de colonisation pénale*, p. 162.
2. *Origines et progrès de la Nouvelle-Calédonie*, par P. Cordeil, p. 56.
— Voy. aussi dans le *Néo-Calédonien* du 18 novembre 1887 l'article
intitulé : *Les idées de M. Étienne.*

habitants. Son successeur, le capitaine de vaisseau Olry, eut à réprimer la terrible insurrection canaque qui éclata, en 1878, et ne s'occupa guère des transportés qui, pour la plupart, restèrent occupés dans les pénitenciers. Ils en sortirent, en grande partie, sous l'administration de M. Pallu de la Barrière qui les envoya sur des chantiers où ils travaillèrent à la confection des routes. « De tous nos gouverneurs, dit M. Paul Cordeil [1], M. Pallu de la Barrière est celui qui a donné aux travaux des routes la plus énergique impulsion. Il est certain que si chacun de ses prédécesseurs avait fait seulement le quart de ce qu'il a entrepris, nous irions aujourd'hui en voiture de Nouméa à Bourail; les centres échelonnés sur ce parcours de près de deux cents kilomètres seraient reliés à la mer par des chemins transversaux, et pourraient envoyer au chef-lieu des produits dont la privation nous rend tributaires des marchés australiens [2]. »

1. P. Cordeil, *loc. cit.*, p. 118.

2. Nous devons reconnaître que les dépenses occasionnées par l'exécution des travaux prescrits par M. Pallu de La Barrière excédaient les crédits alloués au budget de la transportation. En 1883, notamment, « *le dépassement* » atteignit le chiffre de 265.000 francs. Ce chiffre, toutefois, est relativement minime, si on le compare à celui des déficits des gouverneurs précédents. De 1878 à 1882, le budget de la transportation fut dépassé de deux millions et demi environ, soit cinq cent mille francs par an, d'une manière courante. (*Le progrès de la Nouvelle-Calédonie* du 22 juillet 1884. — *Les dépassements de M. Pallu de La Barrière.*)

Les successeurs de M. Pallu de la Barrière, pour se conformer aux vues du département, durent abandonner son œuvre, et les travaux d'utilité publique se trouvèrent ainsi en partie délaissés. Les changements trop fréquents de gouverneurs ont ainsi amené, en Nouvelle-Calédonie comme en Guyane, un fâcheux résultat. Aucun plan régulier, aucune méthode bien déterminée, n'ont été longtemps suivis. Il en est résulté que la colonie n'a pu retirer de la main-d'œuvre pénale le résultat qu'elle était en droit d'en attendre. Aujourd'hui, faute d'espace, comme nous allons le montrer, la transportation touche à sa fin, et le jour n'est pas loin où la métropole devra donner à ses convois de condamnés une nouvelle destination.

Le domaine pénitentiaire en Nouvelle-Calédonie. — Le chiffre des transportés, qui ne dépassait pas 1500, en 1867, s'augmenta bientôt considérablement, grâce à la mesure que prit alors le gouvernement. Aussi, pour que la population pénale, dont le chiffre allait toujours croissant, n'effrayât pas la colonisation libre, on affecta spécialement le nord de l'île au service de la transportation. Les principaux centres assignés aux condamnés étaient alors, en dehors de Nouméa et de l'île Nou : Ouray, Bourail et Canala[1]. Les nombreux convois de condamnés ex-

1. *Notices*, années 1866-1867, p. 13.

pédiés par la métropole obligèrent bientôt l'administration pénitentiaire à créer de nouveaux établissements, et les limites qu'on avait tout d'abord tracées à la colonisation pénale ne tardèrent pas à être dépassées. Une dépêche ministérielle du 19 février 1881 spécifiait « qu'il fallait à nouveau délimiter le territoire pénitentiaire en l'agrandissant de manière à lui constituer des réserves suffisantes pour l'avenir. » Les terrains consacrés à la transportation occupaient alors un espace de 31.700 hectares.

Le décret du 16 août 1884, qui fut rendu, à la suite des communications qui eurent lieu entre l'administration de la colonie et le département de la marine, attribua au service pénitentiaire un domaine de 110.000 hectares.

L'extension ainsi donnée à la colonisation pénale rencontra, de la part de la colonie, une vive opposition. Les premiers colons avaient obtenu de vastes concessions de terres, dont beaucoup restées sans culture avaient été peu à peu abandonnées.

Des arrêtés de gouverneurs du 11 septembre 1875 et du 11 mai 1880 avaient alors décidé que les biens vacants et sans maîtres feraient comme les successions en déshérence, retour au domaine colonial.

Les nouveaux terrains visés par le décret faisant spécialement partie de ces biens, la colonie réclamait comme lui appartenant, les nouvelles réserves dont l'État gratifiait l'administration pénitentiaire. Le comité du contentieux de la marine, chargé de trancher le différend, justifia les dispositions du décret de 1884, en déclarant que la prise de possession primitive avait eu lieu en 1855, au nom de l'État[1].

Quelque développement que la délimitation nouvelle ait donné à la transportation, celle-ci n'en devra pas moins cesser sous peu. L'amiral-Pallu de la Barrière, ancien gouverneur de la colonie, estimait qu'en accordant 100.000 hectares de terres à l'administration pénitentiaire, on pourrait encore envoyer jusqu'en 1888 des condamnés en Nouvelle-Calédonie. Les 10.000 hectares concédés en plus par le décret dont nous venons de parler, ne peuvent que proroger de quelques années la limite ainsi fixée.

La Nouvelle-Calédonie ne peut pas, en effet, offrir comme la Guyane, un champ illimité à la colonisation pénale. Son territoire pénitentiaire, tel qu'il est fixé par le décret de 1884, est encore inférieur de 36.000 hectares à celui de la Guyane qui, aux termes du décret du 5 décembre 1882, comprend dans la région du Maroni un espace de 146.000 hectares. Aujourd'hui, pour donner, en Calédonie, de nouveaux terrains à l'administration pénitentiaire, il faudrait ou refouler les indigènes dans la « brousse », ou « reprendre les terres laissées sans culture qui se trouvent

1. *Notices*, année 1884, p. 12.

renfermées dans les propriétés particulières accordées à tort avec trop de facilité[1]. » On ne saurait, on
le comprend aisément, avoir recours à l'un ou à l'autre de ces moyens.

Du reste, en supposant que la Nouvelle-Calédonie
ait encore un certain nombre d'hectares de terrains
cultivables à consacrer à l'établissement des condamnés, la transportation n'en devrait pas moins cesser,
dans un laps de temps très limité.

L'étendue restreinte de l'île ne permet pas, en
effet, comme en Guyane, de cantonner les condamnés
sur un territoire nettement déterminé. Les tentatives
faites, au début, pour arriver à ce résultat, ont dû être
abandonnées devant le nombre toujours croissant des
transportés. Aujourd'hui, la population libre est pour
ainsi dire noyée au milieu de l'élément pénal, et les
libérés, dont le nombre dépasse 3.000, constituent,
comme nous le verrons plus loin, un véritable danger
pour la colonie.

Des plaintes, analogues à celles qui ont eu lieu en
Australie, dans lesdernières années de la transportation, se sont déjà produites au Conseil général de Nouméa, et à Paris, au Conseil supérieur des colonies. Le
ministère de la marine, pour y faire droit dans une
certaine mesure, a décidé, le 15 mai 1887, qu'on n'en-

1. Voy. M. Gerville-Réache, dans le supplément de son rapport sur
la loi du 27 mai 1885, p. 11.

verrait plus en Nouvelle-Calédonie que des condamnés à moins de huit ans de travaux forcés. On a pensé que ces derniers, après être restés en Calédonie un temps égal à celui de leur peine, profiteraient de la faculté que la loi leur laisse pour abandonner la colonie.

La décision de 1887, qui s'écarte ainsi du but visé par la loi de 1854, doit être considérée comme un acheminement à une mesure plus générale qui ne peut tarder à être prise, et en vertu de laquelle on n'enverra plus désormais de condamnés dans notre possession d'Océanie.

CHAPITRE II

CONDAMNÉS EN COURS DE PEINE

ORGANISATION ADMINISTRATIVE DE LA GUYANE ET DE LA NOUVELLE-CALÉDONIE.

Avant d'étudier la condition des transportés dans nos colonies pénitentiaires et d'examiner les différents travaux auxquels ils sont astreints, nous devons dire quelques mots de l'administration pénitentiaire chargée d'appliquer la peine des travaux forcés. Celle-ci relevant dans une certaine mesure des autorités coloniales, nous ferons précéder les explications qui la concernent d'un court aperçu sur l'organisation administrative de la Guyane et de la Nouvelle-Calédonie.

Nos deux colonies pénitentiaires étant, en vertu de l'art. 18 du S. C. du 3 mai 1854, soumises au régime des décrets, les lois de la métropole ne leur sont applicables qu'autant qu'elles sont promulguées par le gouverneur, sur l'ordre du gouvernement.

Ainsi, ont été mis en vigueur, sauf quelques légères modifications, le Code civil et le Code pénal ; le Code de commerce, d'Instruction criminelle et de Procédure civile, sont également appliqués, autant que l'organisation judiciaire de nos établissements d'outre-mer le permet.

A côté des prérogatives du gouvernement, le pouvoir des Chambres, nous le croyons, du moins, reste entier.

Le Parlement peut donc légiférer en matière coloniale; il peut également, par une disposition spéciale, rendre applicable aux colonies dont nous parlons, les lois votées pour la métropole [1].

En Guyane et en Calédonie, aussi bien du reste que dans les autres colonies soumises au régime des décrets, le gouverneur qui ne peut promulguer les lois que sur l'ordre de l'autorité métropolitaine, détient au même titre tous les autres pouvoirs. Maître souverain des forces de terre et de mer, il exerce l'autorité civile avec ou sans le concours d'un conseil consultatif privé suivant les cas déterminés par les règlements [2].

Les pouvoirs du gouverneur embrassent toutes les branches de l'administration que dirigent sous ses ordres, spécialement en Guyane et en Nouvelle-Calé-

---

1. C'est ainsi que les lois du 9 août 1849 sur l'état de siège, et du 29 mars 1874 sur la naturalisation, sont applicables à la fois à la France et à ses colonies, qu'elles soient soumises ou non au régime des décrets.

2. En dehors et à côté de l'administration centrale, deux décrets,

donie : un directeur de l'intérieur, un chef du service judiciaire, un directeur de l'administration pénitentiaire, et les chefs des divers services. Toutes ces administrations sont contrôlées par un inspecteur des services administratifs et financiers.

ADMINISTRATION PÉNITENTIAIRE

La direction de l'administration pénitentiaire, la seule dont nous ayons à nous occuper ici, considérée comme service colonial distinct, est de création relativement récente.

Un décret du 12 décembre 1874 concernant le gouvernement de la Nouvelle-Calédonie détermina le premier les attributions du directeur de la nouvelle administration; quant à la fixation des services et à la désignation du personnel, ils ne furent établis que par le décret du 27 avril 1878. La même année, deux autres décrets, l'un du 16 février pour la Calédonie, et l'autre du 6 décembre pour la Guyane [1], organisaient à nouveau l'administration pénitentiaire. L'institution

l'un du 23 décembre 1878, pour la Guyane, l'autre du 2 avril 1885, pour la Calédonie, ont établi, dans ces deux colonies, un conseil général dont les pouvoirs dépassent, dans une certaine mesure, ceux de la métropole. Voy. Dislère, *Traité de législation coloniale*, p. 328, 331 et 351. La Guyane possède en plus, depuis 1848, un représentant à la Chambre des députés; la Nouvelle-Calédonie, quoique bien plus peuplée, n'a pu obtenir jusqu'aujourd'hui qu'un délégué au Conseil supérieur des colonies.

1. Avant ce décret, les attributions du directeur du service pénitentiaire de la Guyane étaient réglées par un arrêté du gouverneur, du 31 août 1870.

étant devenue sensiblement la même dans nos deux colonies, à la suite de cette réglementation nouvelle, le décret du 26 octobre 1882, portant réorganisation du personnel, fût déclaré commun à la Guyane et à la Nouvelle-Calédonie.

Le personnel, aujourd'hui, peut se diviser en trois catégories distinctes : Il y a d'abord les fonctionnaires d'administration pure, qui sont chargés de la partie administrative et financière du service ; puis viennent des surveillants, préposés au maintien du bon ordre et de la discipline ; enfin, à côté et au-dessus d'eux, il existe une catégorie spéciale d'agents chargés de l'exploitation et de la direction technique des travaux [1]. « Ce personnel, réparti dans les bureaux du chef-lieu et sur les divers centres pénitentiaires, assure, sous les ordres du Directeur et sous la surveillance des inspecteurs de la transportation [2], l'exécution de la loi du 30 mai 1854 [3]. »

Sans anticiper sur les chapitres qui vont suivre, nous devons reconnaître dès maintenant que le fonc-

---

1. Voy. le décret du 26 octobre 1882, *Notices*, année 1882, p. 385.

2. Le personnel condamné se divise en quatre catégories ; voici le tableau qu'en donnent les notices :

1re *catégorie :* Condamnés aux travaux forcés.

2e *catégorie :* Condamnés à la réclusion.

3e *catégorie :* Condamnés à l'emprisonnement.

4e *catégorie :* { 1re section. — Libérés astreints à la résidence. / 2e section. — Libérés non astreints à la résidence.

3. *Origines et progrès de la Nouvelle-Calédonie*, p. 88.

tionnement de l'administration pénitentiaire n'a pas
produit jusqu'à aujourd'hui, les résultats qu'on en attendait. Si cette institution est vue avec défaveur en
Guyane et en Calédonie, cela tient au peu de profit
que ces colonies ont retiré de sa direction. Le personnel et l'institution, ont d'ailleurs chacun leur part
dans les plaintes qui vont se manifestant de plus en
plus. M. Paul Cordeil, procureur de la République à
Nouméa et chef du service judiciaire de la Nouvelle-
Calédonie, reconnaît que l'administration pénitentiaire en est encor : « à la période d'essai et d'expé-
rimentation. » « La loi de 1854, ajoute-t-il un peu plus
loin, a posé des principes, mais le Code de la transportation est encore à faire, du moins à coordonner. »
Frappé de la mobilité, pour ne pas dire de l'incapacité
des différents directeurs, il demande aussi « une loi
prudente, qui, prévoyant le plus grand nombre de
cas possible, tracerait des limites inflexibles, dont
les administrateurs eux-mêmes ne pourraient pas s'é-
carter ». Ajoutons qu'au milieu des dispositions sans
nombre qui régissent la transportation, il est bien
malaisé de s'y reconnaître. L'application y gagnerait
si chaque matière était condensée dans un règlement
unique, obligatoire pour tous. Si ce progrès était réalisé, le département de la marine[1] serait dispensé

1. Le sous-secrétariat des colonies, de qui relève l'administration
pénitentiaire, a été récemment détaché du ministère de la marine.

d'envoyer autant de solutions spéciales, qu'il vient à se présenter d'espèces, ce qui l'amène souvent à se conredire.

M. Léveillé, qui a visité la Guyane, il y a quelques années, réclame aussi une certaine autonomie dans le service local et une définition plus nette des pouvoirs des directeurs. « Il faut, dit-il, en Guyane et en Calédonie, une administration pénitentiaire spéciale, soumise à l'impulsion et au contrôle de Paris, mais dotée cependant d'une certaine liberté de mouvement.... Paris doit, chaque année, examiner et arrêter d'avance le plan de campagne, et exiger que ce plan, une fois arrêté, soit scrupuleusement suivi [1]. »

VOYAGE DES TRANSPORTÉS

Tous les trois mois, un navire de l'État est armé à Brest pour transporter les condamnés aux travaux forcés, soit en Guyane, soit en Nouvelle-Calédonie. Ceux-ci, amenés de toutes les maisons centrales de France à la citadelle de Saint-Martin de Ré [2], sont généralement embarqués en rade de l'île d'Aix.

Quelques jours avant le départ du navire, une com-

1. M. Léveillé, *La Guyane*, p. 24.
2. Le dépôt de Saint-Martin de Ré étant trop étroit pour contenir à la fois les transportés et les relégués, l'administration du port de Rochefort a choisi, de concert avec le département de la guerre, le fort Liédot, à l'île d'Aix, pour recevoir une partie des transportés et rélégués en instance de départ. (Journal l'*Indépendant de la Charente-Inférieure*, du 8 septembre 1888.)

mission, formée d'officiers supérieurs du corps de santé de la marine et du médecin-major du bâtiment en partance, examine un à un les condamnés et délivre « un bon à embarquer » à ceux-là seulement qui lui paraissent réunir des conditions de santé telles qu'ils puissent supporter les fatigues de la traversée. Celle-ci qui n'est que de trente ou trente-cinq jours lorsque le navire se dirige sur la Guyane, peut durer jusqu'à quatre mois lorsque le convoi est destiné à la Nouvelle-Calédonie.

Sans suivre les condamnés dans leur long voyage, nous nous bornerons à dire que toutes les mesures sont prises par le département de la marine pour que l'hygiène générale du bâtiment n'ait pas trop à souffrir de l'encombrement à bord. La population d'un transport oscille entre onze et douze cents personnes, état-major, équipage, passagers et forçats compris[1]. Malgré cette agglomération d'individus, malgré la présence à bord de nombreux animaux de boucherie et d'innombrables volailles, tous les médecins du corps de santé de la marine que nous avons consultés sont d'avis que les craintes exprimées par le docteur Fontsagrives, dans son remarquable ouvrage sur l'*Hygiène navale*, sont empreintes d'exagération. Le soin qu'on a eu de loger les forçats dans la batterie haute, a fait pour ainsi dire disparaître les dangers d'un pa-

1. Le nombre de ces derniers varie entre 300 et 400.

reil entassement. Cette batterie a été transformée en deux cages parfaitement aérées, grâce aux larges panneaux du pont et aux nombreux sabords percés dans la muraille du navire. Chaque forçat a son hamac. Le matin au branle-bas, les hamacs sont serrés et les surveillants militaires font procéder à un lavage minutieux des cages. Tous les jours, quand le temps le permet, les condamnés viennent par escouade respirer le grand air sur le pont du navire.

Malgré la longueur du voyage[1], les cas de maladie résultant de l'encombrement : typhus, scorbut, etc., etc., se font de plus en plus rares.

Cet heureux résultat est dû tout entier aux excellentes mesures d'hygiène prises à bord et à la bonne qualité des vivres.

Le rigoureuse exactitude de tous ces détails, recueillis sur place, ou fournis par des officiers de marine commandant des vaisseaux transports, en expliquera la longueur.

ÉTUDE DU DÉCRET DU 18 JUIN 1880

Le navire arrivé en rade des Iles du Salut ou de Nouméa, nous devons nous demander ce que vont devenir les condamnés qu'il apporte.

---

1. Pour aller en Calédonie, le voyage demandait 120 jours en moyenne avec les vaisseaux à voiles ; il n'est plus aujourd'hui que d'environ 90 jours, depuis que le service dont nous parlons est fait par des transports mixtes.

L'article 14 de la loi du 30 mai 1854 porte : « un règlement d'administration publique déterminera tout ce qui concerne l'exécution de la présente loi, et notamment : 1° le régime disciplinaire des établissements de travaux forcés... »

Ce règlement n'a été rendu que le 16 juin 1880 ; « jusqu'à cette époque, le régime disciplinaire des pénitenciers, se trouvait dans un règlement très détaillé de 1855 sur le service intérieur des établissements pénitentiaires de la Guyane, approuvé par le ministre, et qui avait été étendu à la Nouvelle-Calédonie ; des arrêtés de gouverneurs avaient complété ses dispositions. Les châtiments corporels étaient autorisés[1] ». Le décret du 18 juin 1880 rendu en Conseil d'État a abrogé toute la règlementation antérieure, et, embrassant des matières qui n'avaient été réglées jusqu'alors que par des instructions ministérielles, il a déterminé d'une manière générale le régime d'après lequel la peine des travaux forcés devait être désormais subie.

Ce décret est divisé en deux titres : le premier, de beaucoup le plus important, divise les condamnés en différentes catégories ; le second traite des fautes et des peines.

Renvoyant, pour le détail, des peines édictées par le règlement au chapitre spécial où nous traitons des

1. Dislère, *op. cit.*, p. 821.

pénalités; nous allons faire ici une courte analyse du titre premier; après quoi nous étudierons la vie du transporté d'après des documents récents émanant de sources autorisées.

Division des condamnés en catégories; ration alimentaire, salaire. — L'article 1ᵉʳ du titre 1ᵉʳ est ainsi concu : « Le personnel des condamnés aux travaux forcés qui subissent leur peine dans les colonies pénitentiaires est divisé en cinq classes, déterminées d'après la situation pénale, l'état moral, la conduite et l'assiduité au travail des condamnés. »

L'article 8 faisant application de la disposition qui précède décide que, à leur arrivée au pénitencier, les condamnés qui ne sont pas récidivistes sont placés dans la quatrième classe, les récidivistes dans la cinquième. Ajoutons que les transportés qui se sont mal conduits pendant la traversée sont aussi placés dans cette cinquième classe.

Les distinctions établies par le décret de 1880 influent sur le régime, le salaire et le travail, qui sont différents dans les cinq catégories.

Les transportés de la cinquième classe ont la même ration de vivres que ceux des quatre autres, mais ils sont privés de tabac, de vin et de tafia [1]. Comme les condamnés de la quatrième classe, ils doivent être employés aux travaux publics les plus pénibles;

____
1. Art. 7 du décret de 1880.

comme eux aussi ils doivent être astreints au silence
et isolés la nuit si les locaux le permettent. La différence la plus sensible entre les condamnés de la quatrième catégorie et ceux de la cinquième, c'est que
les premiers sont plus près de jouir des faveurs accordées aux trois premières catégories.

Les règlements voudraient que ces deux classes de
condamnés fussent constamment séparées des autres,
qu'elles eussent des chantiers et des locaux différents ; nous verrons bientôt comment ces dispositions
sont observées.

Après six mois de séjour à la Guyane ou à la Nouvelle-Calédonie, les condamnés de cinquième classe
qui se sont fait remarquer par leur bonne conduite et
leur bonne volonté au travail sont admis à passer à la
quatrième classe, puis progressivement à la troisième,
à la deuxième et à la première.

Le deuxième alinéa de l'article 9 décide qu'aucun
condamné n'est proposé pour l'avancement en classe,
s'il n'a été effectivement employé pendant six mois
aux travaux de celle à laquelle il appartient.

Le passage d'un condamné à une classe supérieure
a lieu par décision du gouverneur, sur la proposition
du directeur de l'administration pénitentiaire.

Lorsque les transportés sont parvenus dans les
trois premières catégories, ils ont droit chaque jour à
la ration de vin et de tafia que ceux de la quatrième

ne peuvent obtenir que deux fois par semaine.

Ces liquides alcooliques sont donnés au repas du matin et doivent être bus en présence d'un surveillant. C'est aussi à partir de la troisième catégorie que les travaux des condamnés deviennent, comme nous le verrons, moins pénibles et commencent à procurer un salaire. Ce dernier varie de 10 à 30 centimes par jour, suivant les classes. Cet argent, toutefois, n'est pas intégralement perçu par les condamnés[1]. Chacun d'eux a son pécule déposé à la caisse de la transportation et ne peut en retirer plus de 3 à 6 francs par mois ; le reste s'accumule et rapporte. Si le condamné est sage et travailleur, il peut ainsi trouver à l'époque de sa libération une somme quelquefois assez forte, qui lui permettra de s'établir soit au chef-lieu, soit sur quelque autre point de la colonie.

La ration alimentaire, comme nous l'avons dit plus haut, est la même pour tous les condamnés, quelle que soit la classe à laquelle ils appartiennent[2].

La nourriture du transporté, comme on le voit par le tableau que nous reproduisons, est à la fois saine et fortifiante. Si nous ajoutons que tous les camps, à de

1. Le condamné, depuis le 1ᵉʳ février 1889, ne touche plus rien, directement, en Nouvelle-Calédonie. Son argent de poche devait lui servir à améliorer son existence. L'administration pénitentiaire lui fournit, à la place, certaines denrées récoltées dans ses fermes. (Journal *le Colon* du 8 mars 1889.

2. Les notices publiées par le ministère de la marine fournissent, à cet égard, le tableau suivant:

très rares exceptions près, sont pourvus d'un jardin potager [1] dont les produits sont destinés à la cuisine des condamnés, nous sommes obligés de reconnaître que le régime de ces derniers est sensiblement supérieur à celui de beaucoup de nos paysans de la Bretagne, de l'Auvergne et d'ailleurs. L'administration, on

NATURE DES DENRÉES	UNITÉS	QUANTITÉ par ration	DIVISION DES REPAS		
			DÉJEUNER	DINER	SOUPER
Pain frais....................	Kilogramme	0 750	0 250	0 250	0 250
Farine.......................	do	0 550	»	»	»
Biscuit	do	0 550	0 183	0 183	0 184
Vin (1)......................	Litre	0 23	»	0 23	»
Tafia (2).....................	do	0 06	»	0 06	»
Viande.. { de bœuf (3)........	Kilogramme	0 250	»	0 250	»
de mouton (3)	do	0 250	»	0 250	»
Conserves (4)	do	0 200	»	0 200	»
Lard salé (5).................	do	0 200	»	0 200	»
Fèves décortiquées (6)........	do	0 120	»	0 120	»
Légumes secs (*fayols* ou fèves (7).....................	do	0 100	»	»	0 100
Riz (8)......................	do	0 060	»	»	0 060
Huile d'olive (9).............	do	0 008	»	»	0 008
Vinaigre (10)................	Litre	0 025	»	»	0 025
Sel (11).....................	Kilogramme	0 014	»	»	»
Café........................	do	0 015	0 015	»	»

(1) Les dimanche, mercredi et vendredi de chaque semaine.
(2) Les lundi, mardi, jeudi et samedi de chaque semaine.
(3) Les mardi, jeudi et dimanche de chaque semaine.
(4) Les lundi et mercredi de chaque semaine.
(5) Le samedi de chaque semaine.
(6) Le vendredi de chaque semaine.
(7) Les *fayols* sont délivrés les mardi, jeudi et samedi de chaque semaine, et les fèves le dimanche.
(8) Le riz est délivré les lundi, mercredi et vendredi de chaque semaine.
(9) Le vendredi avec les 0k.120 de fèves ou autres légumes secs.
(10) Les mardi, jeudi, samedi et dimanche de chaque semaine, avec les fèves et les *fayols*.
(11) Sur cette quantité, 0k.004 sont employés pour la panification.

Les liquides, comme nous l'avons fait remarquer, ne sont donnés régulièrement qu'aux condamnés des trois premières catégories. Ces derniers, ainsi que ceux de la quatrième catégorie, peuvent également recevoir chaque semaine des rations supplémentaires de tabac, de vin et de tafia comme rémunération de travaux exceptionnels.

1. Voy. la notice de l'année 1885, p. 85.

le voit, est pleine de sollicitude pour ses administrés. Un officier de marine, récemment arrivé de Nouméa, nous disait : « Quelques-uns des condamnés sont si profondément étonnés des égards qu'on a pour eux, qu'ils affirment n'avoir jamais été si heureux que depuis qu'ils sont au bagne et il ajoutait : « si tous ne le disent pas, il est bien certain que tous le pensent ».

ÉTABLISSEMENTS PÉNITENTIAIRES (TRAVAUX DES CONDAMNÉS.)

Deux décrets, l'un du 27 avril 1878 pour la Nouvelle-Calédonie, l'autre du 6 décembre de la même année pour la Guyane, portant organisation de l'administration pénitentiaire dans ces colonies, contiennent un même article 8 ainsi conçu : « Des arrêtés du gouverneur, en conseil privé, détermineront en détail le mode de fonctionnement des divers services organisés sur les établissements pénitentiaires[1]. » Les mesures prises par les gouverneurs de la Guyane et de la Calédonie, en exécution de l'article 8, sont à peu près identiques. La transportation ayant pris, depuis 1867, un développement considérable en Nouvelle-Calédonie, nous nous référerons principalement au *Règlement général sur le service des établissements pénitentiaires de cette colonie*[2], nous

---

1. Notices, 1878-1879, p. 194 et 272.

2. Les notices ne parlent pas de ce règlement. Il est du 15 mars 1880 et porte la signature du capitaine de vaisseau Olry.

contentant d'indiquer les différences d'application pratique qui ont lieu en Guyane.

Le titre premier du règlement indique le but et la destination des établissements pénitentiaires, ainsi que les éléments organiques de ces centres de transportation.

L'article 1ᵉʳ est ainsi conçu : Les établissements destinés à recevoir les condamnés aux travaux forcés envoyés par la métropole en Nouvelle-Calédonie pour y subir leur peine, sont classés en trois catégories distinctes :

1° Les pénitenciers dépôts ;

2° Les pénitenciers agricoles ;

3° Les camps mobiles et les centres d'exploitation industrielle.

L'examen des travaux variés auxquels sont astreints les condamnés dans ces différents établissements, joint à l'étude de la réglementation des engagements des transportés chez les habitants et les fonctionnaires et au régime des concessions, va nous permettre de reprendre une à une chacune des catégories que nous avons précédemment examinées et de montrer comment sont observées les prescriptions du décret du 18 juin 1880.

TRANSPORTÉS DE 5ᵉ 4ᵉ ET 3ᵉ CATÉGORIES

Pénitenciers dépots. — Dès le lendemain de leur

arrivée dans la colonie, les condamnés sont examinés par un médecin de la marine qui envoie les ma-
lades et les infirmes à l'hôpital, et qui désigne pour
être affectés aux travaux légers les individus débiles
qui ne lui paraissent pas aptes aux travaux de culture et de terrassement. Cette première opération
terminée, le rôle de l'administration pénitentiaire
commence. On retire tout d'abord aux condamnés
les vêtements qu'on leur avait donné à leur départ de
l'île de Ré et on les munit d'un trousseau complet.

Tout en s'occupant de ces détails d'équipement, on
procède à un classement des professions. Ici commence la violation flagrante du décret du 18 juin
1880. Les nouveaux venus qui, aux termes de l'article 5 de ce décret, devraient être employés aux
travaux publics les plus pénibles, ne manquent pas
s'ils connaissent un métier, d'en profiter pour adoucir leur peine et améliorer leur sort.

Les travaux de défrichement, de dessèchement
de marais, de viabilité qui devraient marquer cette
première étape sont, beaucoup trop négligés par
l'administration. Celle-ci, qui possède au Maroni
en Guyane, et surtout à l'île Nou en Nouvelle-Calédonie, des ateliers de toutes sortes, a besoin d'un
grand nombre d'ouvriers pour les alimenter. Aussi
emploie-t-elle de prime-abord les arrivants, aux
labeurs qui leur sont propres. L'administration

pénitentiaire va même plus loin ; des circulaires de ses directeurs, tant en Guyane qu'en Nouvelle-Calédonie, adressées aux commandants des pénitenciers dépôts appellent leur attention « sur le peu d'ouvriers d'art dont sont pourvus les ateliers et sur la nécessité qui s'impose chaque jour, de plus en plus, de former des apprentis des différentes professions[1] ». Grâce à ce système, suivi jusqu'à présent, l'administration a pu satisfaire à tous ses besoins : travaux de maçonnerie, de menuiserie, de peinture, de cordonnerie, de charronage, confection de vêtements et de chapeaux, elle fait tout par elle-même.

Malheureusement elle ne s'en tient pas toujours là, et souvent par la vente de ses objets manufacturés et par celle des produits de ses fermes agricoles dont nous parlerons plus loin, elle fait au commerce libre une terrible concurrence. C'est ainsi que la dérivation de la main d'œuvre pénale non seulement énerve la peine, mais encore, loin d'être utile à la colonisation, lui nuit considérablement. Dans son ouvrage sur *l'Expansion coloniale de la France*, M de Lanessan s'élève avec vigueur contre le procédé suivi par l'administration et montre tout le préjudice qu'il cause au travail libre. Cette question du travail des condamnés, envisagée au point de vue économique, devient en effet de plus en plus importante.

1. *Notices*, 1884, p. 244.

Il y a longtemps que les travailleurs de la métropole se plaignent de la désastreuse concurrence que
leur font « des ouvriers logés pour rien ». M. Leveillé,
qui a examiné avec soin la question qui nous occupe, affirme que pour les prisons de France les plaintes ne sont pas fondées, et il fait valoir à l'appui de
son raisonnement que le nombre des ouvriers libres
est bien des fois supérieur à celui des prisonniers [1].
Nous ne craignons pas d'affirmer que l'avis de notre
professeur eut été diamétralement opposé si, au lieu
d'examiner la question au point de vue de la métropole, il l'eut envisagée au point de vue colonial. Ici,
en effet, la proportion entre les ouvriers libres et ceux
de la transportation n'est plus la même, et l'argument invoqué tout à l'heure tomberait à faux.

Sans insister davantage sur les inconvénients qui
résultent ainsi de l'emploi de la main d'œuvre pénale
dans les ateliers de l'administration, nous devons cependant signaler le peu d'efforts qu'ont à faire les transportés dans l'exécution des différents travaux auxquels
ils sont astreints. Des circulaires de gouverneurs ont
établi en Guyanne et en Calédonie le travail à la tâche. En exécution de ces décisions, les ouvriers des différents métiers doivent accomplir chaque semaine une
besogne déterminée, après quoi ils sont libres de ne
rien faire. C'est ainsi, nous a-t-on dit, que la tâche

1. M Léveillé à son cours.

dérisoire qui consiste pour les cordonniers a confectionner par semaine, cinq paires de chaussures et pour les tailleurs un nombre fort restreint de pièces d'habillement, a permis aux condamnés de ces deux catégories de s'associer entre eux, et de faire tour à tour l'ouvrage les uns des autres.

Pour en finir avec les pénitenciers dépôts, nous devons ajouter qu'en Nouvelle Calédonie les ateliers ont été longtemps fermés l'après-midi du samedi et le dimanche. Un arrêté de M. Nouët gouverneur de la colonie, a supprimé depuis le mois d'avril 1886 le repos du samedi.

Travaux publics. — Camps volants. — Transportés cédés à la colonie. Tous les transportés de quatrième et de cinquième catégorie ne restent pas, nous devons le reconnaître, dans les pénitenciers. Un certain nombre d'entre eux conformément à l'article 5 du décret du 18 juin 1880 sont occupés à des travaux publics dans l'intérêt de la colonisation. Mais ce n'est là malheureusement qu'une exception.

L'article 2 de la loi du 30 mai 1854 qui a inspiré la rédaction de l'article 5 dont nous venons de parler, est ainsi conçu : « Les condamnés seront employés aux travaux les plus pénibles de la colonisation, et à tous autres travaux d'utilité publique ». L'application d'une telle disposition, depuis 1852 en Guyane, et depuis 1864 en Nouvelle-Calédonie, eut fait la prospérité de ces deux colonies. L'historique que nous avons tracé de la transportation nous a montré quel emploi l'administration pénitentiaire avait su faire de la main d'œuvre pénale. « Lorsque l'on visite la Guyane et que l'on cherche l'empreinte profonde que la transportation a dû laisser sur cette malheureuse colonie, les traces de son travail, les produits de cette main d'œuvre puissante qui, à un moment donné, comptait des effectifs de 13 à 14.000 condamnés, on est surpris de ne trouver que quelques kilomètres de route aux environs de Cayenne [1] ».

Les résultats obtenus en Nouvelle-Calédonie ne sont guère plus satisfaisants. Depuis 1863, près de 20.000 condamnés ont été transportés dans cette dernière colonie, et, si l'administration pénitentiaire possède de nombreux pénitenciers, des fermes agricoles et des centres importants, tels que Bourail et Canala, l'île ne s'est enrichie que des quelques tronçons de route que M. Pallu de la Barrière y a tracées, et le chef-lieu n'a bénéficié que des travaux que l'amiral de Prizbuer y a fait exécuter.

Aussi après trente ans de colonisation pénale, tout est encore à faire dans ces deux colonies, et l'on est obligé de constater avec regret que Nouméa et Cayenne n'ont pas de bassins, pas même de cale de radoub.

1. Notes d'un ex-directeur de l'intérieur de la Guyane.

Appelé à fournir des renseignements sur le fonc-
onnement du service pénitentiaire en Guyane, le
sous-secrétaire d'État à la marine ne pouvait citer, en
1884, au nombre des travaux accomplis, que les
quelques routes dont nous avons parlé et la ligne télé-
graphique qui relie Cayenne au Maroni.[1]

Nous savons également de source certaine qu'à la
fin de 1882, la Nouvelle-Calédonie n'avait pas plus
de 30 kilomètres de routes carrossables (la distance de
Nouméa à Païta) et encore la moitié de ce travail
avait-il été accompli par des soldats du corps disciplinaire. Le capitaine de vaisseau Pallu de la Barrière,
qui prit le gouvernement de la colonie à cette époque,
résolut, comme nous l'avons vu, de faire sortir le
bagne de la torpeur et de l'inertie dans lesquelles il
était plongé. Malgré les mauvaises volontés qui essayè-
rent d'entraver ses résolutions énergiques, malgré des
objections spécieuses qui n'avaient d'autre but que
de maintenir les choses dans l'état où elles étaient, le
le gouverneur donna l'ordre formel de faire sortir du
pénitencier de l'île Nou plus d'un millier de forçats
qui y croupissaient dans la plus désolante oisiveté, et
à la fin de décembre 1882, des camps volants étaient
installés un peu partout sur le tracé d'une route qui
devait faire le tour de l'île. Sans entrer ici dans la dis-
cussion des critiques qu'a soulevées ce plan de cam-

1. *Notices*, 1884, p. 202.

pagne, nous devons seulement constater les résultats heureux qu'il produisit pour la colonie, grâce à l'énergie du gouverneur. Son infatigable activité porta bientôt ses fruits, et, en février 1884, il pouvait, au milieu des acclamations des colons reconnaissants, procéder à l'inauguration de la route de Nouméa à Bouloupari. Depuis cette époque, le bagne est malheureusement retombé en grande partie dans l'état où il était auparavant ; les camps de routes subsistent, mais ne recevant plus qu'un contingent fort limité de transportés, les travaux qu'on y exécute ont sensiblement diminué d'importance[1]. Le nombre relativement restreint des condamnés qui jusqu'en ces dernières années ont été transportés en Guyane n'a pas permis non plus dans cette dernière colonie de donner aux camps volants une grande extension.

L'organisation de ces établissements et le travail auquel y sont astreints les condamnés, n'en constituent pas moins, aux termes de l'article 2 de la loi du 30 mars 1854, l'exécution de la peine des travaux forcés proprement dits, et c'est à ce titre que nous devons les étudier.

Camps volants. — Lorsque la création d'un camp volant est décidée dans la plaine guyanaise ou « *en pleine brousse* » pour nous servir de l'expression dont

---

1. Les concessions de condamnés aux compagnies minières sont cause, en grande partie, de ce résultat.

on désigne habituellement l'intérieur des terres calé-
donniennes, le détachement de condamnés qui en fait
partie se rend sur les lieux par petites étapes. Arrivés à destination, les transportés dressent leurs tentes
et s'occupent immédiatement à construire des cases,
travail qui dure souvent un ou deux mois. Gourbis
(Nouvelle-Calédonie) et carbets (Guyane) sont pourtant des édifices d'architecture assez rudimentaire ;
murs de torchis, toits de chaume, portes sans ver-
roux, sauf celle de la principale case qui doit servir
de prison, telles sont les habitations destinées à abri-
ter les condamnés.

Ceux-ci, pour tout ce qui a trait à l'ordre et à la
discipline, à l'emploi et à l'entretien, relèvent directement d'un surveillant principal, qui a sous ses ordres
plusieurs agents [1]. Ce surveillant, qui porte le titre de
chef de camp, prend les instructions d'un conducteur
des ponts et chaussées ou de tout autre fonctionnaire
spécial, militaire ou civil, qui accompagne le détachement, et les fait rigoureusement exécuter [2]. Les transportés, ainsi dirigés et surveillés, accomplissent les
différents travaux d'utilité publique dont nous avons
parlé, tels que routes, canaux, lignes télégraphiques,

---

[1]. Art. 12 du décret du 27 avril 1878 portant organisation de l'administration pénitentiaire en Nouvelle-Calédonie.

[2]. Art 190 du règlement sur les établissements pénitentiaires de
Calédonie.

chemins de fer[1], etc., etc. Les dépenses qu'ils occa-
sionnent à l'administration, en dehors des frais de
surveillance et d'entretien, sont fort minimes. Tous ou
presque tous font, en effet, partie des quatrième et
cinquième catégories et ne reçoivent, par suite, aucun
salaire (art. 5 du décret de 1880); de plus, la ration
de vin et de tafia ne leur est accordée deux fois par
semaine que si leur conduite et léur travail sont satisfaisants[2]. Hâtons-nous de dire que le labeur des
ouvriers de la transportation est en raison directe de
leur rémunération. « Pourquoi donc se gêneraient-
ils ? dit M. Leveillé, qui a vu fonctionner le service
des camps en Guyane, l'administration exige d'eux
peu d'efforts, et, en retour, elle leur assure l'habillement, le logement et la nourriture. » Les condamnés, assurés qu'à la fin de la corvée ils trouveront
leur ration prête, n'écoutent guère les exhortations
au travail que leur prodiguent les surveillants. « J'in-
terpellai un jour l'un de ces hommes qui, couché sur
sa brouette, faisait une sieste prolongée ; je lui de-
mandais pourquoi il se croisait les bras : « Bah ! me
répondit-il, pourquoi m'épuiserais-je ? A cette heure,
les paysans de France travaillent pour moi.[3] » Les

1. Il est, en ce moment, question de relier Kourou à Cayenne au
moyen d'un chemin de fer à voie étroite.
2. La nature débilitante du climat a fait accorder aux transportés
de la Guyane la ration militaire.
3. M. Léveillé, *op. cit.*, p. 30.

renseignements nombreux qui nous parviennent de la Nouvelle-Calédonie nous permettent d'affirmer, avec M. Léveillé, que le régime des camps est beaucoup trop doux.

Les surveillants, privés de moyens de coercition, laissent faire et laissent dire jusqu'au jour où les menaces dégénèrent en voies de faits ; ils en sont alors réduits à user du revolver pour se défendre. Dans ces cas assez fréquents de justice sommaire, le surveillant est traduit devant un conseil de guerre, qui prononce toujours son acquittement. Ces faits, conséquences forcées d'une pénalité dérisoire, n'en sont pas moins regrettables, et il serait à désirer que de sages mesures préventives missent fin à une si terrible répression.

Des huit punitions disciplinaires qui peuvent être infligées aux transportés conformément aux dispositions de l'article 11 du décret de 1880, une seule jusqu'ici a paru efficace : ces incorrigibles paresseux ne craignent que la cellule ; encore devons-nous ajouter que, tout en fuyant la corvée, ils parviennent à s'y soustraire au moyen de subterfuges qui leur réussissent assez souvent [1].

---

1. Voici, à ce sujet, la copie d'un passage d'un rapport adressé au directeur de l'administration pénitentiaire par le médecin en chef de l'île Nou : Nou, le 9 mars 1889. — « Monsieur le Directeur, « Une très longue expérience du service des camps m'a appris combien il est difficile, souvent, de ne pas se laisser tromper par les ruses si

Considérés dans leur ensemble les moyens de répression, nous paraissent absolument insuffisants.

L'administration pénitentiaire devrait, comme le demande M. Léveillé, fournir simplement le pain au condamné et rémunérer chacun suivant son labeur et son mérite. Le vin, la viande et les légumes devant être achetés, le transporté s'efforcerait d'accomplir le travail nécessaire pour pouvoir se les procurer [1].

Si les condamnés occupés dans les camps travaillent peu, ils jouissent en revanche d'une demi liberté. On se rend facilement compte de la difficulté que doit présenter la surveillance dans les camps volants Des appels fréquents et même inopinés n'empêchent pas les condamnés de sortir la nuit et d'aller piller les environs [2] « le jour, sur les chemins, c'est un continuel va et vient de forçats ; l'un vient du centre voisin conduisant un véhicule contenant les vivres journaliers du camp, un autre est chargé de la correspondance... on est tellement habitué, dans la colonie, à ces énormités, on trouve ces allées et venues si naturelles, qu'il vient rarement à l'idée d'un colon, d'un gendarme,

habiles inventées par certains condamnés ; dans le but de se faire exempter du travail ou surtout de se faire envoyer à l'hôpital de l'île Nou, ils simulent des maladies et aboutissent ainsi au but qu'ils se proposent. »

1. M. Léveillé, *op. cit.*, p. 31.

2. Les journaux de Guyane et de Calédonie font journellement allusion aux faits que nous signalons.

voire même d'un surveillant, d'arrêter un condamné qui passe, fût-il un évadé de la plus dangereuse espèce. »

Tel est le régime des camps, régime dont la sévérité et la rigueur devraient répondre à la période d'expiation. Les condamnés de 3°, 4° et 5° catégorie qui y sont soumis s'en montrent, en assez grand nombre, satisfaits ; aussi, bien ou mal notés, ils ne songent guère à changer leur condition et à devenir concessionnaires[1]. D'aucuns même à qui l'on offre une concession, la refusent, préférant aux avantages qu'elle leur procurerait par le travail, la tranquillité que leur donne leur état présent.

Transportés cédés aux services publics de la colonie. — Les articles 4 et 5 du décret de 1880, qui décident que les transportés des trois dernières catégories doivent être employés aux travaux de la colonie ont permis à l'administration pénitentiaire d'accéder aux demandes des conseils généraux de Nouméa et de Cayenne en détachant aux chef-lieux de nos colonies pénitentiaires un certain nombre de condamnés spécialement affectés aux travaux des ports et de la voirie. Nous devons toutefois ajouter, qu'en agissant ainsi, le département de la marine n'a pas entendu faire un cadeau absolument gratuit aux administrations locales de nos colonies.

1. Voy. M. Léveillé, *op. cit.*, p. 31.

Deux dépêches ministérielles, l'une du 15 janvier 1873 pour la Nouvelle-Calédonie, l'autre du 5 octobre 1880 pour la Guyane, relative *au budget sur
ressources spéciales* de l'administration pénitentiaire,
décident que tous les services publics devront verser
au profit de ce budget une redevance de 0,50 cent.
par homme et par jour, pour tous les condamnés mis
à leur disposition [1]. Le conseil municipal de Nouméa
et le directeur de l'intérieur, en 1878, le gouverneur
de la colonie lui-même, par une lettre du 27 avril 1879,
et, plus tard, le conseil général, ont, tour à tour, dé-
mandé l'exonération de la redevance ainsi imposée à
la colonie contrairement aux dispositions de la loi
de 1854. Le conseil général de la Guyane, en 1881 et
en 1883, à également émis le même vœu. Malgré ces
demandes réitérées, le département de la marine a
toujours cru devoir repousser une proposition qui
aurait eu pour inconvénient d'enlever au budget sur
ressources spéciales son principal revenu [2].

La main d'œuvre pénale, ainsi offerte moyennant
une modique redevance, constitue, pour nos colonies
pénitentiaires, une grande économie ; aussi ces dernières ont elles toujours occupé un assez grand
nombre de transportés. A l'heure actuelle, près de
500 condamnés travaillent au nivellement de Nou-

1. *Notice*, 1880-1881, p. 187.
2. *Notices*, 1878-1879, p. 296 et 323.

méa[1], et un nombre à peu près égal est occupé à Cayenne à la construction de digues, de quais et de canaux.

Pour tous ces travaux qui s'effectuent aux chefs-lieux, le rendement obtenu, sans être considérable, est cependant presque satisfaisant. Cela, du reste, est facile à comprendre. L'administration pénitentiaire ne fait rien par elle-même. Les surveillants gardent les condamnés, mais ne les dirigent pas. La ville qui paye sait se faire servir, et ses piqueurs et agents-voyers parviennent généralement, non sans peines et sans gratifications, à secouer la paresse des condamnés.

Ces « *corvées de ville* » sont logées, en Guyane dans le pénitencier à terre situé aux portes de Cayenne qui remplace, depuis 1858, les pontons établis sur rade, et en Calédonie au camp de Montravel, distant de deux kilomètres de Nouméa. La surveillance, est exercée aux chefs-lieux comme dans les camps mo-biles et par suite la discipline n'est ni plus sévère ni plus relâchée.

TRANSPORTÉS DE 2e CATÉGORIE

Fermes agricoles. — L'article 3 du décret du 18 juin 1880 est ainsi conçu : «Les condamnés de la deuxième

[1] Le journal *le Colon* du 29 juin 1888 nous apprend que la partie droite du nouveau quai est achevée et qu'il ne reste plus qu'à opérer des remblais.

classe seront employés aux travaux agricoles du service
pénitentiaire ». Le gouvernement pour justifier cette
disposition s'est appuyé sur l'article 11 de la loi de 1854
qui autorise sous certaines conditions la mise en concession des condamnés. La création de fermes agricoles, dit l'amiral Peyron, a eu pour but « de préparer
les futurs concessionnaires par des études pratiques
indispensables [1] ». L'article 11 ainsi visé indiquait d'a-
près nous, un moyen beaucoup plus simple pour ap-
prendre aux condamnés les notions de culture dont
ils pourraient plus tard avoir besoin. Aux termes de
cet article : les condamnés des deux sexes qui se sont
rendus dignes d'indulgence par leur bonne conduite,
leur travail et leur repentir peuvent obtenir :

1° L'autorisation de travailler aux conditions déterminées par l'administration, soit pour les habitants de la colonie, soit pour les administrations locales ;

2° Une concession de terrain et la faculté de la cultiver pour leur propre compte.

Cet article, pour nous, se suffit à lui-même, le système d'*assignation* qu'il place avant le régime des
concessions indique assez clairement quelle a été la
pensée du législateur relativement au sujet qui nous
occupe ; nous croyons pouvoir la résumer ainsi : « Le
développement de l'agriculture doit être le principal

1. *Notices*, 1882-1883, p. 461.

objectif de la transportation, et les colons en utilisant la main d'œuvre pénale seront les guides naturels des condamnés qu'ils initieront aux diverses cultures de la colonie. »

Quoi qu'il en soit de la légalité de l'article 3 du décret de 1880, il a donné naissance, principalement en Nouvelle-Calédonie, à des établissements dont nous devrons bientôt examiner l'organisation et le fonctionnement.

Les fermes agricoles proprement dites sont, à l'heure actuelle, presqu'inconnues en Guyane; le pénitencier du Maroni, de beaucoup le plus important, n'en compte aucune. Les établissements secondaires de Kourou et des Hattes peuvent seuls être assimilés aux fermes agricoles de la Nouvelle-Calédonie. Les notices du ministère de la marine de 1884 disent, en parlant de Kourou, que ce centre est plutôt un pénitencier agricole qu'un lieu de répression proprement dit ; 400 condamnés s'y livrent, en effet, aux diverses cultures ainsi qu'à l'exploitation forestière. Ces divers travaux sont dirigés par des agents de culture qui transmettent leurs ordres aux condamnés coloniaux au moyen d'interprètes.

L'établissement des Hattes, exclusivement consacré à l'élevage, ne contient qu'un tout petit nombre de transportés. Ajoutons que les efforts faits sur ce point pour acclimater en Guyane la race bovine n'ont

obtenu jusqu'ici aucun succès. Avant de songer à éle-
ver du bétail, il eut été indispensable de créer des
prairies artificielles puisqu'il n'en existait pas de naturelles dans la région[1] ; c'est cependant ce que les
agents de l'administration n'ont point fait ; aussi l'entreprise tentée est-elle, aujourd'hui, absolument compromise.

En Nouvelle-Calédonie, les fermes agricoles ont
reçu, en raison de la fertilité du sol et de l'inocuité du
climat, une extension beaucoup plus grande qu'en
Guyane. Nous devons cependant reconnaître que des
diverses façons d'utiliser la main d'œuvre pénale, aucune n'a été aussi justement et aussi généralement
blâmée. Si les pénitenciers s'expliquent par le besoin
de la transportation et si les camps, avec une rigoureuse discipline, peuvent procurer de grands avanta-
tages à la colonisation, les fermes agricoles, elles, de
quelque façon qu'on les envisage, ne présentent qu'une
utilité fort contestable. L'organisation qu'elles ont
reçue en Nouvelle-Calédonie, pernicieuse, au double
point de vue de la répression des condamnés et de l'intérêt local, n'a pas peu contribué, du reste, à jeter sur elles
le discrédit dont elles sont atteintes dans cette colonie.

1. L'administration avait cependant sous les yeux l'exemple des frè-
res Bar, qui, dans l'île Portal (séparé de Saint-Jean, où sont les récidivistes, par un simple ruisseau), ont pu créer, avec les herbes du
Para, une prairie splendide où ils élèvent un assez grand nombre de
bêtes à cornes qui remplacent la main-d'œuvre, si difficile à se procurer, et qui servent ensuite à l'alimentation.

Le règlement général des établissements pénitentiaires, dont nous avons parlé plus haut, contient un
chapitre III, exclusivement consacré aux centres d'exploitations agricoles. « L'organisation de ces centres,
dit l'article 169, est la même que celle des pénitenciers ordinaires, et procède du même fonctionnement
pour tout ce qui concerne le personnel adjoint de
surveillants militaires, la discipline intérieure et le
travail des condamnés [1] ». Quant aux travaux qu'il s'a-
git d'exécuter, leur nature particulière demande des
fonctionnaires spéciaux. Nous trouvons ainsi en Calédonie, tout un personnel d'agents de culture et de colonisation, répartis dans les différentes fermes agricoles de la colonie [2]. L'administration qui, dans chaque
établissement, met à la disposition du directeur, des
agents et des surveillants, un certain nombre de condamnés, change, contrairement au vœu de la loi, la
destination de la main-d'œuvre pénale, et affaiblit d'autant la répression. C'est ainsi qu'un témoin digne de foi
nous affirme que, sur 500 condamnés affectés à la
ferme de Koé-Nemba, les quatre cinquièmes à peine
s'occupent aux travaux de culture proprement dits.
Tous les autres, écrivains, garçons, cochers, pale-
freniers, jardiniers, etc., etc., constituent autant de

1. *Réglement général des établissements pénitentiaires de la Nouvelle
Calédonie*, p. 73.
2. Voy. Moncelon, *La colonisation pénale à la Nouvelle-Calédonie*,
p. 19; voy. aussi M. Ordinaire, *Notes d'un chargé de mission.*

non-valeurs qui augmentent sensiblement les frais de l'administration.

Les coûteuses installations des fermes agricoles étant peu en rapport avec les produits qu'elles donnent, on est souvent obligé de les abandonner après quelques années d'exploitation[1]. C'est ainsi qu'ont, tour à tour, disparu les fermes de l'île Nou et de Canala. M. de Mahy qui, en 1883, approuvait ces suppressions, félicitait également le gouverneur d'avoir restreint la culture de la canne à sucre à Bourail « puisqu'il paraîssait démontré que les produits réalisés n'étaient pas en rapport avec les sacrifices exigés par cette culture[2]. » L'expérience, malheureusement, ne sert à rien, et tout le personnel des fermes abandonnées ou dont on a limité l'exploitation, est de nouveau envoyé sur de nouveaux points pour y recommencer l'entreprise. Dans une dépêche ministérielle du 6 septembre 1883, l'amiral Peyron, tout en reconnaissant « que les pénitenciers agricoles n'ont pas rempli le but qu'avait en vue le département », recommande cependant de les réorganiser. « Vous pourrez ainsi, dit le ministre au gouverneur, utiliser les agents de colonisation et les agents de culture, qui, bien dirigés, doivent être en mesure de rendre de bons services. » Un tel langage justifie en quelque sorte les plaintes des

1. Voy. M. de Lanessan : *L'expension coloniale de la France*, p. 870.
2. *Notice*, année 1882-1883, p. 420.

colons, qui seraient désireux de voir la main-d'œuvre pénale plus utilement occupée et qui prétendent, non sans quelque raison, que les fermes pénitentiaires ont été créées pour les agents, et non ceux-ci pour les fermes.

L'organisation des centres agricoles, tant décriée en Nouvelle-Calédonie, aurait cependant pu se justifier dans une certaine mesure, si l'administration avait ordonné aux agents préposés à la direction des travaux d'expérimenter certaines cultures qui eussent pu faire plus tard la richesse de la colonie.

« En dehors du tabac et du café, il est à remarquer, dit M. Paul Cordeil, chef du service judiciaire en Nouvelle-Calédonie, que les plantes textiles et oléagineuses à l'état sauvage poussent vigoureusement dans beaucoup d'endroits. Mais il y aurait intérêt à s'assurer du rendement de ces cultures avant de s'y livrer ; et c'est ici qu'il est permis de regretter que les fermes pénitentiaires ne tentent pas plus d'expériences, à défaut de l'initiative privée qui manque souvent de bras et de capitaux [2]. » Au lieu de faire ces expériences, l'administration pénitentiaire a pratiqué des cultures auxquelles les colons se livraient depuis longtemps déjà avec succès, elle a également essayé l'élevage, dans une île qui, grande à peine

1. *Notices*, 1882-1883, p. 462.
2. *Origines et progrès de la Nouvelle-Calédonie*, p. 108.

comme trois départements, compte cependant plus de
150.000 têtes de bœufs. Aussi ces différentes entreprises, loin d'enrichir son budget sur ressources spéciales, ont souvent contribué à l'appauvrir.

Quant à l'enseignement des condamnés employés
dans les exploitations agricoles, on peut soutenir, avec
raison qu'il ne saurait dépasser celui qu'ils auraient
acquis s'ils avaient été employés chez les colons. Ajoutons enfin en terminant que la discipline des établissements dont nous venons de parler laisse beaucoup
à désirer. Les condamnés abusant de la demi-liberté
dont ils jouissent, profitent souvent du contact de la
population libre pour se procurer des liquides alcooliques et s'adonner à la boisson. Les punitions qui
interviennent ont la plupart du temps pour objet la
répression de cas d'ivresse presque toujours suivis de
rixes sanglantes.

Les exploitations industrielles de l'administration demandent, comme les fermes agricoles, un certain nombre de condamnés. C'est ainsi qu'en Nouvelle-Calédonie
150 transportés sont, chaque année, occupés à l'exploitation forestière de la baie de Prony. Le travail auquel ils sont astreints consiste à abattre et à préparer
les bois de charpente et les bois de chauffage nécessaires aux divers services publics de la colonie [1].

En Guyane, une cinquantaine de transportés sont

1. *Notices*, années 1880-1881, p. 24.

employés au « nouveau chantier », dans la forêt qui avoisine St-Laurent du Maroni et préparent eux aussi les bois qui sont plus tard employés dans les différents pénitenciers. Les travaux ainsi exécutés, plus durs que ceux qui s'accomplissent dans les camps, mais moins pénibles cependant que ceux auxquels sont livrés les condamnés engagés chez les colons, dont nous allons maintenant nous occuper, conviennent de tout point aux transportés de 2ᵉ catégorie.

TRANSPORTÉS DE 1ʳᵉ CATÉGORIE

Engagements chez les colons. — Les transportés que l'administration juge dignes d'entrer en 1ʳᵉ classe peuvent, sur leur demande, en vertu de l'article 2 du décret du 18 juin 1880,

1° Obtenir une concession de terrain, conformément au décret du 31 août 1878 ;

2° Être employés par les habitants de la colonie, aux conditions et moyennant un salaire fixés par le gouverneur en conseil privé, sur la proposition du directeur de l'administration pénitentiaire ;

3° Être employés aux travaux des divers services publics, comme chefs d'ateliers ou de chantiers.

Laissant de côté la mise en concession des condamnés que nous étudierons simultanément avec celle des libérés, nous allons examiner la situation faite aux condamnés employés chez les habitants.

Deux arrêtés de gouverneurs, l'un du 18 octobre 1880[1] pour la Nouvelle-Calédonie, l'autre du 21 avril 1883[2] pour la Guyane, réglementent les droits et obligations réciproques des engagistes et des transportés.

L'engagement, tout d'abord, qui est de deux ans en Calédonie, ne peut avoir lieu, en Guyane, que pour une durée de trois mois au moins et de douze mois au plus. Dans les deux colonies, l'engagiste doit à l'engagé un logement salubre, une ration déterminée, les soins médicaux et un salaire qui varie de 6 à 9 fr. par mois. Une partie de cette somme est remise directement au condamné, le reste, versé à la caisse de la transportation, est destiné à constituer à l'engagé un pécule dont il pourra disposer à sa libération. Nous devons ajouter qu'en dehors du contrat ainsi réglementé par l'administration, l'engagiste paye de la main à la main le montant des gages débattus à l'amiable entre lui et l'engagé[3].

Les engagements ne sont autorisés, disent les arrêtés, que pour les travaux d'agriculture, l'exploitation des bois, et l'élevage du bétail.

A titre exceptionnel cependant, l'administration peut mettre des condamnés de 1re classe à la disposi-

1. *Notices*, années 1880-1881, p. 326.
2. *Notices*, années 1882-1883, p. 281.
3. On nous signale ainsi des condamnés qui, en Nouvelle-Calédonie, touchent de 20 à 25 fr. par mois.

tion des habitants qui se livrent à d'autres industries que celles que nous venons de citer, lorsque ces industries présentent un caractère suffisant d'utilité générale. Mais les règlements font remarquer qu'aucun transporté ne peut être engagé comme domestique ou employé, à quelque titre que ce soit. C'est là, comme nous le verrons plus loin, un privilège qui appartient spécialement aux officiers de la marine et aux différents fonctionnaires de l'administration.

Les colons qui reçoivent des condamnés, doivent, en dehors des obligations dont nous avons précédemment parlé, fournir sur chaque engagé des notes mensuelles à l'administration. Celle-ci, du reste, se réserve des droits de surveillance et de contrôle qui lui permettront de s'assurer si les clauses du contrat sont de tous poins exécutées.

L'administration pénitentiaire a usé assez largement des dispositions que nous venons d'examiner. Elle est ainsi puissamment venue en aide à la colonisation en donnant aux habitants de la Guyane et de la Calédonie le moyen de suppléer à la pénurie de travailleurs d'origine libre et à l'impossibilité dans laquelle ils se trouvent d'employer les indigènes. Le système de l'*engagement* qui rappelle, bien qu'un peu de loin, celui de l'*assignation*, est donc vu avec assez de faveur dans nos colonies pénitentiaires. Les colons qui y trouvent leur intérêt ne lui font pas les reproches qu'ils adressent, avec assez de raison, à l'emploi de la main-d'œuvre pénale dans les pénitenciers ou dans les fermes agricoles. La seule objection sérieuse qu'on peut adresser à ce système est tirée de la liberté presque absolue dont jouissent les condamnés ainsi employés et des crimes que, par suite, ils peuvent commettre. L'organisation de la discipline se heurte malheureusement ici à une impossibilité de fait insurmontable L'exploitation des fermes nécessite en effet une quantité de travaux variés peu conciliables avec une étroite surveillance.

L'administration, toutefois, peut conjurer en partie le danger signalé, en exécutant à la lettre le décret de 1880. En accordant la faveur dont il s'agit aux seuls condamnés qui s'en seront rendus dignes « par leur travail et leur bonne conduite, » on n'aura guère à craindre que ceux-ci compromettent la situation avantageuse qui leur est faite en abusant de leur liberté. Le système de l'engagement sagement pratiqué pourra ainsi, sans nuire à la colonie, aider puissamment au reclassement des transportés.

Le travail accompli, sous la direction de colons libres constituera en effet pour les condamnés, tout à la fois une école de culture et un acheminement sûr à la liberté grâce à une transition qui se trouvera ainsi sagement ménagée.

A côté des engagements dont nous venons de parler

et qui méritent d'être encouragés, l'administration pénitentiaire a cru, dans ces dernières années, devoir, en Nouvelle-Calédonie, en établir de nouveau dans des conditions absolument différentes.

Dans la description sommaire que nous avons faite de cette colonie, nous avons énuméré les nombreuses richesses minières qu'elle renfermait.

De grandes compagnies se sont établies, dans ces dernier temps, pour les exploiter, et, grâce à quelques hautes personnalités qu'elles ont à leur tête, elles ont passé avec l'administration des contrats en vertu desquels de nombreux condamnés en cours de peine des différentes classes leur sont accordés, pour des périodes de 10 à 20 ans.

Les condamnés ainsi engagés, appartenant, pour la plupart, aux trois premières classes, de beaucoup les plus nombreuses, se trouvent distraits des travaux d'utilité publique qui, seuls, devraient les occuper.

Aussi, depuis quelque temps, les routes ne sont pas continuées, et Nouméa, qui comme nous l'avons vu, manque encore de quai, ne peut faire construire ni bassin à flot, ni cale de radoub, tout cela, parce que les transportés les plus actifs et les plus valides travaillent (à des prix qui défient toute concurrence, mais qui cependant enrichissent d'autant le budget sur ressources) pour le compte de deux ou trois grandes compagnies minières[1]. Les libérés pendant ce temps privés d'un travail qui leur conviendrait de tous points, en sont presque réduits à mourir de faim, ou à commettre de nouveaux crimes pour pouvoir vivre[2].

Transportés garçons de famille. — Pour compléter l'étude que nous venons de faire sur la condition des condamnés engagés chez les habitants, nous devons maintenant nous occuper d'une catégorie moins nombreuse de transportés, qui, sous le nom de *garçons de famille*, remplissent, auprès des fonctionnaires les services de domesticité.

Dès le début de la transportation, une mesure gracieuse de l'administration permit aux fonctionnaires d'avoir à domicile un ou plusieurs condamnés, uniquement employés aux soins journaliers de leur ménage. Quelqu'étrange que cela paraisse, les forçats domestiques ont, depuis cette décision, toujours été fort recherchés. En Guyane, aussi bien qu'en Nouvelle-Calédonie, le nombre des individus libres est trop restreint pour qu'on puisse songer à trouver parmi eux

---

1. Cette question des cessions de condamnés aux grandes compagnies préoccupe à tel point les esprits, qu'elle a servi de plate-forme électorale en octobre 1888, lors du choix d'un délégué au conseil supérieur des colonies.

2. « Deux cents libérés environ, dit la *Notice* de l'année 1885, ont été laissés subitement sans ouvrage et sans pain, en raison des réductions apportées par les mines et les hauts-fourneaux du *Nickel*, dans le contingent de leurs ouvriers, au commencement de 1885. »

les cuisiniers, garçons de chambre, jardiniers, dont
un ménage peut avoir besoin. Les libérés et les indigènes ne satisfont malheureusement à aucune des
conditions qu'exigent de tels emplois. Les premiers,
pour la plupart ivrognes et voleurs et d'une paresse devenue proverbiale, trouveraient dans les
soins à donner à un ménage de trop grandes facilités pour satisfaire leurs instincts pervers. Quant aux
indigènes, ils ne travaillent que d'une façon fort irrégulière, et seulement en vue de se procurer les objets
de première nécessité, après quoi, rompant leur
engagement, ils reprennent le plus souvent leur vie
nomade.

Dans ces conditions, il était tout naturel que les
fonctionnaires acceptâssent avec reconnaissance les
garçons de famille que l'administration voulait bien
leur accorder. Bien qu'il ne soit évidemment jamais
entré dans la pensée du législateur que les forçats envoyés dans les colonies pénitentiaires dûssent être
occupés à ratisser des jardins, à laver du linge, ou
bien encore à faire la cuisine, néanmoins, la nécessité
faisant loi, nous reconnaissons que la mesure prise
par l'administration et renfermée dans de sages limites, pouvait jusqu'à un certain point, se justifier.

Des abus, malheureusement, ne tardèrent pas à se
produire. En 1879, le nombre des *garçons de famille*
s'étant accru démesurément, le ministre de la marine

adressait au gouverneur de la Nouvelle-Calédonie une dépêche d'où nous extrayons le passage suivant : « Je suis informé qu'un nombre considérable de condamnés sont employés comme domestiques chez des particuliers et surtout chez les fonctionnaires militaires ou civils ; cet état de choses, contraire à l'esprit de la loi pénale, en affaiblit tellement l'action, que le sort fait aux transportés devient un objet d'envie pour les prisonniers retenus en France[1]. »

Ajoutons que les condamnés que l'administration mettait ainsi en domesticité, s'ils étaient les plus habiles, étaient aussi généralement les malfaiteurs les plus mauvais. La morale et la sécurité publique, n'avaient donc qu'à gagner à voir disparaître l'intimité forcée qui s'établissait ainsi, comme le constate le ministre, « entre des personnes libres et des gens souvent récemment flétris ».

Le décret du 18 juin 1880, en décidant que les habitants ne recevraient plus que des condamnés de première classe, obligea les gouverneurs de nos colonies pénitentiaires à réglementer à nouveau l'engagement des condamnés comme garçons de famille. Les autorisations d'employer des condamnés sont, aux termes de l'article 2, accordées par le directeur de l'administration pénitentiaire, et les garçons de famille, comme les engagés ordinaires, doivent être

____
1. Dépêche ministérielle du 4 juillet 1879, *Notices*, 1878-1879, p. 328.

pris exclusivement parmi les condamnés parvenus à la première classe.

Les transportés ainsi employés sont rétribués par les fonctionnaires, qui doivent payer pour chacun d'eux une somme mensuelle de 10 francs, à titre de salaire. La caisse de la transportation, qui touche cette somme, remet 6 francs au garçon de famille et inscrit le reste à son pécule. Les fonctionnaires doivent également rembourser à l'administration le montant de la valeur de la ration délivrée à l'engagé. L'arrêté qui établit ces différentes dispositions, fixe également le nombre de condamnés qui peut être accordé à chaque fonctionnaire ou agent, et décide, contrairement à ce qui avait lieu auparavant, « que les garçons de famille conduits chez les employeurs à 6 heures du matin rentreront, tous sans exception, au pénitencier à 5 heures du soir. » (art. 9.)

Aux termes de l'article 7, « l'engagé doit être, de la part de l'engagiste, l'objet d'une surveillance continue, et ce dernier doit informer l'administration de tout fait pouvant intéresser la discipline ».

Les condamnés de première catégorie, en vertu du 3e alinéa du décret du 18 juin 1880, peuvent aussi « être employés aux travaux des divers services publics comme chefs d'ateliers ou de chantiers. » Les condamnés ainsi employés reçoivent le titre de contre-maîtres et exercent une surveillance immédiate sur les corvées et les petits chantiers ; ils perçoivent un salaire qui atteint jusqu'à 0,40 centimes par jour.

Transportés concessionnaires. — Le législateur de 1854, désireux d'assurer aux transportés, au moment de leur libération, les ressources nécessaires à leur existence, a décidé, dans l'article 11 de la loi sur l'exécution de la peine des travaux forcés, « que des concessions de terres pourraient être accordées aux condamnés qui s'en rendraient dignes par leur travail et leur bonne conduite ».

L'administration pénitentiaire, pour se conformer à cette disposition, s'est, depuis longtemps, efforcée de faciliter aux transportés l'accès de la propriété foncière, tant en Guyane qu'en Nouvelle-Calédonie. Le décret du 18 juin 1880, qui autorise la mise en concession des condamnés de première classe, ne fait que confirmer un fait accompli et déjà réglementé par un décret antérieur du 31 août 1878.

L'étude de ce dernier décret, complétée par celle de la décision ministérielle du 16 février 1882, va nous permettre d'examiner, dans son ensemble, le régime des concessions.

L'article premier du décret du 31 août 1878 est ainsi conçu : « Dans les possessions françaises où des établissements sont affectés à l'exécution de la peine des travaux forcés, par application de la loi du 30 mai

1854, les gouverneurs peuvent accorder aux condamnés des deux sexes qui y sont transportés des concessions provisoires qui deviennent définitives, à l'expiration d'un délai de cinq années et après libération du condamné.

» Le temps écoulé depuis l'obtention de la concession jusqu'à l'expiration de la peine est compris dans ce délai de cinq années, sans toutefois pouvoir être compté pour plus de quatre années. »

L'article premier de la décision ministérielle du 16 février 1882 décide, de son côté, que les concessions accordées aux transportés sont rurales ou urbaines [1].

Nous allons successivement examiner ces deux sortes de concessions, en insistant surtout sur les premières, de beaucoup les plus importantes.

Des concessions rurales. — Le transporté qui reçoit un lot de terre de l'administration a droit en même temps à une ration de vivres pendant 30 mois et à une mise non renouvelable d'outils aratoires [2]. Ainsi pourvu et équipé, le concessionnaire est tenu de mettre en rapport la moitié du fonds de terre qu'il a reçu, après une période de 15 mois, et la totalité

---

1. L'article 2 de cette décision permet également aux libérés astreints à la résidence temporaire ou perpétuelle d'être nommés concessionnaires provisoires.

2. Art. 3 de la décision ministérielle du 16 février 1882.

BOUTINET 7

avant l'expiration de la période des allocations[1]. Il doit également, dans les vingt premiers mois, se construire une case d'après un plan accepté par l'administration. Il reçoit, de ce chef, une indemnité variant de 100 à 300 francs, selon la nature et l'importance de la construction[2].

Le condamné, ainsi assuré de l'habillement, de la nourriture et du logement, peut se livrer au genre de culture qui lui convient. « Une fois mis en concession, dit M. Nicomède, le transporté voit changer complètement son existence. Il a une maison, un chez soi, un *home* : il travaille pour son propre compte... il n'est plus de fait un condamné; il n'est plus qu'un paysan cloué de par la loi au sol colonial, mais, en somme, libre sur sa terre[3]. » Le condamné vit en effet sur sa concession tout à fait à sa guise : alors que tous les condamnés doivent avoir la figure rasée, il a le droit de porter la barbe, il s'habille suivant sa fantaisie et va et vient sur le pénitencier en toute liberté. Quelquefois même, en Nouvelle-Calédonie, les concessionnaires obtiennent de l'administration la permission de se rendre au chef-lieu pour traiter leurs affaires et vendre leurs produits. La distance du Maroni à Cayenne a empêché, jusqu'à au-

1. Art. 12 de la décision du 16 février 1882.
2. Art. 13 de la même décision.
3. Nicomède, *op. cit., p.* 182.

jourd'hui, l'administration d'accorder en Guyane semblable autorisation.

Les travaux de culture autorisant des déplacements fréquents, rendent du reste le contrôle des condamnés fort difficile. L'unique moyen de surveillance consiste dans un appel qui a lieu tous les 15 jours et auquel les condamnés sont tenus de répondre. Un tel régime, on le comprend aisément, est recherché par un assez grand nombre de condamnés, qui voient là un moyen facile de se soustraire à la discipline des pénitenciers et des camps. L'administration pénitentiaire qui fournit aux gouverneurs les notes qui doivent guider son choix, ne devrait lui signaler comme devant être mis en concession, que des individus de tous points recommandables par leur conduite et leur travail.

Il est en effet exact de reconnaître, avec le docteur Nicomède, que c'est de la sélection faite par l'administration dans la désignation des concessionnaires, que dépend en majeure partie l'avenir de la colonisation pénale. C'est sous l'empire de cette idée, que le législateur de 1854 a écrit le deuxième paragraphe de l'article 14 de la loi du 30 mai, ainsi conçu : « Des concessions de terrains, provisoires ou définitives, pourront être faites aux condamnés, *eu égard à la durée de la peine prononcée contre eux, à leur bonne conduite, à leur travail et à leur repentir.* » Nous devons cependant avouer que, sans être induits en erreur par les renseignements fournis par l'administration, les gouverneurs, obligés de se conformer aux avis contenus dans les dépêches qui leur arrivent du département, tiennent malheureusement peu de compte des intentions du législateur.

Les notices de l'année 1883 contiennent bon nombre de ces instructions, écrites par des hommes peu au courant des questions de colonisation et dont l'application devait jeter le trouble et le désarroi dans les centres pénitentiaires dont nous nous occupons. Dans la dépêche ministérielle du 24 janvier 1883, le ministre s'exprime ainsi : « Je ne saurais trop insister, M. le gouverneur, sur la nécessité de hâter la mise en concession des transportés parvenus à la première classe [1] ; » dans une autre dépêche, nous lisons : « La mise en concession des transportés qui remplissent les conditions exigées par le décret disciplinaire du 18 juin 1880, doit faire l'objet de tous vos efforts; c'est en facilitant l'essort de la colonisation pénale, que vous seconderez utilement les intentions du gouvernement qui s'impose les plus lourds sacrifices pour parvenir à ce but [2]. » L'application de pareilles idées donnait, au 1ᵉʳ juillet 1885, à Bourail, les résultats suivants : sur 446 concessionnaires, il y avait 284

1. *Notices,* année 1883, p. 416.
2. *Notices,* année 1883, p. 338.

transportés en cours de peine, c'est-à-dire plus de 3 sur 5, et, sur ces 284 condamnés, 55 l'étaient à perpétuité[1]. Les renseignements qui nous parviennent de Guyane nous permettent également d'affirmer qu'un certain nombre des concessionnaires de St-Laurent et de St-Maurice, au Maroni, sont des condamnés à perpétuité[2].

Le choix des condamnés mis en concessions qui se trouve ainsi en opposition flagrante avec l'esprit de la loi de 1854, en ce qui concerne la durée de la peine, ne lui est pas plus conforme relativement aux conditions de bonne conduite, de travail et de repentir qu'exige le paragraphe deux de l'article 14 *in fine*. Qu'un forçat soit l'objet de recommandations puissantes, qu'un personnage en vue s'intéresse à lui, ou bien encore qu'il ait servi quelque temps et avec zèle un fonctionnaire bien placé, il est mis en concession sans qu'on s'occupe de rechercher s'il a d'autres droits à bénéficier de cette faveur[3]. Ce ne sont malheureusement pas là de simples récriminations n'ayant qu'une portée juridique ; la violation de la loi trouve

----

1. Nicomède, *op. cit.*, p. 181.

2. Les notices fournissent des statistiques sur le nombre des concessionnaires établis sur chaque centre, mais elles n'indiquent pas la durée de la peine qui reste à subir.

3. La dépêche ministérielle du 21 juillet signale même le cas d'un condamné qui s'était mis en concession de sa propre autorité, *Notices* année 1884, p. 540.

sa sanction dans les mécomptes sans nombre qui résultent pour l'administration de mises en concessions non justifiées. Beaucoup de ces condamnés, créés du jour au lendemain cultivateurs, sont incapables de tirer un parti quelconque des terrains qu'on leur donne. Quelques-uns, possédant un certain avoir, gardent chez eux des domestiques et des hommes de peine, malgré l'article 2 du décret du 31 août 1878, qui leur impose l'obligation « de jouir par eux-mêmes et qui leur défend d'aliéner, d'hypothéquer ou de donner à ferme les terrains concédés[1] ». D'autres, et ils sont nombreux, qui, ont simplement voulu se soustraire à la discipline gênante des pénitenciers et aux travaux des camps, laissent leurs concessions en friche : « Paresseux, recéleurs, voleurs et plus encore, ils vivent de leur ration et de leurs vices, jusqu'à ce que l'administration se voie obligée de les renvoyer au bagne d'où ils n'auraient jamais dû sortir ».

Les concessions provisoires peuvent en effet, aux termes de l'article 3 du décret du 31 août 1878, être retirées « pour tout crime ou délit ayant entraîné des

---

1. Le département de la marine a, du reste, autorisé lui-même ce manquement au règlement : « Bien que l'art 10 de la décision de 1882 oblige les concessionnaires à jouir par eux-mêmes, il est évident, dit la dépêche ministérielle du 28 septembre 1882, qu'ils peuvent se faire aider dans leur exploitation par des personnes étrangères à leur famille, et je ne vois pas la nécessité de déterminer le nombre de ces ouvriers. » *Notices*, années 1882-1883, p. 381. Voy. aussi M. Nicomède, *op. cit.*, p. 185.

peines criminelles ou correctionnelles, pour évasion ou tentative d'évasion, pour inconduite, indiscipline ou défaut de mise en culture des terres concédées ».

Les décisions, ajoute le 2° § du même article, sont prises par le gouverneur en conseil privé, et il en est rendu compte au ministre.

Les notices de l'année 1884 contiennent à ce sujet plusieurs documents qui montrent le peu de succès résultant des mises en concessions hâtives faites par les gouverneurs : « Je donne mon approbation, dit le sous-secrétaire d'État des colonies dans une dépêche adressée au gouverneur de la Nouvelle-Calédonie, à la mesure que vous avez cru devoir prendre à l'égard du transporté A..., pour absence illégale, inconduite, défaut de mise en culture et condamnation correctionnelle. Je vous ferai toutefois observer que la conduite du nommé A... ne me paraissait pas autoriser sa mise en concession. Le rapport qui accompagne votre communication constate, en effet, qu'avant la mesure exceptionnellement bienveillante qui a été prise en faveur de cet individu, il avait encouru, durant un intervalle de 19 mois, 5 punitions graves[1]. »

La dépêche ministérielle du 15 juillet 1884, portant approbation des retraits de concession pronon-

____

1. *Notices*, année 1884, p. 332.

cés contre un certain nombre de transportés, constate également « que les mises en concession n'avaient pas été effectuées avec toute la prudence et le discernement désirables [1] ». L'administration, comme on le voit, se trouvait ainsi blâmée, en 1884, de s'être conformée aux instructions reçues en 1883.

Tous les concessionnaires ne doivent pas être assimilés à ceux que nous venons de signaler. Quelques-uns sont parvenus, tant en Guyane qu'en Nouvelle-Calédonie, à se procurer par leur travail des ressources qui leur permettent de vivre indépendamment de tout subside fourni par l'administration.

L'exploitation des terrains concédés étant laissée à l'initiative des condamnés, chacun cherche à retirer de sa terre le plus fort revenu possible. En Guyane, les concessionnaires de Saint-Maurice s'adonnent généralement à la culture de la canne à sucre. Une usine située près des concessions, et qui fonctionne sous la tutelle et la surveillance de l'administration pénitentiaire, qui lui fournit la main-d'œuvre, assure à leurs produits un débouché suffisant. La dernière notice publiée par le ministère de la marine évalue à 700 francs le revenu que chaque condamné peut ainsi retirer par an de la culture

---

1. *Notices*, année 1884, p. 333. Voy. aussi la dépêche ministérielle du 16 juillet 1884, p. 339.

des 2 hectares de terrains qui lui sont concédés[1].

Le grand nombre de condamnés qui, à la suite de la mesure de 1867, a été transporté en Nouvelle-Calédonie, a amené insensiblement l'administration à multiplier dans cette colonie les mises en concessions. C'est ainsi que la grande majorité des terres disponibles ayant été promptement cédée à Bourail, à Uaraï et à Canala, on créa successivement trois nouveaux centres : La Foa, en 1878, Koné-Ponembout et Ouegoa en 1883. Le nombre des concessionnaires répartis sur ces différents points dépasse, à l'heure actuelle, le chiffre de 1.500. Dans ce nombre, il y en a quelques-uns qui, par leur bonne conduite et leur travail, sont parvenus à se créer des situations, sinon brillantes, du moins aisées.

La culture du maïs, celle des haricots[2], les plantations de cannes à sucre et de caféiers[3] sont très productives pour ceux qui veulent s'y consacrer. L'administration pénitentiaire donne, en Calédonie comme en Guyane, les plus grands encouragements à la culture des cannes à sucre, qu'elle se charge de broyer dans son usine de Bacouya. Quant aux autres pro-

1. Le chiffre des concessionnaires ruraux au Maroni s'élevait, en décembre 1885, à 361, dont 114 libérés seulement. (*Notices* de l'année 1885, p. 38.)

2. On peut faire par an trois récoltes de maïs et quatre récoltes de haricots qui se vendent, en moyenne, le maïs, 9 francs et les haricots de 30 à 35 francs les 100 kilogrammes.

3. Le pied de caféier rapporte en moyenne un franc par an

duits des concessions, ils s'écoulent très facilement à
Nouméa, qui exporte même du maïs en Australie.

Quelques concessionnaires se sont livrés à l'élevage
et ont obtenu de bons résultats[1]. Plusieurs d'entre
eux figurent sur la liste des éleveurs qui, réunis en
syndicat, concourent à la fourniture administrative
pour la colonie entière. Quant aux chevaux, généralement de belle race, ils se vendent à des prix assez
élevés[2]. L'administration, désireuse du reste d'encourager ses concessionnaires, organise assez souvent des concours agricoles, où les produits les plus
remarquables de la culture et de l'élevage reçoivent
des primes importantes[3].

Malgré la fertilité du sol de nos colonies pénitentiaires, et les encouragements de toutes sortes que
l'administration prodigue aux condamnés, nous devons cependant avouer que l'exploitation des terrains

1. Le prix de la viande, malheureusement, qui, jusqu'en 1885 avait
été assez rémunérateur, a baissé de plus de moitié à la fin de 1888.
L'éleveur qui recevait autrefois 1 fr. 05 par kilogramme de viande
abattue ne reçoit plus aujourd'hui que 0 fr. 50. Beaucoup de concessionnaires se sont vus, par suite, dans l'obligation de se débarrasser
de leur bétail à des prix dérisoires (25 à 30 francs par tête de brebis).

2. Pour encourager l'industrie chevaline, l'administration organise
tous les ans sur l'hippodrome de Boghen, près Bourail, des courses de
chevaux qui ont toujours beaucoup de succès.

3. Voy. la *Notice* de l'année 1877, p. 122.

Au 31 décembre 1885, il y avait, en Nouvelle-Calédonie, 1.374 transportés concessionnaires dont 215 libérés seulement. Ces chiffres
comprennent à la fois les concessionnaires ruraux et urbains. *Notice*
de l'année 1885.

concédés présente, surtout au début, dè réelles difficultés [1].

Les travaux de défrichement et de drainage pratiqués dans les vallées calédoniennes et dans les terres
marécageuses du Maroni s'effectuent avec peine et
durent souvent quelques années. Aussi, la ration de
vivres allouée au condamné se trouve-t-elle épuisée
avant que celui-ci puisse subvenir à ses besoins ; l'administration alors, pour le maintenir sur sa concession, se voit forcée de lui faire de nouvelles allocations.

Concessions urbaines. — La décision ministérielle
du 16 janvier 1882 a établi, comme nous l'avons vu
précédemment, à côté des concessionnaires ruraux,
des concessionnaires urbains [2] qui, sous la surveillance de l'administration pénitentiaire, peuvent se livrer au commerce et à l'industrie. Nous retrouvons,
dans cette nouvelle catégorie de condamnés, la plupart de ceux que nous avons déjà vu occupés dans
les pénitenciers et qui ont dû successivement passer
dans les différentes classes établies par le décret du
18 juin 1880.

Les professions les plus diverses se trouvent ainsi

1. Voyez, à ce sujet, la *Notice* de l'année 1885, p. 52.
2. L'art. 6 de la décision du 16 janvier 1882 est ainsi conçu : « Chaque concession urbaine comprend l'espace nécessaire pour une maison d'habitation et son jardin. »

représentées[1] ; serruriers, menuisiers, charrons, tailleurs, cordonniers, etc., etc., vont maintenant pouvoir travailler à leur propre compte pour l'administration, les indigènes ou les colons.

En Guyane, les concessionnaires urbains, qui étaient au nombre de 80, en 1885, sont établis à Saint-Laurent du Maroni. Indépendamment de ceux qui s'adonnent aux diverses professions que nous venons d'énumérer, quelques autres se livrent au commerce et vendent aux ouvriers des placers et aux Indiens les marchandises qu'ils font venir de Cayenne. Certains d'entre eux ont ainsi acquis des fortunes qui varient de 10.000 à 50.000 francs, mais ce sont là de rares exceptions. De l'aveu des *Notices*, les concessionnaires ruraux occupent, au Maroni, une situation plus aisée que celle des concessionnaires urbains[2].

Les commerçants et industriels de la transportation établis en Nouvelle-Calédonie sont beaucoup plus nombreux que ceux de la Guyane. Bourail, à lui seul, en comptait 103 à la fin de l'année 1885. Ici encore, les différents métiers sont représentés ; quand aux commerçants établis dans les différents centres, ils vendent leurs denrées aux habitants de la région.

1. Bourail, particulièrement favorisé, possède de cette façon un vétérinaire, un photographe, des bijoutiers et des coiffeurs.

2. *Notices*, année 1884, p. 36, et année 1885, p. 38.

Le docteur Nicomède, à qui nous empruntons ces détails, regrette qu'on ait laissé s'établir à Bourail un trop grand nombre de débits et de cabarets qui aident encore à la démoralisation déjà bien grande des condamnés, et il conclut : « Le village de Bourail, comme centre de concessionnaires urbains, était inutile ; de même qu'il y a dans les concessions rurales des forgerons et des maréchaux-ferrants, il fallait répartir à la campagne les charpentiers, les maçons, et laisser au pénitencier les bijoutiers, coiffeurs et autres, tous ces gens qui font parade d'une profession pour cacher leur véritable métier de recéleur ou de proxénète [1]. »

Le groupement, dans une même localité, de condamnés industriels et commerçants, est en effet préjudiciable au reclassement des transportés. En Guyane et en Calédonie, il y a parmi les concessionnaires urbains, à côté de commerçants sérieux et actifs et d'artisans habiles et consciencieux, des condamnés qui n'ont sollicité leur mise en concession que pour se soustraire à toute discipline et à tout travail. La réunion de ces deux éléments, loin d'être utile à l'œuvre de la colonisation, ne peut que lui nuire considérablement.

REMISES DE DÉCHÉANCES FAITES AUX CONDAMNÉS

Le législateur, en permettant au gouvernement d'accorder des concessions de terres aux transpor-

1. Nicomède, *loc. cit.*, p. 186.

tés, doit, par suite, l'autoriser à faire remise aux condamnés de tout ou partie des déchéances que leur peine principale leur faisait encourir.

C'est ainsi que l'article 12 de la loi du 30 mai 1834 et l'article 4 de la loi du 31 mai de la même année, permettent à l'administration de rendre aux condamnés, même à une peine perpétuelle, l'exercice de tout ou partie des droits dont l'interdiction légale les a privés [1]. L'article 11 du décret du 31 août 1878, qui s'appuie sur ces dispositions, est venu permettre au transporté non libéré de faire tous les actes nécessaires à l'administration, à l'exploitation et à la jouissance des biens concédés et à ester en justice pour ces différents actes. Cette mesure, qui n'est en somme que la conséquence du mode d'exécution de la peine des travaux forcés, n'est toutefois pas la seule qu'ait prise l'administration, à l'égard des transportés.

Le décret du 26 mars 1886 qui permet aux condamnés de se marier, et le 2ᵉ alinéa de l'article 11 du décret de 1878 qui, sous certaines conditions, les autorise à tester [2], en faisant disparaître, en partie,

---

1. Ces articles prennent soin de dire que les actes faits par les condamnés dans la colonie, jusqu'à leur libération, ne pourront engager les biens qu'ils possédaient au jour de leur condamnation ou ceux qui leur seront échus à titre gratuit depuis cette époque.

2. Voy. ce que nous disons à ce sujet au chapitre, *De l'organisation de la famille des transportés.*

l'intérêt pratique d'une question encore aujour-
.d'hui controversée, ont également restreint la portée
des déchéances découlant de la peine des travaux
·forcés.

D'autre part, l'article 4 de la loi du 31 mai 1854
autorise le gouvernement à affranchir le condamné
aux travaux forcés à perpétuité de la double incapacité
de disposer et de recevoir dont il est frappé. L'effet
de la remise gracieuse, dont il pourra être l'objet
à cet égard, se produira d'ailleurs non seulement
dans le lieu de la colonie, mais aussi en France :
c'est même surtout pour remédier aux conséquences fâcheuses qui peuvent résulter pour les cohéritiers ou pour les enfants du condamné de la
double incapacité qui l'atteint, que l'administration
sera disposée à user du droit qui lui est réservé.

C'est une question délicate, que celle de savoir si
les remises gracieuses, qui ont pu être consenties par
le gouvernement, des droits enlevés aux condamnés,
peuvent être plus tard rétractées. Nous pensons que,
sous réserve des droits acquis par suite des actes faits
sous l'empire des permissions accordées, le gouvernement peut, si le condamné se montre indigne, le
replacer dans l'état d'incapacité complète d'où il l'a-
vait tiré. Il ne s'agit pas là d'une mesure définitive,
comme la grâce ordinaire et la réhabilitation, il s'agit

d'une restitution subordonnée au bon vouloir de l'administration, restitution qui a un caractère essentiellement provisoire, comme toutes les mesures administratives[1].

1. *Contra*, Garraud t. I, n° 346.

CHAPITRE III

DE LA CONDITION DES TRANSPORTÉS LIBÉRÉS AU POINT
DE VUE DE L'OBLIGATION DE RÉSIDENCE ET DE L'INTER-
DICTION DE SÉJOUR

Après avoir examiné la condition du transporté
dans les différentes classes établies par le décret de
1880, nous devons maintenant rechercher la situation
qui lui est faite au moment de sa libération.

L'article 6 de la loi du 30 mai 1854 relatif aux libérés est ainsi conçu : « Tout individu condamné à
moins de huit ans de travaux forcés sera tenu, à
l'expiration de sa peine, de résider dans la colonie
pendant un temps égal à la durée de sa condamnation. Si la peine est de huit années, il sera tenu
d'y résider pendant toute sa vie. »

L'administration, pour se conformer à la disposition qui précède, a divisé les libérés en deux sections, plaçant dans la première ceux qui sont astreints à la résidence, et dans la seconde ceux qui,

étant restés dans la colonie un temps égal à celui de leur condamnation [1], peuvent désormais revenir en France, si leur fortune le leur permet [2].

La réunion de ces deux sections forme, comme nous l'avons vu plus haut, la quatrième catégorie des *condamnés* qui subissent leur *peine* aux colonies.

La question des libérés, que nous allons traiter, intéresse au plus haut point l'avenir de nos colonies pénitentiaires : « Au point de vue colonial, dit M. Nouët, la libération est la grosse conséquence de la loi de 1854. Les condamnés en cours de peine peuvent être rendus inoffensifs pour l'élément libre, c'est une question de discipline. Bien conduite et judicieusement employée, la main-d'œuvre pénale peut construire des canaux, des routes, accomplir des travaux d'utilité publique et concourir au développement économique du pays auquel elle est affectée. On doit donc considérer la loi de 1854, relativement surtout au contingent libéré qu'elle produit annuellement, et qui s'accroît dans des proportions inquiétantes [3]. »

Pour donner à l'étude de la libération les dévelop-

----

1. C'est là ce qu'on appelle le *doublage*, en Guyane et en Nouvelle-Calédonie.

2. Le rapatriement gratuit des libérés n'a lieu que dans des circonstances exceptionnelles.

3. Rapport sur l'application de la loi du 30 mai 1854. (Voy. *l'Avenir de la Nouvelle-Calédonie* du 7 août 1888).

pements que comporte son importance, nous nous placerons successivement à deux points de vue : dans le présent chapitre, après avoir défini le caractère de l'obligation de résidence, nous examinerons les différents modes de surveillance auxquels les libérés ont été astreints tant en Guyane qu'en Nouvelle-Calédonie ; dans le suivant, nous étudierons la réglementation des travaux auxquels ils ont été occupés, nous verrons la situation qui leur est actuellement faite, et nous terminerons en indiquant les modifications qui nous paraissent devoir être apportées au régime des concessions.

DE L'OBLIGATION DE RÉSIDENCE

Le procureur de la République de Nouméa, chef du service judiciaire de la Nouvelle-Calédonie, s'exprime ainsi, au sujet de l'obligation de résidence imposée aux libérés, par l'article 6 de la loi du 30 mai 1854 : « La résidence obligatoire fait-elle partie de la peine principale ou n'est-elle qu'une peine accessoire ? J'ignore si, dans la colonie, on est bien fixé à cet égard. Il serait pourtant utile de le savoir, au point de vue de l'application des lois sur l'interdiction légale, la surveillance de la haute police, etc..[1]. »

Aucune disposition de la loi de 1854 ne définit, en

_____
1. Paul Cordeil, *op. cit.*, p. 122.

effet, la nature de l'obligation de résidence imposée
aux libérés. Les travaux préparatoires ne nous fournissent pas non plus, à ce sujet, de renseignements
bien précis. Le rapporteur de la loi, parlant de cette
obligation de séjour, fait simplement remarquer que
c'est là « une disposition véritablement nouvelle, sans
précédent dans notre législation et sans exemple dans
les législations étrangères, » et il ajoute : « La peine
des travaux forcés se trouve ainsi ramenée à une
transportation au-delà des mers et à une relégation
habituellement perpétuelle dans le lieu où la transportation s'est opérée. La peine nouvelle est une
peine mixte, qui, sans perdre le caractère primitif des
travaux forcés, tient à la fois de la déportation française et de la transportation britannique [1]. »

A prendre à la lettre ces explications, il en résul-
terait que le libéré serait un condamné qui subirait
une peine d'un nouveau genre. Affranchi, par suite,
de la surveillance de la haute police, qui ne commence qu'à l'expiration de la peine, il resterait soumis au régime de l'interdiction légale, qui ne prend
fin qu'avec l'expiration totale du châtiment.

Plusieurs raisons nous permettent heureusement
d'affirmer que ce n'est pas là le système de la loi.
L'article 12 de la loi de 1854 tout d'abord, après avoir
dit que le gouvernement peut accorder aux condamnés

1. Dalloz, *Lois annotées*, 1854, p. 93.

aux travaux forcés à temps, l'exercice, dans la colonie, des droits civils, ou de quelques-uns de ces droits dont ils sont privés par leur état d'interdiction légale, ajoute : « Les actes faits dans la colonie *jusqu'à leur libération* ne peuvent engager les biens qu'ils possédaient au jour de leur condamnation. » Ce dernier membre de phrase indique bien que le transporté, à l'expiration de la peine des travaux forcés, recouvre le plein exercice de ses droits civils et peut, par suite, tout à la fois administrer directement ou indirectement les biens qu'il peut avoir en France et dans la colonie. La distinction des libérés et des condamnés en cours de peine, au point de vue de l'interdiction légale, est donc manifeste.

Le gouvernement, de son côté, en rendant applicables aux libérés de Guyane et de Nouvelle-Calédonie, d'abord le décret de 1851, puis les lois de 1874 et de 1885, sur la surveillance de la haute police et l'interdiction de séjour, a bien montré par là qu'il ne considérait pas l'obligation de résidence comme faisant intégralement partie de la peine principale de la transportation.

Pour nous, nous pensons aussi que l'obligation créée par l'article 6 et qui vient ainsi s'ajouter à la peine des travaux forcés est déjà assez rigoureuse pour qu'on ne cherche pas, en la faisant rentrer dans la peine principale, à augmenter encore sa gravité. Du reste, toutes les fois que le législateur a créé une peine, il s'en est formellement expliqué. Le vieil adage « *nulla pœna sine lege* » exige que nous donnions à l'article 6 une interprétation favorable au condamné, et nous pouvons ajouter que les termes de cet article justifient notre manière de voir. En disant que tout individu condamné à moins de huit années de travaux forcés sera tenu, à l'*expiration de sa peine*, de résider..., le législateur de 1854 a montré clairement que c'est bien après la peine principale subie que commence l'obligation de résidence.

Certains auteurs voulant attacher cependant un certain caractère de pénalité à l'obligation de résidence, estiment que l'article 6 de la loi de 1854 a eu pour résultat d'ajouter une peine accessoire légale à la peine principale judiciaire.

Si l'on veut savoir au juste en quoi consiste la nature de l'obligation créée par l'article 6, nous répondrons, avec le garde des sceaux de 1861 : « Cette résidence n'est ni une peine, ni même l'accessoire d'une peine, mais une mesure *sui generis*, prise dans l'intérêt du condamné, aussi bien que dans celui de la sécurité publique, qui a pour but de faire du libéré un colon et de lui donner les moyens de se créer, dans sa nouvelle patrie, des intérêts de famille et de propriété. C'est là une mesure d'ordre et de surveillance et non une peine, dans le sens légal du mot[1]. » On peut dire, en effet, pour justifier la disposition de l'article 6, que la loi de 1854, après avoir réglé le régime nouveau auquel devaient être désormais soumis les condamnés aux travaux forcés, a pris, vis à vis des libérés, une « *mesure d'autorité* » qui puise sa légalité dans la source même dont elle émane[2].

Au surplus l'intérêt pratique de la question ne se présente guère que sur le point de savoir si l'obligation de résidence est ou non une *peine principale*. Cet intérêt pratique qui s'est déjà révélé, au sujet des peines accessoires de la transportation, existe également, comme nous allons le voir, au point de vue du régime auquel les libérés peuvent être soumis, sous le double rapport de la surveillance et du travail. L'idée de l'obligation de résidence affranchie de tout caractère de peine rendra enfin facile l'étude à laquelle nous devrons nous livrer sur la compétence des uridictions.

DE LA SURVEILLANCE DE LA HAUTE POLICE

M. Léveillé, parlant des dangers que les libérés font courir à nos colonies pénitentiaires, s'exprime ainsi, relativement aux mesures de surveillance prises à leur égard. « Le gouverneur de la Guyane, se fondant sur les droits de haute police, qui ne lui avaient pas encore

1. *Notices*, 1884, p. 173 ; — Voyez aussi *Notices*, 1885, p. 283.
2. Voyez, à ce sujet, le rapport qui précède le décret du 13 janvier 1888.

été enlevés, interdit aux libérés le séjour de Cayenne.
Le gouverneur de Calédonie va plus loin, parce qu'il
a besoin d'aller plus loin ; il est aux prises avec un
contingent plus nombreux de libérés, et surtout avec
un contingent qui s'accroît plus vite, puisque, depuis 1867, tous les forçats de race blanche sont dirigés
sur Nouméa ; aussi ne se contente-t-il pas de l'interdiction de certains séjours ; avec une audace d'interprétation toute militaire, il substitue à l'obligation de
résidence, que la loi de 1854 n'avait qu'énoncée,
la surveillance, telle que l'a réglée la dernière loi
de 1874. . . . .

« Je n'examine pas si ces arrêtés étaient d'une cor-
rection parfaite ; je n'examine pas davantage s'ils
étaient harmoniques entre eux, je laisse délibérément
de côté la question de droit[1]. »

Cette question, nous devons la résoudre, pour satisfaire au plan que nous nous sommes tracé ; son
étude nous montrera quelle est actuellement l'insuf-
fisance des moyens de répression dont dispose l'administration vis-à-vis des libérés.

Dans l'exposé sommaire que nous avons fait de
l'administration intérieure de la Guyane et de la
Nouvelle-Calédonie, nous avons vu que ces deux colonies sont, en vertu de l'article 18 du S.-C. du 3 mai
1854, soumises au régime des décrets. Le gouverne-

1. Le *Temps* du 28 septembre 1884.

ment de la métropole, en rendant exécutoires dans nos deux colonies pénitentiaires les lois et règlements concernant d'abord la haute police et plus tard l'interdiction de séjour, n'a donc fait qu'user d'un droit que personne n'a jamais songé à lui contester. Ajoutons, du reste, qu'il n'en pouvait être différemment.

La loi de 1854, combinée tout d'abord avec le décret de 1851 et plus tard avec les lois de 1874 et de 1885, lui faisait un devoir de procéder ainsi. Le législateur qui, d'un côté, décidait que les condamnés aux travaux forcés, à moins de huit ans, devaient rester dans la colonie, après leur libération, un temps égal à celui de leur condamnation, et les autres ne jamais en revenir, et qui, d'un autre côté, soumettait d'abord obligatoirement, ensuite facultativement tous les transportés à la surveillance de la haute police, n'avait raisonnablement pas pu penser que ce dernier châtiment s'appliquerait seulement aux quelques libérés à qui leurs ressources ou les bienveillances de l'administration permettraient de revenir en France.

La surveillance de la haute police, ainsi admise en Guyane et en Calédonie devait, en vertu du caractère que nous avons précédemment reconnu à l'obligation de résidence, frapper tout à la fois les libérés astreints à résider dans la colonie et ceux qui y restaient sans y être contraints. On ne peut donc reprocher aux gouverneurs d'avoir compris, dans leurs arrêtés relatifs à la matière qui nous occupe, les libérés de la première et de la seconde section conformément aux dispositions législatives que nous avons citées plus haut [1].

L'étude rétrospective que nous allons faire sur l'application de la surveillance de la haute police, tant en Guyane qu'en Nouvelle-Calédonie, va nous permettre d'examiner la légalité des arrêtés dont nous parlons.

La surveillance de la haute police à laquelle étaient autrefois soumis pendant toute leur vie les libérés des travaux forcés [2], consistait dans l'internement du condamné à l'expiration de sa peine dans un lieu déterminé. Cette institution, après avoir subi dans sa réglementation des modifications en 1832, 1851, 1870 et en dernier lieu en 1874, a finalement disparu en 1885 remplacée par la loi sur l'interdiction de séjour.

Application à la Guyane du décret de 1851. — La transportation n'ayant commencé qu'en 1852, nous laisserons de côté les régimes de surveillance établis en 1810 et en 1832, et nous parlerons tout d'abord du système organisé par le décret du 8 décembre 1851.

---

1. Si l'on admet que l'obligation de résidence fait partie intégrante de la peine principale des travaux forcés, on est amené à dire que la surveillance de la haute police n'aurait dû frapper dans les colonies pénitentiaires que les condamnés qui y restaient après avoir « *doublé* » eur condamnation.

2. Art. 47, C. P.

Le décret dictatorial du 8 décembre 1851 rétablit
en l'aggravant le système adopté par le Code pénal de
1810.

« L'effet du renvoi sous la surveillance de la haute
police, disait l'article 3, sera à l'avenir de donner au
gouvernement le droit de déterminer le lieu dans
lequel le condamné devra résider après qu'il aura
subi sa peine. » Les interdictions de séjour qui existaient sous le régime de 1832 se trouvaient par là
même supprimées.

Le premier règlement concernant le régime des
transportés libérés fut rendu, en Guyane, le 16 décembre 1852[1]. Le gouverneur organise, dans ce règlement, la surveillance de la haute police, conformément au décret du 8 décembre 1851. Désireux
d'assurer du travail aux transportés libérés, suivant
la profession de chacun d'eux, il décide que les libérés employés par les habitants en vertu d'actes d'engagement légalement contractés, seront internés
dans les localités où leurs engagistes auront leur domicile. Quant aux ouvriers d'art, le gouverneur, prévoyant que quelques-uns d'entre eux ne pourront
exercer leur profession qu'à Cayenne, permet, dans
des cas exceptionnels, l'internement au chef-lieu de
certains transportés de quatrième catégorie. Enfin,
l'article 25 du règlement, relatif aux libérés qui sont

1. *Notices*, années 1868-1869-1870, p. 139.

en mesure de s'établir, soit au moyen de leur pécule, soit grâce à des ressources venues de France, décide qu' « ils seront internés dans la localité où ils demanderont à exercer leur industrie ou sur la concession particulière de terrain qui pourra leur être faite, en vertu de l'article 13 de la loi du 30 mai 1854. » En arrivant dans la localité qui leur était désignée, les libérés devaient faire viser leur livret par l'autorité compétente ; pareille formalité devait également se renouveler tous les trois mois. Cette dernière disposition du règlement que nous étudions trouvait sa justification dans le deuxième alinéa de l'article 3 du décret de 1851, aux termes duquel « l'administration devait déterminer les formalités propres à constater la présence continue du condamné dans le lieu de sa résidence ».

La surveillance de la haute police fonctionna ainsi en Guyane comme en France, grâce au règlement du 16 décembre 1852, conforme de tout point aux dispositions du décret de 1851.

Application de la surveillance de la haute police en Nouvelle-Calédonie. — En Nouvelle-Calédonie, la transportation n'ayant commencé qu'en 1863, la première mesure concernant les libérés ne fut prise qu'en 1872. Le minimum de la peine des travaux forcés étant fixée à cinq années, et la plus grande partie des transportés ayant été dirigés jusqu'en 1867 sur la Guyane, on comprend aisément que l'administration n'ait pas eu, avant cette époque, à se préoccuper de la question.

L'arrêté du 5 janvier 1872[1], relatif à la libération des condamnés en Nouvelle-Calédonie, ne s'appuie sur aucun texte législatif et repose uniquement sur des considérations de fait. Ajoutons de suite qu'il ne pouvait en être autrement. Le décret du 24 octobre 1870, qui abolissait celui de 1851, en décidant, dans son article 2, que « l'effet du renvoi sous la surveillance de la haute police serait ultérieurement fixé », avait fait naître une difficulté qui n'avait pas encore été tranchée. On se demandait si toute surveillance avait disparu en attendant le règlement annoncé, ou bien si on devait regarder les libérés comme étant soumis au régime de surveillance antérieur au décret de 1851, c'est-à-dire à celui établi par la loi de 1832. Les arrêts qui consacrent cette dernière jurisprudence[2] étant postérieurs à l'arrêté dont nous nous occupons, on s'explique l'embarras dans lequel se trouvait le gouverneur de la Nouvelle-Calédonie, qui ne pouvait cependant surseoir à une mesure que la nécessité du moment exigeait. « Considérant la nécessité de prendre des mesures efficaces contre le vaga-

1. *Notices*, années 1871-1875, p. 291,
2. Pau, 31 janvier 1872 (D. 73, 2, 69) ; — Dijon, 3 juillet 1872 (D. 7?, 2. 180).

bondage des condamnés libérés qui, en raison de leur conduite et de leur fainéantise, ne veulent pas trouver des ressources suffisantes pour leur entretien dans le travail libre du pays ou sur les établissements pénitentiaires », l'arrêté du 5 janvier 1872 décidait que tout libéré serait placé dans un dépôt d'où il ne pourrait sortir qu'avec une permission et seulement pour chercher du travail. Aux termes de l'article 11, le gouverneur pouvait également, « sur le rapport du directeur du service pénitentiaire, envoyer dans des dépôts spéciaux les libérés qui lui étaient signalés pour leur inconduite et leur fainéantise. »

L'arrêté du 28 décembre 1875, qui complète celui du 5 janvier 1872, s'appuie exclusivement sur des dépêches ministérielles et sur le décret du 2 décembre 1874, concernant le gouvernement de la Nouvelle-Calédonie [1]. L'article 5 de cet arrêté, statuant sur la condition des libérés qui avaient réussi à se procurer du travail ou qui avaient obtenu une concession, décide « qu'ils ne pourront se mouvoir que dans un rayon de 4 kilomètres de leur résidence ou de celle de leur engagiste ». L'article 8, de son côté, oblige les libérés placés dans les différents pénitenciers à se munir d'une autorisation spéciale pour venir à Nouméa.

1. La loi du 23 janvier 1874 n'avait pas encore été rendue exécutoire en Nouvelle-Calédonie.

Ces dernières mesures, prises conformément à la loi de 1832, montrent que le gouverneur de la Nouvelle-Calédonie était soucieux de suivre, dans l'organisation de la surveillance de la haute police, la jurisprudence qui avait triomphé en France, à la suite du décret du 24 octobre 1870.

Quant à l'arrêté du 5 janvier 1872, qui substituait à la surveillance de la haute police l'internement dans les pénitenciers pour les libérés sans travail, la nécessité impérieuse du moment peut seule, à défaut de texte, le justifier. Le tableau alarmant que l'amiral de Pritzbuer, alors gouverneur de la Nouvelle-Calédonie, nous a fait de la libération à cette époque, nous oblige à reconnaître que l'administration, désarmée par le décret de 1870, devait cependant, dans l'intérêt de la colonie, édicter des règlements rigoureux capables de mettre obstacle aux vols et aux crimes de plus en plus nombreux commis par les libérés.

Les notices qui rendent compte de la transportation en Guyane, de 1870 à 1876, ne contenant aucun arrêté nouveau réglant la condition des libérés, dans la colonie, nous en concluons que, pendant la période d'incertitude créée par le décret de 1870 et jusqu'au fonctionnement normal de la loi du 23 janvier 1874, l'arrêté du 16 novembre 1859 dont nous avons précédemment parlé resta en vigueur.

Critique faite à la surveillance de la haute police ;

avantages du décret de 1851. — Avant d'étudier la loi de 1874 et de constater les changements qu'elle apporta à la condition des libérés en Guyane et en Nouvelle-Calédonie, nous devons parler d'une critique qui a été faite à la surveillance de la haute police, et qui, selon nous, paraît moins fondée au point de vue de nos colonies pénitentiaires qu'à celui de la métropole. Les adversaires de l'institution dont nous parlons ont toujours prétendu que le régime auquel elle soumettait le libéré, impuissant à prévenir ses nouveaux délits, n'avait pour effet que de l'empêcher de se procurer du travail. C'est là, nous devons l'avouer, ce qui arrivait généralement en France, où les formalités maladroites qui réglementaient la surveillance de la haute police, nuisaient au reclassement du libéré, en révélant son ancienne condition.

En Guyane et en Nouvelle-Calédonie, la faible densité de la population, soit au chef-lieu, soit dans les principaux centres de colonisation, ne permet guère aux libérés de noyer leur personnalité au milieu de l'élément libre de la colonie. Ceux qui les emploient connaissent leur origine et prennent des mesures en conséquence. Dans des régions où la population d'origine pénale atteint et dépasse même celui de l'immigration libre, et où la police est forcément restreinte, on comprend d'ailleurs facilement que la libération se produit dans des conditions toutes différentes de celles qui existent en France. Aussi, les mesures prises en Guyane, conformément au décret de 1851, étaient, suivant nous, seules capables de répondre à une situation qui, vu le nombre toujours croissant des transportés, ira toujours s'aggravant. La loi de 1854, en décidant que les condamnés aux travaux forcés, envoyés en Guyane ou en Nouvelle-Calédonie, devaient être astreints à y résider à l'expiration de leur peine, se reposait du reste sur le fonctionnement de la surveillance de la haute police, telle qu'elle existait alors, pour assurer l'ordre et la sécurité dans la colonie. Sous ce régime, l'administration qui pouvait légalement choisir le lieu d'internement, et qui, comme nous l'avons vu, n'arrêtait son choix qu'après l'engagement du libéré ou son établissement sur une concession, parait ainsi à toute nécessité.

Si un tel ordre de choses eut subsisté, nos colonies pénitentiaires auraient pu éviter la situation précaire que leur crée aujourd'hui la présence d'un grand nombre de libérés disséminés un peu partout sur leur territoire. La concentration, dans certaines régions déterminées de la population pénale, qui, vu le petit nombre des habitants de la Guyane et de la Calédonie, nous paraît être la seule solution possible du problème de la libération, pouvait, en effet, se réaliser, sous le régime du décret de 1851.

En Guyane, la région du Maroni, fixée par le décret du 30 mai 1860, pour servir de territoire pénitentiaire, était assez vaste pour contenir à la fois, dans des endroits différents, des condamnés en cours de peine et des libérés.

En Nouvelle-Calédonie, une répartition plus intelligente et surtout plus restreinte des terres entre les colons libres, dès le début, eut permis de ménager des réserves pénitentiaires analogues aux réserves canaques, et la transportation eut ainsi pu continuer pendant longtemps, restant utile à la colonie, et ne lui faisant courir aucun danger.

Quoi qu'il en soit de ces considérations rétrospectives, la loi de 1874, et, après elle, celle de 1885, en augmentant la liberté des libérés, en même temps que croissait leur nombre, ont créé dans nos colonies pénitentiaires, une situation déplorable, dont le danger va s'augmentant de jour en jour.

LOI DU 23 JANVIER 1874 SUR LA SURVEILLANCE DE LA HAUTE POLICE

La loi de 1874 sur la surveillance de la haute police permet au libéré de choisir sa résidence, à la condition de déclarer, quinze jours avant l'expiration de sa peine, le lieu où il veut s'établir, en tenant compte des interdictions de séjour fixées par le gouvernement.

Contrairement à ce qui avait lieu en 1832, le condamné libéré ne peut quitter sa résidence avant l'expiration d'un délai de six mois et sans l'autorisation du ministre de l'intérieur [1].

La loi nouvelle qui modifie ainsi l'application de la surveillance de la haute police, en change également la nature et la durée ; d'une peine accessoire perpétuelle, elle en fait une peine temporaire et facultative.

L'article 46 du Code pénal, d'après la rédaction nouvelle, est ainsi conçu : « En aucun cas, la durée de la surveillance ne pourra excéder vingt années. — Les coupables condamnés aux travaux forcés à temps... seront de plein droit, après qu'ils auront subi leur peine, et pendant vingt années, sous la surveillance de la haute police. Néanmoins, l'arrêt ou le jugement de condamnation pourra réduire la durée de la surveillance, et même déclarer que les condamnés n'y seront pas soumis. — Tout condamné à des peines perpétuelles qui obtiendra commutation ou remise de sa peine, sera, s'il n'en est autrement disposé par la décision gracieuse, de plein droit sous la surveillance de la haute police, pendant vingt ans. »

Comme on le voit par cet article, le juge était toujours maître de mettre ou non en surveillance le li-

____

1. Le directeur de l'intérieur dans les colonies qui a, parmi ses attributions, celles qui relèvent en France de la direction de la sûreté générale, est seul chargé de fournir l'autorisation dont il s'agit.

béré des travaux forcés. La latitude qu'il avait à cet égard venait corriger ce qu'avait de fâcheux l'ancien article 47 du C. P. qui, sans établir aucune distinction, soumettait tous les transportés à la surveillance de la haute police.

La loi de 1874 ainsi connue dans ses principales dispositions, il nous reste à voir l'application qui en fut faite tant en Guyane qu'en Nouvelle-Calédonie.

Un arrêté du 12 août 1876 [1] interdit, dans la première de ces colonies, le séjour du chef-lieu aux libérés. « Attendu, que si, aux termes de l'article 44 de la loi du 23 juillet 1874, l'administration n'a pas le droit de déterminer le point que doit habiter le libéré, elle est autorisée à lui interdire cependant tel ou tel centre de population; attendu, en outre, que si, aux termes du même article 44, le condamné dûment mis en demeure n'a pas déclaré, au moins 15 jours avant sa mise en liberté, le lieu où il veut fixer sa résidence, le gouvernement la fixera pour lui..... « provisoirement le séjour de la ville et de la banlieue de Cayenne est interdit aux libérés (transportés de 4e catégorie, 1re section) de toute provenance [2]. »

---

1. *Notices*, année 1876, p. 93.

2. L'art. 3 de cet arrêté est ainsi conçu : « Les condamnés, arrivés au terme de leur peine, seront mis en demeure de faire connaître le quartier de la colonie où ils veulent fixer leur résidence, à l'exclusion du chef-lieu, — à défaut de cette déclaration, l'administration le fixera, conformément à la loi. »

Le gouvernenr de la Guyane, en interdisant le séjour du chef-lieu à tous les libérés astreints à la résidence, qu'ils fussent ou non soumis à la surveillance de la haute police, commettait, nous devons l'avouer, une flagrante illégalité. Le désir qu'il avait de protéger la ville contre les dangers que n'auraient pas manqué de lui faire courir l'agglomération d'un grand nombre de libérés pouvait cependant excuser la mesure qu'il prenait.

Le gouverneur de la Nouvelle-Calédonie ayant, comme le gouverneur de la Guyane, à régler le sort des libérés, d'après la législation nouvelle, commença d'abord par limiter le nombre de ceux qui pourraient se rendre au chef-lieu [1]. Puis, le 2 avril 1878, s'inspirant du besoin de sécurité de la colonie plutôt que des dispositions de la loi de 1874 (auxquelles cependant il fait allusion), il décida que les libérés, sans moyens d'existence, resteraient provisoirement au dépôt de l'île Nou.

Les considérations de fait invoquées à l'appui de cette mesure, rendent compte des dangers que la libération faisait courir à ce moment à la Nouvelle-Calédonie [2].

Un nouvel arrêté, du 2 juillet 1880, fixant de nou-

1. Ordre du 27 avril 1877, *Notices*, année 1877, p. 108.
2. « Vu le nombre toujours croissant des libérés ;

» Vu la situation critique de la colonie qui ne permet pas à un grand nombre d'entre eux de trouver des moyens d'existence ;

veau le régime des libérés, supprima la mesure de rigueur prise en 1878, mais créa en même temps aux libérés astreints à la résidence, et dispensés de la surveillance de la haute police, une situation spéciale que nous devons examiner.

L'article 3 de cet arrêté était ainsi conçu : « Les condamnés doivent, à l'expiration de leur peine, indiquer l'arrondissement dans lequel ils désirent se fixer ; faute par eux de faire leur choix, l'administration choisit leur résidence, en tenant compte du genre d'industrie auquel ils sont susceptibles de se livrer. » Si une telle disposition eut été appliquée aux seuls libérés soumis à la surveillance de la haute police, l'arrêté dont nous parlons n'eut soulevé aucune critique. Mais ce n'était pas le système adopté par l'article 6, qui décidait « que les libérés non astreints à la résidence et qui n'étaient pas condamnés à la surveillance de la haute police pouvaient se mouvoir dans toute l'étendue de la colonie ; quant aux autres, ils ne pouvaient, sans autorisation, franchir les limites de leur arrondissement sans être considérés comme ayant commis un délit les rendant passibles d'une peine dont le maximum était de 15 jours de prison et de 100 francs d'amende. » Il résulte de ce

» Vu la nécessité d'assurer à cette catégorie d'hommes un asile et la subsistance que le budget du service local n'est pas en mesure de leur procurer et l'urgence de les soustraire au vagabondage qui peut, à un moment donné, compromettre la sécurité publique... »

dernier article que les libérés astreints à la résidence, placés ou non sous la surveillance de la haute police, étaient tous soumis à l'internement sur un point déterminé de la colonie. Le gouverneur, toutefois, en donnant à la mesure qu'il croyait devoir prendre contre les libérés simplement astreints à la résidence une sanction différente de celle qui résultait pour les libérés soumis au régime de la loi de 1874 de l'article 45 du Code pénal relatif à la rupture de ban, montrait par là qu'il n'entendait pas étendre purement et simplement aux premiers la surveillance de la haute police à laquelle les seconds étaient condamnés. Pour nous, sans chercher à justifier juridiquement l'arrêté de 1880, nous croyons que la disposition de l'article 6, relative aux libérés de la première section non soumis à la surveillance de la haute police, découlait du caractère de peine qu'on avait cru reconnaître dans l'obligation de résidence établie par la loi de 1854. Les libérés dont nous parlons étant considérés comme subissant leur condamnation et relevant à ce titre des juridictions militaires[1], on en avait conclu que la même discipline leur était applicable. Ainsi s'explique la décision du gouverneur de la Nouvelle-Calédonie qui avait cru pouvoir, au moyen d'une simple mesure disciplinaire, rendre identique

---

1. Art. 10 de la loi du 30 mai 1854.

la situation de tous les libérés tenus de résider dans la colonie.

Ajoutons qu'un abus beaucoup plus grave avait signalé le début de la libération. Les gouverneurs, en vertu du raisonnement qui précède, infligeaient alors de un à deux mois de prison, en dehors de tout règlement, aux libérés trouvés en état de vagabondage.

Ces mesures, manifestement contraires au décret du 28 août 1855 [1] que nous examinerons plus tard, à propos des juridictions, constituaient autant d'illégalités qui disparurent successivement sur l'ordre du département [2].

RÉGIME ACTUEL. — INTERDICTIONS DE SÉJOURS

Le régime qui résultait pour les libérés des arrêtés

[1]. Le rapprochement des articles 1 et 2 de ce décret montre clairement que la discipline militaire ne s'appliquait qu'aux transportés en cours de peine.

Art. 1er : « Tous les individus subissant, à quelque titre que ce soit, la transportation dans les colonies pénitentiaires d'outre-mer, sont assujettis au travail et soumis à la subordination et à la discipline militaire;

» Ils sont justiciables des conseils de guerre...

Art. 2 : » Les dispositions du second paraphe de l'article précédent sont applicables aux libérés et repris de justice tenus de résider dans la colonie.

[2]. Voy. la dépêche ministérielle du 13 mai 1873.

M. Nouët, s'expliquant difficilement cette disparition, s'exprime ainsi dans son rapport : « Il me paraît également nécessaire, puisque les libérés sont justiciables du Code militaire, d'autoriser le gouverneur à leur infliger, en cas de besoin, soixante jours de prison, par mesure disciplinaire. Ce droit est parfaitement légal; mais l'exercice en a été retiré au gouverneur par une dépêche ministérielle du 13 mai 1873. »

qui précèdent, tout en leur permettant de choisir leur résidence, offrait cependant à la colonie une sérieuse protection découlant du droit qu'avait toujours l'administration supérieure d'opposer son veto au choix qu'ils pouvaient faire. Le seul danger résultant de l'application de la loi nouvelle, consistait dans la mise en libération sans condition des condamnés qui n'étaient pas soumis à la surveillance de la haute police. Aussi était-ce pour obvier à la situation fâcheuse qui était faite à la Guyane et à la Nouvelle-Calédonie par le grand nombre de libérés de cette catégorie que les gouverneurs de ces colonies avaient cru devoir prendre les arrêtés que nous venons d'examiner.

Aujourd'hui toutes ces mesures restrictives ont disparu ; la surveillance de la haute police elle-même n'existe plus, la loi du 27 mai 1885, en la remplaçant par l'interdiction de séjour, n'a pas, du reste, peu contribué à augmenter la situation difficile que créait déjà, dans nos colonies pénitentiaires, la libération des transportés.

Le libéré peut maintenant, à la condition de ne pas se rendre au chef-lieu qui lui est généralement interdit, aller où il veut et changer de résidence aussi souvent qu'il lui plaît, sans remplir aucune formalité. Les résultats d'un pareil état de choses n'ont pas été longs à se faire attendre. Les renseignements particuliers qui nous sont parvenus de Guyane et de Calédonie, et qui nous ont aidés à combler, sur ce point, la lacune des notices du ministère de la marine [1] nous peignent sous un jour bien sombre la situation nouvelle. « Chaque jour qui s'écoule amène un contingent nouveau à la libération. La plaie s'étend et menace de tout envahir : c'est un ulcère phagédénique pour la guérison duquel la colonie impuissante implore en vain la métropole qui ne peut ou ne veut essayer aucun remède. Plus que jamais le libéré est ivrogne, paresseux et voleur; quelque soin que l'on mette à n'accorder l'autorisation de séjour au chef-lieu qu'à ceux d'entre ces misérables qui offrent certaines garanties de bonne conduite et de moralité, la ville est envahie par cette marée qui va toujours montante, inquiétante, formidable. »

Les assertions qui précèdent se trouvent corroborées par le passage suivant du rapport du 6 janvier 1888 adressé par M. Nouët, alors gouverneur de la Nouvelle-Calédonie, au ministre de la marine [2]. « La loi sur les récidivistes, dit le gouverneur, a remplacé la surveillance de la haute police par l'interdiction de séjour : les conséquences de cette mesure se font sentir aujourd'hui. En dehors des localités dont l'accès

1. Les dernières notices publiées en 1889 ne comprennent que l'année 1885.

2. Ce document officiel qui nous est parvenu à la fin de l'année 1888 a pour titre : *Rapport sur l'application de la loi du 30 mai 1854, relative à l'exécution de la peine des travaux forcés.* Il est contenu dans les numéros du journal l'*Avenir* des 7, 14 et 17 août 1888.

lui est défendu, le libéré est libre comme l'air, et échappe à toute surveillance. Tout le nord de la colonie, à partir de la Foa-Canala, est dégarni de gendarmerie, la seule force efficace vis-à-vis des libérés. Aussi, ces individus commencent-ils à pénétrer dans les tribus canaques où l'ivrognerie et la démoralisation se propagent dès leur arrivée[1]. »

Le nombre relativement restreint des libérés qui se trouvent en Guyane n'a pas jusqu'aujourd'hui permis de constater, dans cette colonie, des troubles aussi graves que ceux qui existent en Nouvelle-Calédonie. Néanmoins, la mesure prise, le 15 mai 1887, d'après laquelle tous les condamnés à plus de huit ans de travaux forcés, doivent être envoyés dans la première de ces colonies, ne peut manquer, au bout d'un certain temps, si la loi de 1885 n'est pas modifiée, de créer en Guyane de graves difficultés.

Signalons, en terminant, les dispositions importantes prises par le décret du 13 janvier 1888 d'après lequel : « Les libérés des travaux forcés tenus à résider dans les colonies pénitentiaires, sont astreints, pendant la durée de cette résidence, à répondre à deux appels annuels, à l'effet de constater leur présence dans la colonie. Les dates des appels sont déterminées

---

1. Rapport du gouverneur de la Nouvelle-Calédonie, journal l'*Avenir de la Nouvelle-Calédonie* du 14 août 1888.

chaque année par arrêtés du gouverneur; les libérés
ont un mois pour y répondre [1]. Le gouverneur peut,
par une décision individuelle toujours révocable,
exempter de l'obligation de l'appel les libérés suffisamment connus et offrant des garanties. » (art. 1 et 3)

La sanction du défaut d'obéissance aux ordres d'appel consiste dans une peine d'emprisonnement qui
varie de deux mois à un an, et, en cas de réci-
dive dans les cinq ans, de quatre mois à deux
ans.

. Ce décret a été pris, à la suite d'un rapport du ministre de la marine, reconnaissant que les libérés
« parcourent sans cesse et en tout sens la colonie, vivant la plupart du temps en état de vagabondage ou
à la charge de quelques libérés qui ont accepté de
travailler chez les colons de l'intérieur. Dans de
pareilles conditions, la constatation de la présence
de ces individus devient pour ainsi dire impossible,
et la vigilance de l'administration, qui a pour
mission de faire exécuter les prescriptions de la loi
relatives à l'obligation de la résidence est bien souvent
mise à défaut ». Ce passage, extrait d'un document
officiel, confirme comme on le voit, de tous points nos
explications antérieures sur les dangers que les libé-

1. Le gouvernement de la Nouvelle-Calédonie, en exécution de cette
disposition, a récemment prescrit un appel qui a duré du 1er avril
1889 jusqu'au 30 du même mois. Journal *le Colon*, du 28 janvier 1889.

rés font actuellement courir à nos colonies pénitentiaires. Le décret du 13 janvier 1888, en restreignant
la liberté des libérés astreints à la résidence, ne
tardera pas, espérons-le, à modifier cette situation.

CHAPITRE IV

CONDITION DES LIBÉRÉS (*suite*). — DE LEUR PARTICIPATION
A LA COLONISATION. — DE L'ORGANISATION DU TRA-
VAIL

Après avoir étudié la condition des condamnés en
cours de peine et avoir énuméré les différentes mesures de surveillance auxquelles ont été soumis les
libérés, il nous reste maintenant à rechercher ce
que deviennent les transportés, à l'expiration de leur
peine, dans la colonie où ils sont internés. Si le vœu
de la loi était réalisé, nous devrions retrouver engagés chez les colons, établis sur des concessions, ou
bien encore vivant au chef-lieu, à leur propre compte,
tous les condamnés que nous avons vus précédemment occupés par l'administration pénitentiaire.

L'étude que nous avons faite sur le régime légal des
libérés nous a déjà montré qu'il était loin d'en être
ainsi. Ajoutons que les documents donnés par les
Notices révèlent malheureusement une situation abso-

lument différente de celle que nous indiquons.

En nous basant sur les renseignements qu'ils nous fournissent et sur ceux qui nous sont récemment parvenus, nous allons rechercher quels ont été, au point de vue du travail, les principaux régimes auxquels les libérés ont été soumis, quelles mesures l'administration a prises à leur égard, et enfin quelle situation leur est actuellement faite, tant en Guyane qu'en Nouvelle-Calédonie.

CONDITION DES LIBÉRÉS EN GUYANE

Le règlement du 16 décembre 1859, sur le régime des transportés, autorisait les libérés à s'engager chez les habitants ou à s'établir dans la colonie, si leurs ressources le leur permettaient. Ceux qui n'avaient ni engagement, ni exploitation, restaient au dépôt d'internement, et travaillaient pour l'administration qui les rétribuait. Le peu de ressources qu'offrait et qu'offre encore la Guyane, au point de vue commercial et industriel, joint aux difficultés qu'a toujours présentées la culture dans ce pays, explique, dans une certaine mesure, la décision bienveillante prise par l'administration. Grâce à elle, les libérés qui, après avoir dépensé le faible pécule qu'on leur remettait, au moment de leur libération, tombaient pour la plupart dans un état de profonde misère, pouvaient revenir au dépôt, où ils restaient, en attendant un engagement, à la charge du service pénitentiaire. Malheureusement, loin de chercher du travail pour sortir du pénitencier, il s'estimaient heureux de ne pas en trouver pour y rester. Le dur apprentissage qu'ils avaient fait de la liberté, les excitait peu à recommencer.

Une décision du gouverneur du 14 décembre 1865 [1], modifiant le travail auquel ils devaient être astreints, constatait « que les règlements précédents n'avaient amené aucune amélioration, au point de vue de l'établissement dans la colonie des transportés de quatrième catégorie et que les mesures bienveillantes dont quelques-uns étaient l'objet, loin d'engager les libérés à travailler, les avaient au contraire maintenus dans une voie de paresse, d'indiscipline et de désordre qu'il importait de faire cesser ».

Pour remédier à cet état de choses, la décision dont nous avons parlé substituait au travail à la journée le travail à la tâche, pour les travaux de toutes sortes accomplis par les libérés dans les pénitenciers, et décidait « qu'à défaut de travail suivi, l'administration modifierait dans des proportions équivalentes, les allocations réservées au labeur accompli ». Les libérés qui restaient dans les pénitenciers devaient également, à l'avenir, être de tout point soumis aux

1. *Notices*, années 1868-1869-1870, p. 161.

règlements auxquels les condamnés étaient astreints. Ces mesures rigoureuses, comparées aux avantages qu'offrait l'administration à ceux qui demandaient des concessions de terre, décida un certain nombre de libérés à sortir des pénitentiers et à se livrer à la culture [1].

Une nouvelle décision du 3 février 1869 [2], qui vint régler le sort des transportés de quatrième catégorie qui désiraient s'établir à leur propre compte ou s'engager chez les colons, contenait une disposition sur laquelle nous devons insister. Aux termes de l'article 3 : « Les libérés qui voulaient exercer un commerce ou une profession devaient justifier de ressources suffisantes à leur assurer les moyens d'existence et fournir ensuite un répondant qui s'engageait, pendant un an, à subvenir, si besoin en était, à leur nourriture et à leur logement. » Les habitants de la colonie, en se faisant engagistes, contractaient, de leur côté, vis-à-vis de l'administration, une semblable obligation. Cette mesure, prise uniquement dans l'intérêt de l'administration pénitentiaire qui pensait par là pouvoir s'exonérer, au moins pendant un an, d'une assez lourde charge, n'eut pour résultat que de nuire

1. Les allocations que l'administration fournissait aux concessionnaires de terrains, en vertu de cette décision, étaient sensiblement les mêmes que celles qui sont énumérées dans l'article 3 de la décision ministérielle du 16 janvier 1882 relatif à l'exécution du décret du 31 aoû 1878.

2. *Notices*, années 1868-1869-1878, p. 179.

à l'établissement des libérés. Les dispositions de la loi de 1854, pas plus que celles du décret de 1851, n'autorisaient, du reste, une semblable réglementation [1].

Chargé de pourvoir à la sûreté et à la tranquillité de la colonie, le gouverneur avait le droit de prendre, à l'égard des transportés de quatrième catégorie, les mesures de police qui lui paraissaient nécessaires. Mais, malgré l'élasticité de ce terme, malgré les pouvoirs extraordinaires que lui conféraient les ordonnances de 1825, de 1827 et de 1833, qui ne furent rapportées qu'en 1879, nous pensons qu'aucun texte ne saurait justifier la disposition dont nous parlons [2]. Elle fut d'ailleurs supprimée par l'arrêté du 18 mars 1872, qui fit disparaître tout à la fois le cautionnement que devaient fournir les libérés s'établissant à leur propre compte, et les obligations diverses qui incombaient aux habitants, du fait de l'engagement.

1. Le rapprochement des art. 1 et 2 du décret du 29 août 1855 que nous avons reproduits plus haut, en indiquant que le travail obligatoire n'existait pas pour les libérés, montre par là, que l'administration ne pouvait légalement réglementer le travail auquel ils se livraient à leur compte ou à celui des habitants.

2. La responsabilité de la décision du 3 février 1869 incombe au directeur du service pénitentiaire qui la contresigna. « La responsabilité du gouverneur, dit M. Dislère, disparaît lorsque les décisions prises par lui, en ce qui concerne l'administration de la colonie, l'ont été conformément aux propositions ou aux représentations des chefs d'administration ou de service. » Dislère, *Traité de législation coloniale*, p. 259.

Malgré les mesures restrictives que nous venons d'indiquer et qui, d'ailleurs, furent bientôt rapportées, un certain nombre de libérés avait obtenu de l'administration l'autorisation de s'établir dans les différents quartiers de la colonie; quelques-uns même, par une faveur spéciale, avaient pu fixer leur résidence à Cayenne. Les troubles que ces derniers occasionnèrent au chef-lieu décidèrent toutefois le gouverneur à n'accorder le séjour de la ville qu'à un nombre fort restreint de transportés de quatrième catégorie. Une *commission permanente* fut même nommée à l'effet de donner son avis sur toutes les demandes adressées au directeur de l'intérieur pour le placement des libérés dans la colonie [1]. Le fonctionnement régulier de cette commission, qui devait surtout avoir pour objet d'empêcher l'agglomération des libérés au chef-lieu, n'améliora guère la situation. Nous en avons pour preuve la pétition adressée au gouvernement par les habitants de Cayenne, demandant l'internement dans la région du Maroni des transportés de toutes catégories [2].

Le ministre de la marine, ne pouvant faire droit à cette proposition, fit nommer par le gouverneur une

1. Arrêté du 21 juillet 1870.
2. *Notices*, années 1871 à 1875, p. 15. Voy. aussi la dépêche ministérielle, au sujet du vœu émis par la Chambre de commerce, relativement à la concentration de la transportation au Maroni. (*Notices*, année 1885, p. 201; — Voy. aussi même notice p. 212, 215, 314.

nouvelle commission chargée de statuer définitivement sur le sort des libérés. Ce sont les dispositions
qu'adopta cette dernière commission, qui forment
aujourd'hui la réglementation en vigueur.

Les transportés peuvent désormais, au moment de
leur libération, rester sur les ateliers pénitentiaires
ou s'engager régulièrement. Tous ceux qui se trouvent dans les conditions prévues par les articles 269
et suivants du Code pénal et les articles du décret du
13 février 1852, sur la police du travail, doivent être
poursuivis comme vagabonds et astreints au travail,
pendant la durée de leur peine ; enfin les libérés qui,
après un premier engagement, ne trouvent pas à se
replacer, malgré de sérieuses recherches, doivent
être reçus dans les ateliers de la transportation.

Les décisions prises par la commission de 1875
étant en harmonie avec la loi du 27 mai 1885, sur
l'interdiction de séjour, n'ont reçu depuis lors aucune
modification.

La répression du vagabondage et l'interdiction de
certains lieux sont maintenant les seuls moyens laissés
à l'administration pour combattre les désordres et les
troubles que causent les libérés. Ceux-ci, peu préparés
aux travaux de culture par le régime qu'ils ont subi
dans les pénitenciers et laissés libres d'aller où ils
veulent, loin de demander une concession ou de chercher un engagement, ne pensent tout d'abord qu'à

jouir de la liberté dont ils ont été si longtemps privés.
« Le libéré, dit M. Léveillé, a tellement souffert autrefois de la servitude, qu'il abuse presque fatalement des premiers mois de son émancipation ; il contracte vite des habitudes de fainéantise, de vagabondage, d'insubordination[1]. »

. — « Lorsque vous visitez la Guyane, le spectacle affligeant qui s'offre à vous est celui d'une quantité de libérés sans travail et n'ayant d'autre aspiration que d'être réintégrés au bagne. Usés par les excès de tout genre, par la durée même de leur peine, démoralisés par la promiscuité de l'atelier, ils sont devenus une charge et un danger pour la colonie. Leur profession, ils n'ont plus la force de l'exercer, et, le plus souvent, elle ne trouve plus sur place d'application marchande. Plus d'autre perspective pour eux que la misère, ou, je viens de le dire, la rentrée au pénitencier pour une cause quelconque. Tel est l'horizon ouvert devant le condamné par le système de la mise en rapport des professions individuelles » ; (et nous pourrions ajouter par la mise en vigueur de la loi de 1885). Dans le chapitre des condamnés en cours de peine, nous nous sommes d'ailleurs élevés déjà contre les tendances de l'administration pénitentiaire qui, en Guyane (aussi bien, du reste, qu'en Nouvelle-

1. M. Léveillé, *La Guyane*, p. 15.
2. Notes d'un ex-directeur de l'intérieur de la Guyane.

Calédonie), cherche à retirer le plus grand profit de la main-d'œuvre pénale, en utilisant les professions et en employant chacun suivant ses aptitudes.

A l'époque où ont échoué d'une façon si lamentable les diverses tentatives de colonisation entreprises sur les bords de l'Oyapock et de la Conté, plus tard quand on est revenu au Maroni, et ces dernières années encore qu'on ait cherché à développer cet établissement, il faut dire que de trop nombreux condamnés ont toujours étés détournés des travaux de culture et d'utilité publique pour exercer, dans les ateliers, leurs différents métiers[1]. Il en est résulté que l'agriculture, qui, dans l'esprit du législateur de 1854, devait être l'élément régénérateur des transportés, a été presque totalement abandonnée. En 1884, sur 1.186 libérés qui étaient en Guyane; une centaine seulement s'occupait de culture aux environs de Saint-Maurice; depuis, ce chiffre a encore sensiblement diminué.

---

1. Le sous-secrétaire d'état aux colonies s'exprime ainsi, dans sa dépêche du 20 mars 1885, adressée au gouverneur de la Guyane :

« Dans la répartition des 400 hommes aptes au travail, je relève trois chiffres qui me paraissent trop élevés :

» 120 hommes pour les ateliers de cordonniers, de tailleurs et de chapeliers;

» 81 infirmiers, brancardiers, plantons, etc, etc;

» 75 hommes employés au service général.

» Je crains que les condamnés ne soient détournés des travaux de force et d'utilité publique pour être occupés dans les ateliers ou au service intérieur du pénitencier. » (*Notices*, année 1885, p. 278.)

Aujourd'hui, en dehors des libérés qui vivent sur leurs concessions, un certain nombre sont employés comme contre-maîtres dans les ateliers de l'administration et surveillent les travaux des condamnés en cours de peine. Ils gagnent ainsi un salaire qui va, pour quelques-uns, jusqu'à cinq francs par jour. D'autres s'adonnent au petit commerce et vendent des denrées venues de France, faisant ainsi une concurrence sérieuse aux rares négociants français établis à côté d'eux. Les émigrants arrivent tous en Guyane avec le désir de s'enrichir en très peu de temps et de retourner ensuite en France, aussi leurs marchandises atteignent souvent des prix fort élevés. Les libérés, devenus commerçants, n'obéissent pas à la même préoccupation ; convaincus qu'ils doivent toujours rester en Guyane, ils pensent qu'ils ont toujours le temps de faire fortune et livrent ainsi leurs denrées à meilleur marché. Quelques transportés, à l'expiration de leur peine, n'ayant ni l'aptitude nécessaire pour diriger les travaux des pénitenciers, ni les ressoures suffisantes pour s'établir, se livrent, à Cayenne ou à Saint-Laurent, à des occupations variées ; c'est ainsi que dans cette dernière localité un certain nombre d'entre eux se sont faits canotiers et remontent le Maroni jusqu'au saut Hermina.

Les professions dont nous venons de parler n'occucupent, nous devons l'avouer, qu'un nombre infime de libérés. Depuis la découverte des terrains aurifères, presque tous vont aux placers et travaillent à l'extraction de l'or. « L'exploitation de l'or, dit M. Léveillé, est aujourd'hui la seule industrie vivante sur cette terre qui n'a plus même d'agriculture [1]. » La plupart des condamnés qui s'étaient efforcés d'obtenir une concession de terre, pour adoucir leur peine, pouvant aujourd'hui aller où ils veulent dans la colonie, au jour de leur libération, abandonnent à ce moment leur culture pour courir aux placers. Ils en reviennent au bout de quelques mois, et après avoir dépensé à Cayenne l'argent qu'ils ont gagné, ils vivent au jour le jour et tombent bientôt dans un état de profonde misère [2].

Si des défrichements avaient été pratiqués, si les marais qui avoisinent Saint-Laurent avaient été drai-

1. M. Léveillé, *La Guyane*, p. 51.

2. Le passage suivant, emprunté aux dernières notices publiées par le ministère de la marine nous donne une idée des résultats déplorables produits en Guyane par la libération.

« A l'exception de 25 libérés qui vivent de leur travail, les autres peuvent se diviser en trois catégories—

» La première comprend les individus qui ne songent qu'à amasser la somme nécessaire pour retourner chez eux lorsqu'ils seront définitivement libérés. Ceux-là ne peuvent compter, au point de vue de la colonisation pénale, puisqu'ils n'ont qu'une préoccupation, quitter la colonie.

» La deuxième catégorie comprend les libérés qui, ayant perdu tout espoir de retour dans leur pays d'origine, travaillent un jour pour dépenser le lendemain le produit du labeur de la veille.

» Enfin la troisième catégorie renferme tous ceux qui n'ont d'autre souci que d'exploiter l'administration. » (*Notices*, 1884, p. 39.)

nés, si surtout des chemins avaient été tracés, les libérés auraient été moins tentés d'aller chercher au loin des ressources que la culture de terres déjà préparées leur aurait procurées.

La Guyane possède, d'ailleurs, à côté de ses minerais précieux, des forêts qui, si elles étaient exploitées comme elles devraient l'être, seraient la source de richesses incomparables ; « l'exploitation des forêts de la Guyane est la première industrie qu'il faille développer : ces forêts sont illimitées, elles représentent un capital énorme que la nature a créé et qu'il suffit de ramasser [1]. » L'administration pénitentiaire, déconcertée par les expériences faites sur les bords de la Comté, a hésité longtemps à ouvrir de nouveaux chantiers. Elle a toutefois commencé, dans ces dernières années, à faire pratiquer des coupes dans les forêts situées près de Saint-Laurent du Maroni. Ajoutons qu'une société forestière, récemment organisée, se propose de relier l'exploitation des forêts qu'arrose le Maroni à l'établissement même de Saint-Laurent. Si ce projet se réalise et si l'entreprise beaucoup plus vaste qui consiste à établir une voie ferrée entre Cayenne et le Maroni s'accomplit, la colonie pourra peut-être enfin sortir de l'état de langueur qui l'accable depuis si longtemps.

Des travaux de l'importance de ceux dont nous

1. M. Léveillé, *op. cit.*, p. 49.

parlons auraient le double avantage d'occuper les
transportés de toutes catégories et de donner un
libre essort à la colonisation en permettant d'écouler
les richesses du pays.

CONDITION DES LIBÉRÉS EN NOUVELLE-CALÉDONIE

La transportation n'ayant commencé en Nouvelle-
Calédonie qu'en l'année 1863, les arrêtés règlemen-
tant la condition des libérés dans cette colonie sont
peu nombreux. Aussi, passant rapidement sur l'étude
des mesures adoptées successivement concernant les
libérés, nous examinerons la situation qui leur est
actuellement faite, et nous terminerons l'étude de la
libération par quelques observations sur le régime des
concessions.

L'arrêté du 5 janvier 1872 [1], qui le premier réglait
la situation des transportés de 4° catégorie, obligeait
les condamnés à déclarer, au moment de leur libération, le genre de travail ou d'industrie auquel ils désiraient se livrer. Si leurs ressources ne leur permettaient pas de s'établir à leur compte, et si personne ne
demandait à les employer, ils devaient rester sur les
pénitenciers et continuer à travailler au compte de
l'administration.

Cette dernière disposition, qui avait pour but de
prévenir le vagabondage, constituait, nous devons

1. *Notices*, années 1871-1875, p. 291.

l'avouer, un internement beaucoup plus rigoureux que celui qu'autorisait le décret de 1851. Pour s'y soustraire, les libérés devaient demander une concession, fonder un établissement, ou s'engager chez les colons.

Un nouvel arrêté du 2 juillet 1880[1] vint modifier, conformément à la loi de 1874, l'ordre de choses précédemment établi. Les libérés pouvant désormais choisir leur résidence, l'administration prenait les précautions nécessaires pour leur assurer du travail dans l'endroit où ils désiraient se fixer. Les chefs d'arrondissement devaient, à cet effet, communiquer aux habitants de leur circonscription le nombre et la nature des demandes d'admission qui leur étaient faites. Ceux-ci indiquaient à leur tour le chiffre des engagements qui leur étaient nécessaires, et l'administration, à qui ces renseignements étaient communiqués, permettait ou refusait aux libérés de se rendre à la destination qu'ils avaient choisie.

Contrairement à ce qui avait eu lieu auparavant, les engagements pouvaient se contracter pour la durée qu'il plaisait aux parties d'établir. Le règlement d'application de l'arrêté dont nous parlons prenait, du reste, soin de dire que les dispositions du Code civil régissaient la matière.

Cette réglementation qui, par un abus de pouvoir

1. *Notices*, années 1880-1881, p. 302.

que nous avons signalé, avait été étendue à tous les libérés astreints à la résidence, qu'ils fussent ou non sous la surveillance de la haute police, disparut à la suite de la loi du 27 mai 1885. Aujourd'hui les transportés de 4° catégorie, qu'ils appartiennent à la première ou à la seconde section, peuvent contracter avec les diverses administrations et les habitants de la colonie, des engagements de travail aux conditions qui leur conviennent. La législation nouvelle, laissant toutefois subsister l'interdiction de séjour, le gouverneur de la Nouvelle-Calédonie n'a permis l'accès de Nouméa qu'aux libérés qui ont obtenu de bonnes notes pendant l'exécution de leur peine et qui possèdent les ressources nécessaires pour y fonder un établissement. Quant aux autres, indépendamment du nombre relativement restreint de ceux qui sont en concession, ils s'occupent chez les habitants, s'engagent pour l'exploitation des mines, ou bien encore, et ce sont de beaucoup les plus nombreux, ils restent sans travail et retombent à la charge de l'administration pénitentiaire.

Les notices du ministère de la marine font remarquer avec raison que les libérés ne sont pas à la Nouvelle-Calédonie comme à la Guyane « un objet de réprobation [1] ». La colonie qui manque plus de bras que de capitaux ne demande en effet qu'à les utiliser. Si la

1. *Notices*, années 1871-1875, p. 27.

plupart des colons laissent en friche une partie des vastes concessions qu'ils ont primitivement obtenues, cela tient à ce que la main-d'œuvre est à la fois « trop rare et trop chère [1] ». Aussi les transportés qui, à l'expiration de leur peine, se font remarquer par leur bonne conduite, peuvent facilement contracter un engagement. Les habitants, loin de les repousser et de leur être systématiquement hostiles, ne demandent au contraire qu'à les occuper : « Vous employons des libérés partout : dans le commerce, dans l'industrie, dans la domesticité et même dans la culture. Seulement il faut avouer que les essais de cette dernière catégorie n'ont pas été heureux [2].

Les transportés qui ont abandonné leur concession au moment de leur libération, ou qui ont refusé celle qu'on leur offrait, se soucient en effet fort peu d'accomplir pour autrui un travail qu'ils auraient pu faire pour eux-mêmes. La plupart restent sourds aux demandes des colons, et l'administration, pour venir en aide aux exploitations agricoles, est souvent obligée de leur accorder un certain nombre de condamnés en cours de peine. Ces derniers offrent du reste, il faut bien le reconnaître, une garantie beaucoup plus grande que les libérés. L'engagement chez les colons crée aux condamnés en cours de peine une situation

1. *Origines et progrès de la Nouvelle-Calédonie*, p. 110.
2. Journal l'*Indépendant de la Nouvelle-Calédonie*, du 17 mai 1887.

privilégiée que certains s'efforcent de conserver.
Aussi la crainte de retourner au pénitencier fait
qu'ils se conduisent bien et qu'ils fournissent un
travail suffisant. Le sous-secrétaire d'État à la marine, constatant ce résultat, s'exprime ainsi dans une
dépêche adressée aux gouverneurs de la Guyane et de
la Nouvelle-Calédonie « si la main d'œuvre du condamné en cours de peine est recherchée par les colons, celle du libéré, au contraire, plus chère et moins
stable, est plutôt pour la colonie pénitentiaire un embarras et un sujet d'inquiétude[1]. »

L'administration supérieure a, du reste, dans ces
dernières années, contribué à aggraver, en Calédonie,
la situation déjà fort précaire faite à la colonie par les
libérés.

Une dépêche du 23 janvier 1884, qui est un des
derniers documents que nous fournissent les notices,
au sujet des libérés, recommandait à l'administration :
« d'encourager les industriels de la colonie, principalement les propriétaires des mines, à prendre pour
travailleurs des libérés en leur accordant des salaires
convenables[2]. » C'était là en effet une excellente occasion d'utiliser la main-d'œuvre fournie par la libération. Loin du chef-lieu, sur de vastes chantiers, les
libérés, recevant une rémunération suffisante, au-

1. Dépêche ministérielle du 12 janvier 1887.

2. *Notices*, année 1884, p. 346. V. aussi M. Paul Deschanel, *Les intérêts
français dans l'océan Pacifique*, p. 271.

raient pu vivre sans troubler la population de la Nouvelle-Calédonie. Nous avons vu plus haut comment
ce désir du département avait été plus tard réalisé : le
grand nombre des condamnés fourni par l'administration aux compagnies qui se sont établies en Calédonie pour exploiter les richesses minières du pays ne
leur a permis d'employer jusqu'ici qu'un nombre infime de libérés. C'est ainsi que la main-d'œuvre pénale détournée de son but, est venue enlever aux
transportés de 4ᵉ catégorie un travail en conformité
avec leur situation [1].

L'administration qui, par les traités passés avec les
grandes compagnies prive ainsi, encore aujourd'hui,
les libérés d'un travail auquel ils pourraient être convenablement employés, voit de jour en jour leur nombre s'augmenter dans les asiles qu'elle a créés pour
ceux qui ne pouvaient trouver à s'occuper. L'arrêté

1. « On ne saurait faire un crime à la maison Ballande, dit *Le Colon*
du 11 mars 1889, d'avoir réclamé pour ses mines, les mêmes avantages
que la société *Le Nickel* ou la *Compagnies des mines du Nord* et d'avoir
suivi l'exemple de ses concurrents. Mais nous ne pouvons cependant
nous empêcher de déplorer ce nouveau contrat, qui va priver de travail un très grand nombre d'ouvriers. La maison Ballande, en effet,
exploitait jusque-là ses mines au moyen de la main-d'œuvre libérée,
et nous croyons savoir qu'elle en obtenait des résultats très satisfaisants. Elle va donc, probablement, à l'exemple de la société *Le Nickel*,
renvoyer les ouvriers qu'elle emploie actuellement et les remplacer
entièrement par des condamnés. On pouvait jusque-là invoquer, contre le système des cessions de main-d'œuvre pénale, l'exploitation des
mines de Méré exclusivement assurée par la main-d'œuvre libre ou
libérée; — aujourd'hui ces mines fonctionnent sur le modèle des grandes compagnies. »

du 2 juillet 1880 dont nous avons parlé plus haut, a
établi dans chaque arrondissement des refuges, où
les transportés de 4° catégorie trouvent le logement
assuré pendant le mois qui suit leur arrivée. Ils touchent également pendant les quatre premiers jours la
ration telle qu'on la donne aux condamnés ; les jours
suivants, s'ils ne travaillent pas, ils n'ont plus droit
qu'à la ration réduite.

L'arrêté du 26 juillet 1881 [1] qui détermine à nouveau le régime des libérés, laisse subsister les dispositions précédentes, et décide, en outre, que les libérés
qui n'ont pu trouver de travail après un mois de séjour
dans un même refuge, doivent être dirigés sur un autre arrondissement, ou réintégrés au dépôt de la
presqu'île Ducos. Les libérés vont ainsi de refuge en
refuge, trop heureux, comme le constate M. Léveillé : « d'être débarrassés de tous les soucis et de
toutes les responsabilités de la vie [2]. »

DES CONCESSIONS

Le système de la mise en concession des condamnés en cours de peine n'a donné jusqu'ici que des
résultats peu satisfaisants. Le nombre relativement
restreint des transportés qui conservent leur conces-

1. *Notices*, années 1880-1881, p. 388.
2. Journal le *Temps* du 28 septembre 1884.

sion à l'époque de leur libération en est une preuve suffisante.

La plupart des condamnés ne demandent à bénéficier du décret de 1878 que pour jouir d'une plus grande liberté, et travaillent juste assez quand ils ont obtenu une concession, pour ne pas encourir la réintégration au pénitencier. Au début, ils réussissent sans trop d'efforts à vivre sur leur terre, grâce au secours que l'administration leur fournit.

Plus tard, quand ils ne reçoivent plus de subventions, ils ont recours à l'emprunt, et lorsque leur concession devient définitive elle tombe aux mains de leurs créanciers [1]. Voici à ce sujet comment les choses se passent à Bourail : « Avec le prix élevé des marchandises, le concessionnaire est promptement endetté chez le marchand. Celui-ci lui vend alors très cher les mauvais fonds de son magasin, et quand il lui achète sa récolte, il la lui paie moitié en argent, moitié en marchandises. Le prix de la récolte est ainsi abaissé d'un quart. Quand le concessionnaire est provisoire pour longtemps, le négociant arrête le crédit; quand il est sur le point de devenir concessionnaire définitif, le marchand fait crédit jusqu'à concurrence de la valeur de la concession. Dès que le concessionnaire a les titres de sa propriété, le commerçant fait saisir

---

1. C'est également ce qui a lieu pour les rares libérés qui demandent et obtiennent des concessions de terre provisoires, conformément à la décision du 16 janvier 1882.

ou vendre[1]. » Le but poursuivi par loi de 1854 qui
consiste dans la colonisation, au moyen de la libération fait ainsi complètement défaut, et l'État se trouve
avoir dépensé des sommes considérables pour faire
la fortune d'usuriers et de spéculateurs. Le sous-secrétaire d'État à la marine, frappé des inconvénients
qui résultaient de la mise en application du régime
actuel des concessions, demanda en 1887, au gouverneur de la Nouvelle-Calédonie « s'il n'y aurait pas
lieu de réviser le décret du 31 août 1878 dans le but
d'attacher plus étroitement le condamné au sol, en
restreignant son droit de propriété dont il peut aujourd'hui abuser une fois qu'il est libéré[2]. » M. Nouët
fit à cette question la seule réponse qui s'imposât.
« Pour faire cesser l'abus résultant des dettes des
concessionnaires envers des spéculateurs plus ou
moins véreux, il suffit, dit le gouverneur, de déjouer
les calculs de ces derniers en reculant l'époque où la
concession devient définitive[3]. » M. Nouët cite, à ce
propos, ce qui se passe au sujet des réserves canaques déclarées inaliénables : « Nous ne voyons pas,
dit-il, la moindre difficulté surgir entre commerçants
et indigènes au sujet de dettes ; les paiements se font

1. Nicomède, *op. cit.*, p. 184. Voy. aussi Denis : *Le bagne d'aujour-
d'hui, Nouvelle Revue*, année 1884 (t. XXVII, p. 514).

2. Dépêche du 12 juin 1887. Journal l'*Avenir de la Nouvelle-Calédonie*
du 22 novembre 1887.

3. Journal l'*Avenir de la Nouvelle-Calédonie* du 14 août 1888.

au comptant et toute difficulté est ainsi évitée. » Si le moyen radical qui est ainsi préconisé était aujourd'hui appliqué, nous croyons pouvoir affirmer que le but visé serait sensiblement dépassé.

Les transportés en cours de peine ou libérés, mis en concessions sans grandes ressources, sur des terrains non préparés, se trouveraient dans une situation fort difficile s'ils ne pouvaient recourir à l'emprunt lorsque la subvention que leur fournit l'administration se trouve épuisée. Sans parler des calamités qui peuvent subvenir, les travaux de défrichement et de drainage qui marquent les débuts de toute exploitation agricole, ne s'opèrent pas sans occasionner à la fois des frais coûteux et une assez grande perte de temps. La nature même des travaux de culture nécessite souvent d'assez gros déboursés que les récoltes de plusieurs années peuvent seules compenser. La question posée par le sous-secrétaire d'État, présente, comme on le voit, de réelles difficultés. Pour les résoudre et pour donner satisfaction aux intérêts variés qui sont en présence, le gouvernement devrait, suivant nous, modifier complètement le régime des concessions ; un certain nombre de condamnés devrait, chaque année, être employé à la préparation des terrains que l'administration s'est réservée tant en Guyane qu'en Nouvelle-Calédonie, et les terrains ainsi préparés devraient être cédés aux transportés libérés, à l'exclusion de tout condamné en cours de peine[1]. Ce système, recommandé par la plupart de ceux qui se sont occupés de la question des concessions, et qui ont vu de près le peu de succès qui est résulté de la mise en application du décret de 1878, aurait le double avantage d'assurer à la peine son exemplarité et d'aider au reclassement des libérés. L'idée sur laquelle il repose, sans avoir encore donné lieu à aucune application pratique (du moins en ce qui concerne les transportés), a néanmoins, dans ces dernières années, été l'objet de communications ministérielles sur lesquelles nous devons insister.

Frappé du peu de succès obtenu par la colonisation libre en Guyane et en Calédonie et attribuant les demandes nombreuses de rapatriement adressées par des émigrants aux difficultés que ces derniers rencontraient dans leur établissement, le sous-secrétaire d'État à la marine adressait, en septembre 1887, une circulaire aux gouverneurs de nos colonies pénitentiaires, leur indiquant les mesures qu'ils devaient prendre pour remédier à l'état de choses existant. Le principal moyen recommandé aux gouverneurs pour venir en aide aux émigrants, consistait à choisir des terrains propres à la culture sur lesquels on établirait des camps de transportés appelés à disparaître aussi-

---

1. Voy. la dépêche ministérielle du 20 août 1885, relative aux travaux de colonisation pénale. (*Notice* de l'année 1885, p. 341.)

tôt que leur tâche serait accomplie. Celle-ci, du reste,
était assez compliquée : « La main-d'œuvre pénale devait être employée à défricher et à ensemencer les terres, à ouvrir des voies de communication et à construire des villages [1]. » Sans insister sur ce qu'un
pareil système avait d'exagéré, le seul fait qu'il ne
réservait aux libérés aucune partie des terrains ainsi
aménagés, suffit à le faire écarter [2]. Les condamnés
en cours de peine sachant par avance qu'ils ne
retireraient aucun profit de leur travail, s'y seraient livrés avec peu d'ardeur ; quant à l'État,
obligé d'entretenir les transportés même après leur
libération, il aurait trouvé là de nouvelles charges,
sans aucune compensation. Le sous-secrétaire d'État
reconnaissant d'ailleurs lui-même ce que les recommandations contenues dans sa circulaire du 3 septembre 1887 avaient de défectueux, les modifia dans la
suite, au double point de vue des dépenses que l'État
devait supporter et des réserves de terres à faire aux
transportés. Aux termes des nouvelles instructions, les
terres préparées par la main-d'œuvre pénale ne devaient plus être données mais vendues, et le gouvernement qui devait fournir certaines allocations en
nature aux émigrants devait également « être rem-

1. Journal *Le Néo-Calédonien*, du 11 novembre 1887.
2. Les renseignements qui nous sont parvenus de Guyane et de Calédonie nous permettent d'affirmer que la circulaire du 3 septembre
1887 n'a reçu dans nos colonies pénitentiaires aucune application.

boursé par annuités tant des avances faites que du prix des terres concédées ». La nouvelle circulaire, parlant des terres qui devaient être attribuées aux transportés, décidait « que chaque agglomération de cinq ou six cents feux pourrait recevoir des concessionnaires de la transportation, dans la proportion du cinquième ou du quart. » Les concessionnaires devaient être recrutés avec un soin tout particulier, et nul transporté ne devait être admis à cette faveur qu'après une série d'épreuves ne laissant aucun doute sur ses aptitudes morales ou physiques.

« Les colons pénitentiaires noyés, pour ainsi dire, dans ce milieu de cultivateurs honnêtes, fortifiés par l'exemple salutaire de voisins laborieux, soumis aux mêmes règlements de la vie commune, seront placés, disait la circulaire, dans les conditions les plus favorables pour revenir au bien. » Sans insister sur le caractère aventureux des mesures recommandées par le sous-secrétaire d'État et sans montrer l'impossibilité qui existe de créer des centres florissants, composés tout à la fois d'émigrants libres et de condamnés en cours de peine, nous devons néanmoins constater les modifications apportées à la circulaire du 3 sept. 1887 par les dernières instructions communiquées par le département de la Marine aux gouverneurs de Guyane et de Calédonie[1]. Pour rendre pratique l'exé-

----

1. M. Etienne ayant été remplacé par M. De Laporte au sous-secré-

cution des différentes mesures prescrites par le gouvernement, un dernier progrès reste à réaliser. Il faudrait, comme nous le disions précédemment, que les terres préparées par la main d'œuvre pénale, indépendamment de celles attribuées à l'immigration libre, fussent concédées aux seuls transportés qui auraient subi leur peine. Ceux-ci s'habitueraient facilement à leur nouvelle existence, car les travaux de culture auxquels ils devraient maintenant se livrer pour subvenir à leurs besoins, leur paraîtraient bien moins pénibles que ceux qu'ils auraient antérieurement accomplis[1]. Cette manière de voir qui est partagée par tous les habitants de nos colonies pénitentiaires, est également celle de M. Nouët, ex-gouverneur de la Nouvelle Calédonie. Dans le rapport qu'il adressa au ministre de la marine, au commencement de l'année 1888, il engageait l'administration à interdire la mise en concession des condamnés en cours de peine et à réserver cette faveur exclusivement aux libérés. « La principale cause de l'insuccès des concessions, dit-il, se trouve dans l'obligation d'exercer une surveillance active sur les condamnés concessionnaires. La colonisation agricole ne peut s'accommoder de cette ingérence continuelle

tariat de la marine et des colonies, la question que nous examinons n'a pas encore reçu de solution définitive.

1. Pour qu'une pareille mesure pût réussir il faudrait que la loi de 1885 fut modifiée dans le sens du décret de 1851, afin que l'administration ait le droit d'interner le libéré dans la région où se trouve sa concession.

de l'autorité, laquelle cesserait, en partie au moins, si les concessionnaires étaient tous des libérés. Il n'y aurait aucune raison pour donner des vivres à ces derniers ; un certain pécule serait exigé des postulants. Débarrassés d'une surveillance tracassière, privés de la ration journalière qui fait disparaître la nécessité du travail, autorisés à se syndiquer à leur gré [1], à cultiver ce qui leur paraîtrait le plus avantageux, les concessionnaires seraient de véritables colons, soumis aux lois générales de l'offre et de la demande. » Un pareil jugement émanant d'une source à la fois si compétente et si autorisée, devrait suffire à faire modifier l'ordre de chose actuellement en vigueur. La presse locale, commentant et critiquant les circulaires que nous avons examinées, est d'ailleurs unanime à reconnaître que le régime des concessions, intimement lié à la question des libérés, demande à la fois un changement radical et une prompte solution.

Un décret du 16 février 1889 vient, du reste, de donner à nos colonies pénitentiaires, au point de vue spécial qui nous occupe, une demi-satisfaction. Ce décret, qui réalise relativement à la relégation la réforme que nous demandons pour la transportation, constitue deux sections mobiles de relégués, dont l'effectif doit être au maximum de 400 hommes. La première est affectée jusqu'à nouvel ordre au domaine de la « Oua-

---

1. Il y a déjà un syndicat de concessionnaires à Bourail.

ménie » en Nouvelle-Calédonie, la seconde au territoire du Haut-Maroni en Guyane. Les relégués de ces
deux sections doivent être employés à des travaux de
routes, de défrichement et d'assainissement, en vue
de l'installation ultérieure de colons libres ou de récidivistes admis au bénéfice de la relégation individuelle
et choisis principalement parmi les individus faisant
partie des sections mobiles appelées à exécuter les
travaux dont il s'agit. Si cette mesure était étendue
aux transportés pour lesquels elle a été tout d'abord
réclamée, la situation des libérés serait sensiblement
améliorée et la sécurité de la colonie s'en augmente-
rait d'autant.

En agissant ainsi, on se conformerait, d'ailleurs,
aux intentions du législateur. « C'est une erreur de
croire, disait le rapporteur de la loi de 1854, que dans
l'exécution de la loi, il y ait antagonisme entre l'intérêt pénal et l'intérêt colonisateur ; si ces deux intérêts ne coexistent pas d'une manière complète, ils
se succèdent avec avantage. Le libéré est un colon
d'autant plus utile qu'il a mieux expié sa peine et
acquitté le châtiment[1]. »

Le législateur, on le voit, a clairement manifesté sa
pensée ; l'administration devrait pour s'y conformer
occuper les condamnés aux travaux pénibles dont

1. Rapport fait au nom de la commission chargée d'examiner le
projet de loi relatif à l'exécution de la peine des travaux forcés par
M. du Miral. Dalloz, année 1854, p. 94.

nous avons parlé. En *expiant ainsi sa peine* le condamné prendrait des habitudes de travail et se moraliserait en même temps. Les métiers exercés en commun dans les pénitenciers et la quasi domesticité des fermes agricoles, aboutissent malheureusement à un résultat opposé. Livré à ces travaux peu rigoureux, le transporté devient naturellement paresseux, et plus tard chef d'atelier, concessionnaire ou engagé chez les colons, il ne s'améliore guère. On peut dire au contraire que sa paresse augmente avec sa liberté, et la colonie pénitentiaire qui n'a retiré que de faibles avantages de la main-d'œuvre pénale se voit alors obligée de recourir à des mesures d'exception pour parer aux dangers qu'entraîne la libération des condamnés.

CHAPITRE V

ORGANISATION DE LA FAMILLE

Nous avons vu que la loi de 1854, pour faciliter et développer l'œuvre de la colonisation, avait cherché à organiser la propriété au moyen de concessions de terre.

La reconstitution de la famille étant, à côté de l'organisation de la propriété, un des facteurs les plus puissants de la colonisation, la loi de 1854, celle du 23 mars 1873, et de nombreux décrets ont essayé de favoriser autant que possible l'émigration du conjoint et des enfants du condamné et de faciliter son mariage aux colonies. Malheureusement le naturel pervers de la plupart des transportés a fait échouer ici encore la plupart des mesures de bienveillance prises à leur égard.

Passant en revue ces diverses mesures, nous étudierons d'abord les formalités relatives au mariage des transportés, et, après avoir parlé des différentes

unions qu'ils contractent et des ménages qui en résultent, nous terminerons en indiquant les avantages faits
à la femme sur la concession du mari.

FORMALITÉS RELATIVES AU MARIAGE DES TRANSPORTÉS

La question controversée relative au mariage des
condamnés aux travaux forcés, est devenue sans intérêt pratique pour ceux qui sont envoyés aux colonies
(les seuls dont nous ayons à nous occuper) grâce au
décret du 26 mars 1866 dont nous aurons bientôt
occasion de parler[1].

Aujourd'hui, bien qu'on admette que les transportés peuvent se marier, on comprend néanmoins qu'il
y a là une question d'ordre et de discipline que le seul
caprice du condamné ne saurait trancher. Celui-ci
doit donc, pour contracter mariage, se munir par
avance d'une autorisation. En France, les prisons relevant du ministère de l'intérieur, c'est à ce département
que le condamné doit s'adresser. En Guyane et en
Nouvelle-Calédonie, le département de la marine, par
les dépêches du 27 avril 1858 et du 3 décembre 1879,
a délégué ses pouvoirs relativement à la matière qui
nous occupe au gouverneur et au conseil privé. Une
décision du gouverneur de la Guyane du 17 janvier

---

1. La mesure gracieuse de l'administration qui permet aux transportés de se marier, laisse d'ailleurs subsister en droit la question de
savoir si le mariage est permis aux condamnés en état d'interdiction
légale.

1880[1], résumant les règlementations antérieures, décide, à cet effet, que les autorisations de mariage entre
condamnés et gens libres sont soumises au conseil
privé, par le directeur de l'administration pénitentiaire.
Cette mesure, qui existe également en Nouvelle-Calédonie, en laissant pleine latitude au directeur de l'administration, pouvait donner d'excellents résultats.
Les bureaux de la marine ont malheureusement cru
devoir, ici encore, intervenir, et leur intervention, loin
d'être utile, n'a fait que nuire à l'œuvre de la colonisation. Le directeur de l'administration pénitentiaire
ne communiquant au conseil privé que les demandes
en autorisation de mariage émanant de condamnés
concessionnaires, le ministre de la marine, dans une
dépêche du 24 janvier 1883[2], insiste sur la nécessité
de hâter la mise en concession des transportés parvenus à la 1re classe et de favoriser ainsi leur mariage
ou leur réunion avec leur famille. « Ces sortes d'autorisation, dit le ministre, doivent être accordées très
largement; elles sont un puissant moyen de moralisation en même temps qu'elles activent et développent
la colonisation pénale. » Nous avons vu plus haut que
ces mises en concession précipitées aboutissent souvent à un résultat diamétralement opposé. L'administration, qui ne devrait faciliter le mariage qu'aux con-

1. *Notices,* années 1880-1881, p. 153.
2. *Notices,* années 1882-1883, p. 416.

cessionnaires sérieux pouvant par leur travail subvenir à l'entretien de leur famille, se réserve pour plus tard de nombreuses difficultés, en mettant les condamnés en concession sans tenir compte de leurs aptitudes, et dans le but unique de les marier [1].

Quoi qu'il en soit de cette observation, on comprend aisément par ce qui précède que les demandes en autorisation de mariage sont presque toujours accordées. Muni de cette autorisation, le condamné doit, en outre, pour se marier, remplir les conditions exigées par le Code civil. Un décret du 26 mars 1866 [2], a toutefois simplifié de beaucoup les formalités à remplir pour le mariage des transportés. Les conditions d'âge et de capacité subsistent ; mais l'article 1er du décret dont nous parlons, a, sinon supprimé [3], du moins singulièrement diminué les cas dans lesquels le condamné devra avoir recours au consentement de ses parents. Cet article, qui dispense les transportés de la

1. Dans la dépêche du 24 janvier 1883, le ministre de la marine, parlant d'un convoi de femmes qui va bientôt arriver en Nouvelle-Calédonie, s'exprime ainsi : « Ces femmes sont envoyées dans la colonie pénitentiaire uniquement pour y contracter mariage avec les transportés concessionnaires. L'administration doit donc mettre tous ses soins à pourvoir à leur établissement le plus promptement et le plus convenablement possible. »

2. Décret réglant les formalités à remplir pour le mariage des condamnés transportés dans les colonies françaises.

3. La condamnation aux travaux forcés pouvant frapper le criminel à partir de 16 ans, et 2 années suffisant pour arriver concessionnaire, il pourra se faire que des transportés de moins de 25 ans soient obligés de demander le consentement de leurs parents.

formalité des actes respectueux [1], a eu moins en vue l'affaiblissement de la puissance paternelle que la suppression de retards inutiles qui, souvent, eussent empêché la célébration des mariages projetés. L'article 2 du décret de 1886 introduit une nouvelle dérogation aux règles ordinaires du mariage. « Des publications faites dans la colonie, dit cet article, seront suffisantes pour la régularité du mariage, même dans le cas où le domicile des parties ne serait pas établi par un séjour de six mois [2]. » Enfin, l'article 3 du décret dispose « que les actes de l'état civil exigés par le Code pour pouvoir contracter mariage pourront être remplacés, soit par un certificat délivré par l'autorité judiciaire du lieu de la condamnation, soit, à défaut, par un acte de notoriété ».

L'administration pénitentiaire qui a hâte de procéder au mariage des condamnés pour se conformer aux instructions reçues du ministère, se charge elle-même d'accomplir toutes ces formalités dès que le condamné a obtenu du conseil privé l'autorisation qu'il sollicitait.

1. Il supprime pour les transportés les obligations résultant des articles 151, 152 et 153 du C. C.

2. L'article 63 du C. C. subsiste mais les articles 166, 167 et 168 ne reçoivent plus aucune application.

L'article 4 de la loi de 1854 est ainsi conçu : « Les femmes condamnées aux travaux forcés pourront être conduites dans un des établissements créés aux colonies ; elles seront séparées des hommes et employées à des travaux en rapport avec leur âge et leur sexe. »

L'article 1er du décret du 26 mars 1866 autorise de son côté les personnes condamnées qui subissent leurs peines dans les maisons centrales de France à demander à être transférées dans les colonies pénitiaires. Il résulte de ces deux textes que les transportés célibataires ou veufs qui désirent se marier peuvent déjà choisir entre les femmes condamnées aux travaux forcés et à la réclusion qui ont été transportées, sur leur demande, dans les établissements pénitentiaires coloniaux. Les femmes reléguées, expédiées en Guyane et en Calédonie, en exécution de la loi du 27 mai 1885, fournissent aux futurs mariages un nouvel appoint.

Toutes ces femmes, à quelque catégorie qu'elles appartiennent sont conduites à leur arrivée au Maroni, au couvent de Saint-Laurent, qui sert ainsi de résidence habituelle aux femmes transportées en cours de peine et non mariées dans la colonie.

En Nouvelle-Calédonie, le lieu d'internement des femmes est à Bourail.

Le régime des condamnés diffère peu dans les deux colonies. Les femmes de Saint-Laurent et de Bourail sont dirigées et surveillées par des sœurs de Saint-Joseph de Cluny; elles s'occupent à des travaux de couture, à l'intérieur du pénitencier et travaillent en commun [1].

La préparation des mariages et la façon d'y procéder sont sensiblement les mêmes en Guyane et en Nouvelle-Calédonie [2]. Le transporté célibataire ou veuf qui désire se marier, se rend au couvent et fixe son choix. Si la femme qu'il a choisie consent à l'épouser, la demande est transmise au conseil privé et, aussitôt l'autorisation obtenue, l'administration pénitentiaire accomplit les formalités du mariage. On célèbre généralement plusieurs mariages à la fois; la cérémonie, du reste, est vite accomplie. « Passant un jour à Bourail, nous disait récemment l'amiral de Pritzbuer, j'ai fait procéder au mariage de vingt transportés en moins d'une demi-heure. » De la mairie les nouveaux conjoints se rendent à l'église « et bientôt après, accompagnés de leurs amis, ils remplissent les cabarets où ils ont promptement dépensé les 150 francs [3] que l'administration

---

1. Leur régime est le même que celui des maisons de réclusion.

2. Voy. Orgeas, *De la colonisation à la Guyane*; Nicomède, *loc. cit.*, p. 187; Henri Rivière, *Souvenirs de la Nouvelle-Calédonie*, *Nouvelle Revue*, n° du 1er avril 1880, p. 494.

3. L'Article 4 de la décision ministérielle du 16 janvier 1882 dit en

leur donne ce jour-là. » « On devine aisément, dit
le docteur Nicomède, à qui nous empruntons tous
ces détails, quels résultats peuvent donner ces mariages, ou, pour parler plus justement, ces accouplements. Dès le lendemain, quelquefois le jour même
de la noce, les querelles commencent, des coups sont
échangés. »

Nous devons signaler d'ailleurs, à propos de ces
mariages, un fait qui se passe assez souvent à Saint-
Laurent du Maroni et qui doit être également fréquent
parmi les concessionnaires de la Nouvelle-Calédonie.
Nous avons vu les mauvais résultats qui découlaient
de la mise en concession des condamnés en cours de
peine. La plupart des transportés, avons-nous dit, ne
voient là qu'un moyen de se procurer une plus grande
liberté en jouissant des avantages que leur fournit
l'administration. Les gratifications ainsi accordées.
sont malheureusement vite épuisées, et beaucoup de
concessionnaires, ne pouvant subvenir à leur nourriture avec le produit de leur terre, retournent au pénitencier, où ils travaillent pour l'administration qui
les paie et les nourrit. Quelques-uns, pour se tirer
d'affaire, adressent, cinq ou six mois avant l'époque où
ils devront se suffire à eux-mêmes, une demande de
mariage au commandant du pénitencier. Les femmes

effet que tout concessionnaire marié a droit à un secours en argent
de 150 francs.

qui ont une longue détention à subir, épousent, pour devenir libres, le premier transporté qui se présente. Le mariage conclu, en dehors des 150 francs qu'il procure au mari, donne droit à la femme à un trousseau complet et à la ration de vivres pendant 30 mois. « C'est là ce qu'ambitionnait le nouvel époux, qui, voyant sa nourriture assurée pour ce nouveau laps de temps, laisse sa femme vivre à sa guise et gagner elle-même son existence. Les nouveaux 30 mois écoulés, la gêne survient dans le ménage et la femme n'a d'autres ressources que d'aller vivre en concubinage avec d'autres transportés. Le plus souvent la femme retourne au couvent et le mari au pénitencier [1]. »

Tous les mariages, il faut le reconnaître, ne se terminent pas ainsi. La vie de famille, chez certains concessionnaires, développe des habitudes d'ordre et de travail qui sont les meilleures garanties d'une bonne conduite ultérieure. Mais ce sont là malheureusement de trop rares exceptions.

Les dernières notices publiées par le ministère de la marine envisagent assez tristement la situation. Le rédacteur officiel semble, pour cette fois, s'être départi de son optimisme habituel : « Certains couples, écrit-il, n'ont pas répondu au but que poursuit l'ad-

----

1. V. au sujet des enfants nés des unions entre condamnés, M. Orgeas, *La colonisation à la Guyane*, et M. Nicomède, *op. cit.*, p. 192.

ministration pénitentiaire, et celle-ci, instruite par
l'expérience, exige de sérieuses garanties avant d'accorder des autorisations de mariage. »

M. Léveillé, qui a vu de près les faits dont nous
parlons, s'exprime ainsi dans son livre sur la Guyane :
« Je pense que le gouvernement, en poursuivant cette
tâche ingrate d'unir les condamnés du bagne à des
condamnées de la maison centrale, est entré dans une
mauvaise voie. Il sait, d'ailleurs, ce que deviennent
trop souvent ces Hélènes au milieu de trop de Pâris[1]. »
Notre savant maître propose alors de remédier à ce
fâcheux état de choses, en essayant de marier les forçats avec des filles indigènes de la région. Il y a malheureusement à cela un obstacle de fait insurmontable. En Guyane, les peuplades qui avoisinent le
Maroni, et particulièrement les Indiens *Galibis* et
Bonis, qui sont les plus rapprochés, n'ont de rapport
avec les Européens que pour le trafic de menus objets ;
les diverses tentatives qui ont été faites pour retenir
les indigènes à Saint-Laurent n'ont pas abouti. Les
notices parlent, il est vrai, de l'union d'une femme
« *bonis* » avec un condamné. Sans contester ce fait,
nous pouvons affirmer sans crainte d'être démenti
que, depuis 1884 jusqu'à aujourd'hui, aucune union
de ce genre n'a été contractée au Maroni.

L'auteur d' « *Un coin de colonisation pénale à Bou-*

1. M. Léveillé, *op. cit.*, p. 41.

rail », qui reconnaît aussi combien le gouvernement a eu la main malheureuse dans le choix des femmes qu'il a transportées en Nouvelle-Calédonie, pour les marier aux condamnés concessionnaires, partage l'avis de M. Léveillé et affirme que la femme canaque vaudrait « beaucoup mieux pour les ménages que l'on veut créer, que l'ancienne fille publique des villes de France ». « La réalisation de cette idée rencontre malheureusement, dit M. Nicomède, un obstacle sérieux dans la diminution rapide de la population indigène et dans la rareté relative des femmes canaques, dont le nombre est inférieur à celui des *tayos*[1]. »

Quant à recruter des femmes dans les îles du Pacifique pour les condamnés de Calédonie et dans la région du Haut-Amazone pour ceux de la Guyane, comme le demande M. Léveillé, ce serait, croyons-nous, vouloir organiser une traite d'un nouveau genre, qui rencontrerait, elle aussi, d'assez graves difficultés.

A côté des ménages formés par les mariages dont nous venons de parler, il y en a d'autres moins nombreux, mais qui existent dans de bien meilleures conditions. Le gouvernement qui cherche, par tous les moyens possibles, à organiser la famille dans les centres pénitentiaires, facilite, sous certaines conditions, l'émigration volontaire des proches parents du trans-

1. M. Nicomède, *op. cit.*, p. 217.

porté. Il obtient ainsi, nous sommes heureux de le constater, des résultats bien préférables à ceux qui résultent des unions contractées dans la colonie entre condamnés.

Les femmes qui viennent rejoindre leur mari, se divisent en deux catégories. Les unes, libres de toute condamnation, ont préféré partager, en Guyane ou en Calédonie, le sort du misérable auquel elles avaient uni leur vie, plutôt que de vivre dans la métropole, méprisées pour une faute qui leur est étrangère. D'autres, beaucoup moins recommandables, devaient purger elles-mêmes, en France, une condamnation à la réclusion ou à l'emprisonnement. Ces dernières, trop heureuses de s'affranchir du joug si redouté de la maison centrale, envisagent assez tranquillement la nouvelle existence qui les attend aux colonies. Le gouvernement facilite l'expatriation des unes et des autres, ainsi que celle de leurs enfants et de leurs proches parents, en les exonérant des frais de traversée et en leur fournissant certains secours.

Ce n'est, du reste, que sur la demande du transporté adressée au gouverneur et communiquée par lui au département de la marine, que les familles obtiennent ainsi le passage gratuit pour se rendre, soit en Guyane, soit en Nouvelle-Calédonie. Une dépêche ministérielle du 23 août 1884, rappelle, à cet effet, au gouverneur de la Nouvelle-Calédonie, que les condamnés aux travaux forcés ne doivent recevoir l'autorisation de faire venir leurs familles dans la colonie pénitentiaire que lorsqu'ils sont parvenus à la 1re classe et qu'ils ont été envoyés en concession. « Il est de toute nécessité, dit le ministre, que l'envoi en concession du condamné précède de quelque temps l'arrivée des siens, afin qu'il se trouve en mesure de les recevoir et de pourvoir à leurs besoins [1]. »

Le gouvernement pense à bon droit pouvoir, par là, soustraire l'administration aux frais nouveaux qui lui incomberaient, s'il lui fallait, outre l'entretien du condamné, subvenir encore à celui de ses parents.

L'arrivée des familles de concessionnaires a donné lieu à des unions d'un nouveau genre. Depuis quelques années des concessionnaires ont pu se marier avec des filles ou avec des femmes veuves venues en Calédonie pour rejoindre leur père ou leur mari condamné. Ces mariages, bien que fort rares jusqu'ici, ne peuvent manquer de s'accroître avec le temps. Ils formeront bientôt, nous l'espérons, une sorte de transition entre les mariages contractés par des condamnés et ceux formés entre fils et filles de concessionnaires libérés qui seuls peuvent donner à la colonisation pénale l'élément moralisateur qui lui manque.

Les ménages formés ou reconstitués par l'arrivée de familles venues librement de France, s'ils ne sont

1. *Notices*, 1884, p. 359.

pas des meilleurs, sont cependant les moins mauvais [1]. On remarque assez généralement que ce sont les transportés ainsi mariés qui abandonnent le moins leurs concessions. Pour les autres, les liens matrimoniaux se dénouent aussi promptement qu'ils se sont formés et, n'ayant aucune attache au sol pour la culture duquel ils n'éprouvent du reste aucun goût, ils abandonnent leurs terres à l'expiration de leur peine et menant la vie avantureuse dont parle le ministre dans le rapport qui précède le décret du 13 janvier 1888 [2].

L'administration pénitentiaire, en poursuivant le but fort louable qui consiste à organiser la famille des transportés ne peut, on le comprend aisément, aboutir qu'à des résultats à demi satisfaisants. Les éléments dont elle dispose ne lui permettent pas, en effet, de créer des ménages modèles dans nos colonies pénitentiaires. Bien comprise, l'organisation de la famille pourrait cependant, aider puissamment au

1. Voy. M. Nicomède, *op. cit.*, p. 194.

2. Le nombre des ménages existant à la fin de 1885 sur les établissements pénitentiaires de Guyane et de Nouvelle-Calédonie se décomposait de la manière suivante :

	Guyane	Calédonie
1º Ménages formés dans la colonie avec des femmes condamnées venues de la métropole	77	193
2º Ménages avec des filles non condamnées	5	15
3º Femmes venues de France	3	96
4º Transportés veufs et ayant des enfants	26	9
5º Femmes venues des maisons centrales pour rejoindre leur mari condamné	»	13

reclassement du condamné et servir ainsi l'intérêt de la colonisation. Le libéré marié, père de famille, exploitant une concession, loin d'être un danger pour la colonie, aiderait au contraire à son développement. Pour en arriver là il faudrait, à notre avis, que la réunion de la famille au condamné et le mariage des célibataires n'eussent lieu qu'à l'expiration de la peine des travaux forcés. Ce n'est pas là, comme on pourrait le croire tout d'abord, une chose irréalisable. Le gouvernement, par des commutations de peine successives accordées aux condamnés qui lui sont signalés pour leur bonne conduite et leur travail, peut mettre fin aux peines les plus longues [1]. L'internement dans une région déterminée de la colonie pénitentiaire du condamné grâcié est aussi, d'ailleurs, dans notre théorie, une réforme nécessaire. Cette situation que la loi de 1885 ne permet pas d'obtenir, pourrait seule ramener la sécurité en Guyane et en Nouvelle-Calédonie. Grâce à elle, les mesures de faveur pourraient se multiplier à l'égard des transportés, et les libérés, en devenant plus nombreux, ne deviendraient pas pour cela plus dangereux. Convaincus de ne pouvoir désormais franchir un certain périmètre déterminé, ils chercheraient à oublier, au

---

1. « Il convient d'octroyer aisément des grâces dès que le condamné a fait preuve [pendant quelques années du goût pour le travail. » M. Paul Leroy-Beaulieu, *op. cit.*, p. 422.

milieu de leur famille, la situation qui leur serait faite, et s'efforceraient de la rendre tolérable en se procurant par la culture de quoi satisfaire à leurs besoins. Les mariages ne seraient plus alors les accouplements dont nous avons parlé, contractés la plupart du temps pour éviter le pénitencier, et destinés par suite à se rompre aussi vite qu'ils se sont formés.

Les concessionnaires en cours de peine et mariés, groupés par l'administration sur un même point et en contact journalier avec les pires des condamnés, ne peuvent guère se réhabiliter. Il en serait tout autrement si les mises en concessions et les mariages n'intervenaient qu'après la libération. La surveillance devenant moins étroite, les concessionnaires pourraient être disséminés sur les réserves pénitentiaires sans cependant pouvoir franchir des limites préalablement fixées. Si cette mesure était appliquée, les condamnés aux travaux forcés à perpétuité ne pourraient guère, il est vrai, en bénéficier. Quelque indulgent que le gouvernement puisse se montrer à leur égard, il ne peut en effet que rarement user du droit de grâce pour supprimer leur peine, et, même en supposant que les condamnés dont nous nous occupons aient été l'objet de plusieurs commutations successives, ils arriveraient encore trop tard à la libération pour pouvoir se marier. Mais on ne saurait voir là une objection sérieuse si l'on considère la gravité du crime commis, qui, le plus souvent, ne doit pas permettre à l'autorité d'accorder à ces condamnés les faveurs permises par les réglements. Ils peuvent, du reste, à un autre point de vue, voir s'améliorer leur situation, et être chefs d'ateliers ou de chantiers, position qui augmente à la fois leur pécule et leur liberté.

Comme on le voit par les différents sujets que nous avons déjà traités, les questions relatives à la transportation sont intimement unies les unes aux autres. C'est ainsi que l'efficacité de la peine découle des travaux pénibles auxquels devraient être soumis les condamnés, et l'exécution de ces travaux, utile à la colonisation, sert également plus tard à l'établissement des libérés. Enfin, si au lieu de mettre le transporté en cours de peine en concession pour le marier, on s'efforçait de lui faire mériter sa grâce par la perspective des faveurs qui lui seraient ensuite accordées, peut-être le problème de la libération trouverait-il mieux sa solution [1].

AVANTAGES FAITS A LA FEMME SUR LES BIENS DE SON MARI

Pour compléter l'énumération des mesures prises par le gouvernement en vue de faciliter la création

[1]. La grâce qui interviendrait ainsi pourrait également être accom.

des ménages de transportés tant en Guyane qu'en Nouvelle-Calédonie, nous devons maintenant parler des avantages faits à la femme sur les biens de son mari. Le décret du 31 août 1878, qui règlemente la matière dont nous allons nous occuper, s'est inspiré des dispositions contenues dans la loi du 23 mars 1872 réglant la condition des déportés à la Nouvelle-

pagnée de la remise partielle des déchéances que la dégradation civique a fait encourir au condamné. « Le gouvernement, dit le dernier paragraphe de l'art. 12 de la loi de 1854, peut accorder aux libérés l'exercice, dans la colonie, des droits dont ils sont privés par le 3e et 4e § de l'art. 34 du C. P. » Cette latitude laissée au gouvernement devrait, croyons-nous, recevoir du législateur une nouvelle extension. La mesure de bienveillance qui consiste à rendre au condamné ses droits de famille et une faible partie de ses droits publics marque une première étape vers la réhabilitation. Une seconde aurait dû être ménagée, elle aurait pu résulter de la remise faite au transporté des déchéances énoncées dans les §§ 1 et 5 de l'art. 34 du C. P. En ne privant le transporté que des droits de vote et d'éligibilité, on aurait pu ainsi, tout en récompensant son retour au bien, éviter les inconvénients qu'entraîne sa réhabilitation en le rendant éligible.

A Bourail, en Nouvelle-Calédonie, plusieurs libérés réhabilités sont membres de la commission municipale; certains d'entre eux comptant même entrer au conseil général, ont mis en demeure deux membres de cette assemblée de donner leur démission. Si leur vœu était réalisé, et si les réhabilitations se multipliaient à l'excès, l'exemple donné ne tarderait pas à être suivi et la colonie aurait bientôt à souffrir de la direction de ces nouveaux administrateurs. Ceux-ci, quelques gages qu'ils aient donnés de leur bonne conduite, oublieraient, en effet, difficilement leur ancienne condition, et la population d'origine libre se trouverait souvent sacrifiée à la population pénale, que des liens trop intimes rattacheraient aux nouveaux élus. La réhabilitation qui, par ses résultats, peut ainsi nuire à la colonisation, ne doit avoir lieu que dans des circonstances exceptionnelles ; le gouvernement auquel seul il appartient d'accorder cette suprême faveur, est responsable, vis-à-vis de la colonie, des mesures qu'il peut prendre à cet égard.

Calédonie. Comme cette dernière loi, le décret de 1878 envisage la situation de la femme à deux points de vue différents :

1° Pendant le mariage ;

2° Après le mariage.

Situation de la femme pendant le mariage. — L'article 6 du décret du 31 août 1878, faisant application du 3° paragraphe de l'article 1401 du Code civil, décide que les terrains dont la concession devient définitive pendant le mariage sont communs, lorsque le transporté et son conjoint sont mariés en communauté ou avec société d'acquêts.

Tant que dure le caractère provisoire de la concession, la femme ne peut avoir plus de droits que n'en a son mari. Elle est même exposée à se voir retirer, du fait de ce dernier, la jouissance des terrains concédés. L'article 3 du décret, qui prévoit cette situation, y apporte en même temps un tempérament. La femme et les enfants des condamnés, dit le troisième § de l'art. 3, peuvent obtenir, *s'ils résident dans la colonie*, de continuer l'exploitation au lieu et place de leur époux et père à qui la concession est retirée, et dans ce cas, ils deviennent concessionnaires définitifs, à l'expiration du délai qui reste à courir. Cette dernière disposition constitue, du reste, une simple faculté pour l'administration à qui il arrive parfois

de retirer complétement la concession, notamment
lorsque le condamné n'a pas d'enfants et que les
renseignements fournis sur le compte de la femme
lui sont défavorables.

Si la propriété des terrains concédés était devenue
définitive lorsqu'intervient la faute qui motive la rétrocession, « une décision du gouverneur, dit l'article 9, peut conserver la concession à la femme ou aux
enfants du condamné, s'ils résident dans la colonie. »
Une telle disposition nous paraît manifestement contraire au deuxième § de l'article 6 dont nous avons
parlé. La femme mariée sous le régime de la communauté ayant déjà droit à la moitié des terres concédées, on s'explique difficilement la mesure dont il est
ici question. Si, en effet, au point de vue juridique on
comprend que les enfants du transporté puissent être
privés d'une propriété qui après s'être consolidée sur
la tête de leur père a été perdue par sa faute, on comprend moins la même disposition s'appliquant à la
femme et venant ainsi la priver d'un droit légitime-
ment acquis. Le principe que les condamnations du
mari délinquant grevent la communauté ne suffit pas
à expliquer l'article 9 du décret de 1878. La dé-
chéance dont il est ici question n'est autre chose
qu'une confiscation qui devrait forcément se limiter
aux biens qu'avait le transporté, au moment où elle a
été prononcée.

C'est ainsi que l'article 12 de la loi du 23 mars 1872 reconnaît le droit qu'a la femme du déporté de conserver une partie de la concession, au cas où le mari encourt la rétrocession.

Dans l'hypothèse spéciale qui nous occupe, il faut toutefois reconnaître que le pouvoir laissé à l'administration de conserver à la femme du concessionnaire évincé les droits que celui-ci avait précédemment fera le plus souvent disparaître en fait la contradiction qui existe entre l'article 9 et le deuxième § de l'article 6 du décret.

Des droits de la femme dans la succession de son mari. — Ici encore deux situations peuvent se présenter :

I. La mort du mari peut tout d'abord intervenir avant que la concession soit devenue définitive. Dans ce cas il ne saurait être question de droits successoraux proprement dits : le transporté n'ayant encore rien acquis, n'a pu, par suite, rien laisser à ses héritiers. La femme et les enfants du *de cujus* peuvent toutefois obtenir de l'administration de conserver la possession des terres concédées, ce qui leur permettra plus tard de consolider sur leur tête leur titre de propriété. L'article 5 du décret de 1878 décide à cet effet: « En cas de décès du titulaire d'une concession provisoire, avant l'expiration des cinq ans, sa veuve et ses enfants peuvent, s'ils résident dans la colonie, être autorisés à continuer l'exploitation, et, dan ce cas, deviennent concessionnaires définitifs à l'expiration du délai restant à courir.

En cas de décès du titulaire d'une concession provisoire accordée depuis plus de cinq ans, mais avant sa libération, ladite concession peut être attribuée, à titre définitif, à la veuve et aux enfants, s'ils résident dans la colonie [1]. »

Comme on le voit, il n'y a pas là de succession à proprement parler ; le transporté, en mourant, n'a, en effet, pas pu laisser à ses héritiers plus de droits qu'il n'en avait. Les dispositions qui précèdent permettent toutefois de donner satisfaction aux légitimes espérances de la femme du concessionnaire, à condition qu'elle réside dans la colonie.

II. Si la mort du concessionnaire n'intervient qu'après que la concession est devenue définitive, c'est alors une véritable succession qui s'ouvre, et l'article 10 du décret de 1878 en fixe ainsi la dévolution :

« En cas de décès du concessionnaire, après le moment où la concession est devenue définitive, les biens qui en font partie sont attribués aux héritiers, d'après les règles du droit commun.

---

1. Voyez, pour l'explication du délai de cinq ans, ce que nous avons dit sur le régime des concessions, au chapitre des condamnés en cours de peine.

« Néanmoins, dans le cas où il n'existe pas de descendants résidant dans la colonie, la veuve, si elle habitait avec son mari, succède à la moitié en propriété de la concession, si elle appartient en entier au mari, ou à la moitié de la partie dont il est propriétaire.

« En cas d'existence de descendants résidant dans la colonie, le droit de la femme n'est que d'un tiers en usufruit. »

S'il n'existe pas de descendants dans la colonie, la femme qui habitait avec son mari a droit à une partie de la concession, et cette partie, aux termes du paragraphe 2 de notre article, doit toujours être de la moitié de ce qui appartenait au défunt. Lorsque la concession est devenue définitive avant le mariage, en raisonnant *a contrario* du 2ᵉ paragraphe de l'article 6 que nous avons examiné plus haut, nous devons conclure que les terres concédées, étant un propre du mari, n'ont pu tomber en communauté. La femme, dans ce premier cas, doit donc avoir la moitié en propriété de la concession entière. Si, au contraire, la propriété du mari n'a pris son caractère définitif que pendant le mariage, le 2ᵉ paragraphe de l'article 6 ayant alors reçu son application, la concession est devenue un bien commun. La femme, dans ce second cas, ayant déjà droit à la moitié de la concession, prendra, en outre, la moitié de la partie qui revient d'ordinaire aux héritiers du mari. Elle aura donc ici les 3/4 de la concession.

La mesure prise par le gouvernement, en faveur de la femme du transporté concessionnaire, dans le paragraphe 2 de l'article 10 que nous venons d'expliquer, constitue une double dérogation aux règles du droit commun. Elle est d'abord manifestement contraire aux dispositions de l'article 767 du Code civil, qui n'appelle le conjoint à la succession du défunt que lorsqu'il n'existe aucun parent au degré successible. En second lieu, en limitant les droits de la femme à la moitié de la concession du mari, la mesure de faveur dont nous parlons enfreint la règle énoncée dans l'article 732, aux termes duquel : « La loi ne considère ni la nature ni l'origine des biens pour en régler la succession. »

Cette seconde dérogation qui limite la première, permet de justifier les avantages que le décret de 1878 a procurés à la femme du transporté concessionnaire. Les biens que le condamné a laissés en France et ceux qui constituent, à son décès, sa fortune mobilière dans la colonie pénitentiaire, telle qu'elle résulte du partage de la communauté, reviennent suivant le droit commun à ses successibles des différents degrés. Quant aux terres concédées, le gouvernement a cru bon, dans l'intérêt de la colonisation, de déroger à la règle ordinaire de la dévolution des biens, en en laissant une partie à la femme du transporté.

Facile à justifier, au point de vue de l'équité, la décision du gouvernement est inattaquable en droit; elle puise en effet sa source dans le troisième paragraphe de l'article 14 de la loi du 30 mai 1854, qui laissait à un règlement d'administration publique le soin de décider « l'étendue du droit de l'époux survivant et des héritiers du concessionnaire sur les terrains donnés par l'administration ».

Le dernier alinéa de l'article 10, prévoyant le cas où le transporté concessionnaire a laissé des descendants qui résident dans la colonie, réduit les droits de la femme à un tiers en usufruit. Cette dernière disposition en faisant concourir la femme avec les enfants du mari sur des biens déterminés constitue comme la précédente une dérogation aux articles 732 et 767 que nous avons rappelés plus haut [1].

III. La dévolution des successions, telle que nous venons de l'indiquer, peut se trouver modifiée, par suite des actes de disposition entre vifs ou testamentaires faits par le transporté. Celui-ci, même avant sa libération, peut, en effet, aux termes du deuxième alinéa de l'article 11 du décret du 31 août 1878, dans les limites autorisées par les articles 1094 et 1098 du

---

1. Aux termes de l'article 14 du décret : « Les avantages stipulés au profit de la femme du transporté concessionnaire de terres sont applicables, sous les mêmes conditions, à l'époux d'une femme transportée titulaire d'une concession ».

Code civil, disposer de ses biens coloniaux « soit par des actes entre vifs, soit par testament, en faveur de son conjoint habitant avec lui ».

Quant au transporté libéré d'une condamnation à temps, il peut disposer de tous ses biens comme il l'entend et au profit de qui il veut. Nous pensons même, que le testament fait par le condamné à temps en cours de peine, et qui comprend les biens qu'il a pu laisser en France, est valable, l'interdiction légale n'étant qu'un obstacle à l'exercice des droits, mais n'enlevant pas la jouissance de ceux dont l'exercice ne peut être fait par le tuteur [1].

Enfin le condamné aux travaux forcés à perpétuité incapable de disposer de ses biens pourrait obtenir, par l'effet d'une mesure gracieuse, une remise complète de son incapacité [2].

1. Cass., 27 février 1883, S. 84, I, 65.
2. Voy. *supra*, ch. II, *in fine*.

CHAPITRE VI

APPLICATION DE L'ART. 10 DE LA LOI DU 30 MAI 1854

La loi du 30 mai 1854, soumet les transportés à un régime particulier au point de vue de la répression des infractions, elle décide, dans son article 10, « que tous les crimes et délits commis par les condamnés seront jugés par un tribunal maritime spécial établi dans la colonie.

» Jusqu'à l'établissement de ce tribunal, ajoute le 2° alinéa du même article, le jugement appartiendra au premier conseil de guerre de la colonie, auquel seront joints deux officiers du commissariat de la marine. »

Aucun décret n'ayant constitué le tribunal auquel l'article 10 fait allusion, c'est la juridiction militaire qui, conformément à la dernière disposition que nous venons de reproduire, a jugé, jusqu'aujourd'hui, tous les crimes et délits commis par les condamnés aux travaux forcés.

L'application de l'article 10 a toutefois soulevé une difficulté que nous devons signaler. Cet article, en décidant que le conseil de guerre devait juger les crimes et délits commis par les *condamnés*, laissait incertaine la question de savoir si les mêmes infractions commises par les libérés astreints à la résidence relevaient ou non de la même juridiction. A propos de la libération des transportés, nous avons défini la nature juridique de l'obligation de résidence et nous avons vu que c'était là moins une peine qu'une mesure destinée à protéger la métropole contre de nouveaux attentats. Le caractère de pénalité ne pouvant, par suite, s'attacher à l'obligation de résider dans la colonie, il s'en suit que l'expression « *condamnés* » ne saurait d'aucune façon s'appliquer aux libérés dont nous parlons. Ceux-ci doivent donc, à la différence des transportés en cours de peine, relever des tribunaux ordinaires pour les crimes et délits qu'ils commettent. C'est là, du reste, le raisonnement qui semble avoir prévalu, au début de la transportation. Nous en avons pour preuve les termes mêmes du rapport qui précède le décret du 29 août 1855. Le ministre de la marine reconnaissait dans ce rapport « qu'aucune disposition ne permettait d'appliquer aux libérés le même régime pénal et la même juridiction qu'aux

autres transportés « *auxquels, ajoutait-il, il est cepen-*
dant, à cet égard, nécessaire de les assimiler ».

Le décret du 29 août 1855 réalisa cette réforme
jugée nécessaire ; il rendit justiciables des conseils
de guerre tous les individus qui subissaient la transportation dans les colonies pénitentiaires et décida
que les lois militaires leur seraient applicables[1]. Ces
dispositions, aux termes de l'article 2 du décret devaient être applicables aux libérés tenus de résider
dans la colonie.

Ce décret était inconstitutionnel. L'article 18 du
S. C. du 3 mai 1854 décide bien que les colonies
autres que la Martinique, la Guadeloupe et la Réunion
seront régies par décrets de l'empereur, mais il ne
contient pas le mot « *exclusivement* » dont se servait
le ministre, dans son rapport à l'empereur. L'article 18
n'empêchait pas le Parlement d'avoir valablement
voté l'article 10 de la loi de 1854. En élargissant les
termes du sénatus-consulte et en assimilant le libéré
au condamné en cours de peine, le gouvernement
commettait donc une flagrante illégalité[2].

Quoi qu'il en soit, la mesure prise en 1855 fut con-

1. Art. 1er du décret du 29 août 1855.

2. « La légalité de cette mesure, dit M. Dislère, nous paraît des
plus contestables ; il est permis de se demander si le droit conféré au
gouvernement par l'art. 18 du S. C. de 1854 l'autorisait à modifier une
loi postérieure à ce S. C., loi ayant non seulement un intérêt colonial,
mais encore, et surtout, un intérêt métropolitain. » (Dislère, *Traité
de législation coloniale,* p. 280.)

firmée en 1858. L'article 12 du titre II [1] du décret du
21 juin 1858 portant règlement d'administration publique pour l'application aux colonies du Code de
justice militaire pour l'armée de mer, est ainsi conçu :
« Sont justiciables des conseils de guerre permanents
dans les colonies, pour tous les crimes et délits qu'ils
peuvent commettre :

1° Tous les individus subissant, à quelque titre que
ce soit, la transportation dans les colonies françaises ;

2° Les condamnés aux travaux forcés subissant
leur peine sur le territoire de ces colonies.

3° Les *libérés* et repris de justice tenus d'y résider.
Sont maintenues les dispositions du décret du 29 août
1855 auxquelles il n'est pas dérogé par le présent
article.

L'état de choses ainsi réglé subsista jusqu'au décret
du 13 janvier 1888 qui, supprimant les décisions antérieures, est venu rendre à l'article 10 de la loi de
1854 sa véritable interprétation. L'article 6 de ce
décret décide en effet « que la connaissance de tous
les crimes et délits commis par les libérés tenus de
résider dans les colonies pénitentiaires est de la compétence des tribunaux de droit commun. » En droit,
il arrive parfois que certaines théories se modifient,
sous l'influence de besoins nouveaux, justifiant ainsi,

1. Le titre II du décret du 21 juin 1858 règle la compétence des conseils de guerre et des conseils de révision dans les colonies.

en quelque sorte, l'écart fait aux vrais principes. Ici, par un procédé contraire, comme on va le voir, c'est la nécessité pratique qui a ramené le gouvernement à l'application rigoureuse du texte de la loi

Aux termes de l'article 2 de la loi du 27 mai 1885, la rélégation ne doit être prononcée que par les cours et tribunaux ordinaires, comme conséquence des condamnations encourues devant eux, à l'exclusion de toutes juridictions spéciales et exceptionnelles. Cette disposition, qui avait pour but de protéger les condamnés politiques en restreignant dans une certaine mesure les pouvoirs des conseils de guerre appelés, en cas de troubles, à juger les faits d'insurrection [1], permettait également aux libérés, astreints à la résidence, soumis à la juridiction militaire par le décret du 21 juin 1858, d'échapper au régime de la rélégation, à la suite de nouvelles condamnations. C'était là une anomalie d'autant plus regrettable qu'elle établissait un régime de faveur pour ceux qu'on pouvait regarder; à bon droit, comme les pires des malfaiteurs [2]. On se rend compte, du reste, de ce qu'avait de fâcheux une distinction qui permettait de traiter plus rigoureusement

1. Loi du 9 août 849 sur l'état de siège.

2. « Il faudrait, disait M. Nouët, dans son rapport, ou que les conseils de guerre pussent prononcer la rélégation, ou que, comme le faisait pressentir la dépêche ministérielle du 28 juillet dernier, les libérés de 1re section fussent justiciables des tribunaux ordinaires... La rélégation pourrait être fréquemment prononcée et permettrait de débarrasser la libération de ses éléments les plus dangereux. »

les libérés dispensés de résidence que ceux qui y
étaient soumis. Le gouvernement s'émut d'autant
plus de cette situation, que la rélégation, en créant
« *le travail obligatoire* », comblait une des lacunes de
la loi de 1854[1]. L'article 2 du décret du 13 janvier 1888, qui rend justiciables des juridictions ordinaires les libérés astreints à la résidence, les soumet,
par là même, au régime de la rélégation, dans les cas
et dans les conditions prévues par la loi du 27 mai 1885.

JURIDICTIONS

Les condamnés en cours de peine relevant des conseils de guerre, et les libérés des tribunaux ordinaires,
nous nous occuperons successivement de ces deux
sortes de juridictions. Après avoir dit quelques mots
de leur organisation, de leur procédure, des infractions qu'elles frappent et des peines qu'elles pro-
noncent nous parlerons des crimes et délits commis
par les transportés en cours de peine et libérés, et
nous terminerons par la question importante des
évasions.

Juridictions militaires. — Le décret du 21 juin 1858
nous apprend que la justice militaire maritime, dans
les colonies françaises, est rendue, par des conseils de

---

1. Voy. le rapport du ministre de la marine qui précède le décret de
1888. (*Officiel* du 19 janvier 1888.)

guerre permanents et par des conseils de révision permanents. Aux termes de l'article 4 de ce décret, la Guyane et la Nouvelle-Calédonie ont chacune deux conseils de guerre et un conseil de révision.

La loi du 4 juin 1858 qui forme le Code de justice militaire pour l'armée de mer et pour l'application de laquelle le décret du 21 juin 1858 a été rendu, nous donne la composition des conseils de guerre et de révision.

Les conseils de guerre permanents sont composés d'un capitaine de vaisseau ou de frégate, ou d'un colonel ou lieutenant-colonel, président, et de six juges, savoir :

Un capitaine de frégate ou un chef de bataillon, chef d'escadron ou major.

Deux lieutenants de vaisseau ou capitaines.

Deux enseignes de vaisseau ou { un lieutenant. / un sous-lieut.

Un officier marinier ou un sous-officier.

Il y a près de chaque conseil de guerre un commissaire de la République, un rapporteur et un greffier.

Le commissaire de la République qui remplit près les conseils de guerre les fonctions du ministère public peut avoir sous ses ordres un ou plusieurs substituts [1].

1. Art. 3 de la loi de 1858.

Les membres des conseils de guerre sont pris parmi les officiers, officiers mariniers et sous-officiers appartenant au corps de la marine et aux corps organisés de la marine ou de l'armée de terre employés dans la colonie. S'il ne se trouve pas sur les lieux un nombre suffisant d'officiers du grade requis, les membres de ces conseils sont pris dans les grades inférieurs [1]. Ainsi organisés, les conseils de guerre connaissent comme nous l'avons dit de tous les crimes et délits commis par les condamnés en cours de peine [2].

Le titre III du décret de 1858, qui règle la procédure devant les conseils de guerre, confère aux agents préposés à la surveillance des établissements pénitentiaires les attributions d'officiers de police judiciaire.

Ils doivent, par suite, remplir toutes les formalités préparatoires de l'instruction relativement aux crimes et délits commis par les condamnés aux travaux forcés. De leur côté, les commandants des établissements pénitentiaires peuvent faire tous les actes nécessaires à l'effet de constater les infractions dont nous parlons et d'en délivrer les auteurs aux tribunaux (art. 115 de la loi de 1858).

Sans insister sur la façon de procéder des conseils de guerre, nous dirons simplement que le rapporteur,

---

1. Art. 5 du décret du 21 juin 1858.
2. Art. 12 du titre II du décret de 1858.

qui exerce les fonctions de juge d'instruction, réunit les preuves et les communique au commissaire du gouvernement. Celui-ci soutient l'accusation. Le conseil, après avoir entendu les témoins, le commissaire de la République et le défenseur de l'accusé, prononce le jugement. Les jugements qu'il rend, non susceptibles d'appel, peuvent être attaqués seulement par voie de recours en révision.

Les peines qui peuvent être appliquées par les tribunaux de la marine en matière de crime sont : la mort, les travaux forcés à perpétuité, les travaux forcés à temps, et la réclusion[1]. En matière de délits les peines sont : les travaux publics, l'emprisonnement, le cachot ou la double boucle[2], et l'amende. « Toutes ces peines ont leurs effets déterminés par le Code pénal ordinaire. » L'article 256 ajoute même que les dispositions de l'article 463 du C. P., relatives aux circonstances atténuantes, peuvent être étendues aux individus qui n'appartiennent pas à la marine.

L'application des peines dont nous venons de parler a soulevé et soulève encore aujourd'hui une grave difficulté. Le dernier alinéa de l'article 12 du titre II

---

1. L'art. 237 de la loi de 1858 cite encore la déportation, le bannissement et la dégradation militaire ; mais ces peines ne peuvent frapper que les marins.

2. La double boucle qui n'existe pas dans le Code pénal ordinaire, consiste dans une chaine en fer que le condamné porte à chaque jambe. Cette chaîne, qui n'a plus de boulet à son extrémité, permet aux condamnés de travailler.

du décret du 21 juin 1858 décidant que les dispositions du décret du 29 août 1855 auxquelles il n'était
pas dérogé par cet article restaient maintenues,
les conseils de guerre de nos colonies pénitentiaires
en avaient conclu que le deuxième alinéa de l'art. 1ᵉʳ
du décret de 1855 n'avait subi, dans la pratique, aucune modification.

Aussi avaient-ils continué, après comme avant la
loi du 4 juin 1858, à appliquer aux forçats en cours
de peine les dispositions du code militaire, et non celles du code maritime.

Un arrêt du conseil de révision de la Nouvelle-Calédonie du mois d'avril 1884 est venu modifier sur ce
point la jurisprudence des conseils de guerre[1]. Ces
conseils, se conformant aujourd'hüi aux articles 12
et 21 du décret du 21 juin 1858 et à l'article 361 de la

[1]. Le deuxième conseil de guerre, dans sa séance du 18 mars 1884,
ayant pensé qu'il devait être fait application du Code militaire aux condamnés en cours de peine, avait condamné le nommé Laforge à dix
ans de réclusion, sans surveillance, en vertu de l'art. 248, §1 et 2 dudit
Code.

Le conseil de révision, sur le pourvoi du commissaire du gouvernement, annula le jugement, et l'affaire fut renvoyée devant le premier
conseil de guerre.

Le conseil de révision s'était basé, pour prononcer cette annulation,
sur les articles 12 et 21 du décret du 21 juin 1858, 252 du Code maritime et la dépêche ministérielle du 15 octobre 1877.

Il fut procédé à de nouveaux débats, et Laforge, accusé d'avoir
soustrait une boîte de conserves au préjudice de l'Etat, a vu réduire
sa peine à deux années d'emprisonnement, par application de l'article 33, §§ 1, 2 et 7 du Code maritime. (Journal le *Néo-Calédonien* du
21 avril 1884.)

loi de 1858, appliquent, en principe, les dispositions
du code de justice maritime, et à leur défaut, celles
édictées par les lois pénales ordinaires [1].

A côté des conseils de guerre dont nous venons
d'examiner l'organisation et le fonctionnement, la
Guyane et la Nouvelle-Calédonie possèdent également
chacune un conseil de révision [2]. Ce conseil est composé, dans chacune de nos colonies pénitentiaires, de
trois juges, savoir : l'officier général ou supérieur le
plus élevé en grade ou le plus ancien de grade, président ; deux officiers supérieurs et, à défaut, les deux
plus anciens lieutenants de vaisseau, comme juges.
Les fonctions de commissaire du gouvernement peuvent être remplies par un lieutenant de vaisseau ou un
sous-commissaire de la marine. Dans tous les cas, le
président du conseil de révision doit être d'un grade
au moins égal à celui du président du conseil de
guerre qui a jugé l'accusé.

1. Les dispositions pénales du décret de 1855 (2e alinéa de l'art. 1er)
étaient illégales comme ayant été prises contrairement au dernier
alinéa de l'art. 10 de la loi de 1854 ainsi conçu :
« Les lois concernant les crimes et délits commis par les forçats, et
les peines qui leur sont applicables continueront à être exécutées. »
Le décret de 1858, après avoir énuméré les peines dont sont passibles les justiciables des conseils de guerre maritimes, ne contient aucune disposition spéciale aux condamnés aux travaux forcés. Les juridictions militaires de nos colonies pénitentiaires devraient donc
appliquer aux transportés en cours de peine coupables de crimes ou
délits, les anciennes pénalités du bagne, conformément au dernier
alinéa de l'art. 10 de la loi de 1854.
2. Art. 2 du chapitre vi du décret du 21 juin 1858.

Le conseil de révision, ainsi composé, remplit, à l'égard des conseils de guerre, les attributions qu'a la Cour de cassation, vis-à-vis des juridictions ordinaires. Son rôle se borne à examiner si les jugements qui lui sont déférés sont ou non conformes à la loi ; dans le premier cas, il les maintient ; dans le second, il les annule. Si l'annulation a lieu pour incompétence, le conseil de révision prononce le renvoi devant la juridiction à qui l'affaire aurait dû être primitivement soumise ; si c'est pour un autre motif, l'affaire est renvoyée devant le conseil de guerre de la colonie qui n'en a pas connu [1].

Juridictions ordinaires. — Les libérés relevant, comme nous l'avons vu, des tribunaux ordinaires, nous devons maintenant dire quelques mots de ces dernières juridictions dont l'organisation et la procédure diffèrent sensiblement de celles qui existent en France [2].

Nos colonies pénitentiaires ont, chacune à leur chef-lieu, un tribunal supérieur et un tribunal de première instance [3].

1. Art. 19 du tit. III du décret de 1858.

2. Voy. les décrets du 28 novembre 1866 et du 8 février 1882 portant organisation de la justice en Nouvelle-Calédonie et le décret du 20 février 1886 portant organisation de la justice en Guyane.

3. Il y a eu, jusqu'en 1886, une Cour d'appel en Guyane ; le décret du 20 février 1886 lui a substitué un tribunal supérieur semblable à celui de la Nouvelle-Calédonie.

Le tribunal supérieur a deux attributions distinctes qui influent à la fois sur son mode de procéder et sur sa composition. Il fait d'abord fonctions de Cour d'appel, et il est alors composé d'un président, de deux juges et d'un greffier, qui remplit les mêmes fonctions auprès du tribunal de première instance. En second lieu, le tribunal supérieur se constitue en tribunal criminel pour le jugement de toutes les affaires qui sont portées en France devant les Cours d'assises. Il lui est adjoint, dans ce cas, quatre assesseurs désignés par la voie du sort, sur une liste de vingt notables français domiciliés dans la colonie et jouissant de leurs droits civils et politiques [1]. Les assesseurs ont voix délibérative sur la question de culpabilité seulement ; quatre voix sont nécessaires pour qu'il y ait condamnation.

Le tribunal de première instance se compose d'un juge président, d'un lieutenant de juge, plus spécialement chargé des fonctions de juge d'instruction, d'un juge suppléant [2] et d'un greffier.

Un procureur de la République, chef du service judiciaire, exerce l'action publique dans le ressort

1. Cette liste est dressée chaque année par une commission composée du directeur de l'intérieur, du juge président du tribunal de première instance et d'un membre du conseil général, désigné par cette assemblée.

2. Le tribunal de première instance de Cayenne a deux juges suppléants.

des tribunaux du chef-lieu, et remplit les fonctions de ministère public, près les juridictions de première instance et d'appel.

Les libérés, astreints à la résidence, depuis le décret du 13 janvier 1888, répondent de leurs crimes devant le tribunal supérieur et de leurs délits devant les tribunaux de première instance. Quant aux simples contraventions qu'ils peuvent commettre, elles sont portées, comme autrefois, devant les tribunaux de simple police, représentés dans nos colonies pénitentiaires, comme dans la métropole, par des justices de paix.

Ces dernières juridictions, dont il nous reste maintenant à parler, sont au nombre de quatre en Nouvelle-Calédonie et de huit en Guyane [1]. Elles se divisent en justices de paix à compétence ordinaire et en justices de paix à compétence étendue. Les premières fonctionnent comme en France et ne présentent aucune singularité ; la compétence des autres tient le milieu entre celle des tribunaux correctionnels et celle des tribunaux de police C'est ainsi que les justices de paix à compétence étendue connaissent à la fois de toutes les contraventions qui sont commises et constatées dans leurs ressorts et de tous les délits n'emportant pas une peine supérieure à celle de six

---

1. Elles se composent d'un juge et d'un greffier. Le commissaire de police ou, à défaut, un agent désigné par le gouverneur, occupe, auprès de ces tribunaux, le siège du ministère public.

mois d'emprisonnement ou de 500 francs d'amende.

Les justices de paix de la Nouvelle-Calédonie présentent, en outre, sans distinction de compétence, une
particularité qu'il est bon d'indiquer. En dehors des
audiences périodiques que les juges de paix tiennent
au lieu de leur résidence, ils doivent se transporter
sur certains points de leur circonscription pour y
donner des audiences foraines, à des époques déterminées par le gouverneur, en conseil privé.

Les appels des jugements rendus en matière de
simple police par tous les juges de paix, et en matière correctionnelle par les juges de paix à compétence étendue, sont portés devant les tribunaux de
première instance.

Les jugements rendus en dernier ressort, en matière de simple police, par les juges de paix peuvent
être attaqués, par la voie de l'annulation, pour incompétence, excès de pouvoir, ou violation de la loi,
devant le tribunal supérieur. C'est également devant
ce tribunal que sont portés les appels formés contre
les jugements correctionnels.

La procédure préparatoire des jugements, devant
les différents tribunaux dont nous venons de parler,
diffère sensiblement de celle qui existe en France.

La Chambre des mises en accusation tout d'abord
n'existe pas ; le tribunal criminel est saisi directement
par le procureur de la République de toutes les af-

faires de sa compétence. A cet effet, les instructions criminelles dirigées par le lieutenant de juge sont transmises sans délai au procureur de la République. Celui-ci, s'il est d'avis qu'il y a lieu de traduire l'accusé devant le tribunal criminel[1], dresse l'acte d'accusation et demande au président l'indication d'un jour pour l'ouverture des débats. L'ordonnance du juge et l'acte d'accusation sont signifiés à l'accusé, auquel toutes les pièces de la procédure sont communiquées sur sa demande. Celui-ci peut, du reste, fournir, pendant l'instruction de l'affaire, toutes les justifications qu'il croit nécessaires.

En matière correctionnelle ou de simple police, le tribunal est saisi, soit par le ministère public, qu'il y ait eu ou non instruction préalable, soit directement, par la citation donnée au prévenu, à la requête de la partie civile. S'il y a eu instruction, le juge remet les pièces au procureur qui reste le maître de ne pas donner suite à l'affaire ou de saisir le tribunal compétent.

Les jugements rendus par les juridictions que nous venons d'examiner, n'offrent aucune particularité à signaler. Quant aux peines appliquées, ce sont celles du Code pénal ordinaire. Signalons toutefois, à propos des pénalités, une disposition spéciale du décret du

---

1. Le procureur de la République est tenu de mettre l'affaire en état dans les 10 jours de sa réception.

16 août 1854[1]. L'article 22 de ce décret, qui est encore
applicable en Guyane et en Calédonie, est ainsi conçu :
« à défaut de paiement, dans la quinzaine des premières
poursuites, les condamnations à l'amende et aux dé-
pens prononcées, soit par les tribunaux de simple police ou de police correctionnelle, soit par la Cour d'assises, sont de droit converties en journées de travail
pour le compte et sur les ateliers de la colonie, d'après
les taux et les conditions réglés par arrêtés du gouverneur en conseil. Faute de satisfaire à cette obligation, les condamnés sont contraints à acquitter leurs
journées de travail sur les ateliers de discipline ».
Cette disposition est une heureuse transformation de
la contrainte par corps qui, comme on le sait, est res-
tée applicable en matière criminelle, correctionnelle
et de police[2]. En dépassant les termes de l'article 3 de
la loi du 22 juillet 1867, l'article 22 du décret du
16 août 1854 a permis à l'administration de soumettre
les libérés au travail dans les cas spéciaux qu'il prévoit. C'est là, du reste, le seul moyen qui, jusqu'en ces dernières années, ait pu légalement
être employé pour contraindre les transportés de
4ᵉ catégorie à travailler. Aujourd'hui, grâce au décret
de 1888, les libérés pouvant, à la suite de condamna-

1. Décret abrogé aujourd'hui en grande partie par des décrets postérieurs

2. Voy. l'art. 3 de la loi du 22 juillet 1867 et la loi du 19 décembre
1871.

tions nouvelles, être soumis au régime de la rélégation, l'administration se trouve un peu moins désarmée
contre eux. Ceux qui, loin de chercher du travail, vivent en état de vagabondage, pourront désormais être
enrolés dans les sections mobiles organisées par le
décret de février 1889, et cesseront ainsi d'être pour
la colonie un sujet de trouble et d'embarras.

Le décret de 1888 qui, par voie de conséquence,
aboutit à l'heureux résultat dont nous venons de parler, en apportant une restriction à la liberté presque
illimitée dont jouissaient les libérés, à la suite de la loi
du 27 mai 1885, a également conjuré à un autre point
de vue une partie des dangers qui résultaient pour nos
colonies pénitentiaires de la libération des condamnés.
L'administration locale qui peut désormais, au moyen
d'appels bi-annuels, connaître exactement le domicile
des libérés astreints à la résidence, peut aussi, par des
mesures de précautions sagement prises, prévenir les
désordres que leur présence dans certaines localités,
pourrait occasionner.

Nous devons, toutefois, constater que, malgré la
réglementation nouvelle et malgré la vigilance de l'autorité, les crimes et les délits commis par les libérés
atteignent toujours un chiffre fort élevé. Le délit le
plus fréquent est celui que commettent les libérés en
se rendant au chef-lieu de la colonie pénitentiaire,
contrairement aux arrêtés des gouverneurs de Guyane

et de Calédonie. Ils encourent ainsi la pénalité qui résulte des dispositions de l'article 45 du Code pénal dont l'application a été conservée par la loi du 27 mai 1885 sur la relégation.

INFRACTIONS. — PÉNALITÉS

Les simples contraventions commises par les transportés en cours de peine sont punies par les mesures disciplinaires prévues par le titre II du décret du 18 juin 1880 [1].

Ce titre énumère longuement, dans 18 articles, les infractions à la discipline des établissements pénitentiaires et les peines qui en sont le résultat.

Les châtiments corporels étant passés sous silence nous devons en conclure que ces châtiments sont supprimés. Sans en demander le rétablissement, nous sommes cependant obligés de constater que les coups de corde, quelque barbares qu'ils fussent, exerçaient sur la discipline une salutaire influence [2].

Le jugement que nous portons ici découle à la fois des données statistiques fournies par les notices et

1. Les prétoires de justice, établis dans les camps et dans les établissements pénitentiaires, en vertu d'une décision ministérielle du 23 mars 1883, sont chargés d'examiner les plaintes des surveillants et de statuer sur les peines qui doivent être prononcées.

2. Voy. à ce sujet, les arguments pour et contre développés par MM. Schœlcher et Bérenger, dans la séance du Sénat du 11 février 1878.

de la conformité de vues de tous ceux que nous avons
interrogés à ce sujet et qui ont vu de près quelles
natures il s'agit de ramener au bien et quelle force
d'inertie elles opposent.

Les pénalités qu'on inflige aujourd'hui sont insuffisantes : retranchement de vin ou de tafia (art. 11),
nuits de fer ou de prison, un mois ou deux de cellule,
avec pain sec un jour sur trois (art. 16), rétrogradation
aux catégories inférieures (art. 25), ce ne sont pas là,
on en conviendra, des moyens sérieux de répression
contre les misérables dont il s'agit. Pour refus d'obéissance, pour insultes, sans menaces ni sévices envers
un supérieur, un soldat est traduit devant un conseil
de guerre qui le condamne généralement aux travaux
publics. La même faute commise par un forçat entraîne une peine dont le maximum ne dépasse pas la
prison de nuit pendant un mois (art. 14).

Les notices qui fournissent, jusqu'en 1884, le chiffre des condamnations prononcées par les conseils
de guerre, se contentent d'indiquer, sans aucun détail, les faits à raison desquels les transportés ont été
poursuivis. Les renseignements qui nous sont récemment parvenus de Guyane et de Calédonie nous permettent de compléter sur ce point les données purement statistiques fournies par le ministère. Reconnaissons, tout d'abord, que si les assassinats et les
vols se multiplient, cela tient en grande partie au

régime auquel sont actuellement soumis les condamnés aux travaux forcés. Les engagés et les *garçons de
famille*, employés chez les colons et les fonctionnaires, pouvant circuler librement à l'intérieur des habitations, en profitent souvent pour dérober les objets
qui excitent leur convoitise. Quelques-uns, malheureusement, ne se bornent pas à voler, de temps à
autre, des crimes horribles viennent rappeler à la population que, sous le domestique ainsi fourni par
l'administration, se trouve un forçat dont les instincts
mauvais, quelque temps réprimés, se font jour à nouveau, grâce à la liberté trop grande qui lui est accordée[1]. Ces événements terribles sont toutefois loin de
porter les fruits qu'on serait en droit d'en attendre ;
quand ils se produisent, la presse locale en rend
compte, on s'en occupe pendant quelque temps,
mais bientôt *engagés* et *garçons de famille* continuent
comme auparavant à jouir de la confiance de ceux
qui les emploient. Les crimes commis dans les ateliers et sur les chantiers sont également fort nombreux.

La fréquence de tous ces attentats, en dehors de
la facilité avec laquelle ils peuvent être commis, s'explique encore par l'impunité qui, la plupart du temps,
se trouve être assurée à leurs auteurs. Les transportés,
condamnés en grande partie à de longues peines, ne

1. Voy. Moncelon, *op. cit.* p. 51.

redoutent d'aucune façon les condamnations nouvelles qu'ils peuvent encourir et qui ne changent en rien leur situation. « L'emprisonnement ou la réclusion, dit M. Léveillé, ne s'exécutera pas sur le champ, parce que le forçat doit avant tout terminer la peine plus élevée des travaux forcés qui est en cours. Le conseil prononcera-t-il contre le forçat, à raison de l'infraction nouvelle, dix, vingt, quarante ans de travaux forcés ? Ces dix, vingt, quarante ans nouveaux prendront rang après la peine ancienne des travaux forcés que subit actuellement le malheureux [1]. » Le ministre de la marine, voyant les mauvais résultats qui découlaient de cet état de choses, résolut, en 1881, d'y porter remède. Étant, à bon droit, convaincu que l'emprisonnement et la réclusion constituaient des châtiments beaucoup plus redoutés des transportés que l'exécution actuelle des travaux forcés, il songea tout d'abord à déroger aux principes du droit pénal en interrompant la peine principale pour faire subir aux transportés les peines de l'emprisonnement ou de la réclusion prononcées par les tribunaux de la colonie pour de nouveaux méfaits. Cette manière de voir ayant été rejetée par le conseil des ministres, comme étant contraire aux dispositions de la loi pénale, le ministre de la marine ordonna de construire en Guyane et en Nouvelle-Calédonie un pénitencier

---

1. M. Léveillé, *La Guyane*, p. 15.

fermé dans lequel serait désormais pratiqué le régime disciplinaire des maisons centrales de réclusion. Aux termes de la dépêche ministérielle du
18 février 1881, on devait soumettre au régime nouveau « les condamnés dont la conduite et les dispositions menaçaient la sécurité publique [1] ». Cette dernière mesure, qui était un aveu formel de l'impuis-
sance de l'administration pénitentiaire, fut retirée par
une dépêche ministérielle de 1882 qui faisait remarquer, avec raison, que la réglementation nouvelle ne
pouvait se concilier avec les dispositions du décret
du 18 janvier 1880 sur le régime disciplinaire des
transportés [2]. Pour combler la lacune qui existe dans
la loi de 1854, au point de vue spécial qui nous occupe,
il faudrait qu'une disposition législative vint permettre à l'administration d'interrompre la peine principale
pour faire subir au transporté celle qu'il aurait de
nouveau méritée. Cette disposition, qui existe dans la
loi du 25 mars 1873 sur la déportation et dans le décret du 25 novembre 1885 sur la rélégation [3], permettrait d'apporter au régime de la transportation une
heureuse modification.

Aujourd'hui, les condamnés, sachant par avance
qu'ils ne peuvent être frappés plus rigoureusement

1. *Notices*, années 1882-1883, p. 314.
2. *Notices*, années 1882-1883, p. 328.
3. Voy. l'art. 5 de la loi de 1873 et l'art. 37 du décret du 25 novembre 1885.

qu'ils le sont déjà, se montrent entièrement rassurés sur le sort qui les attend, à la suite des crimes nouveaux qu'ils ont commis. Ils comparaissent devant les juges du conseil de guerre avec une assurance qui va jusqu'à l'effronterie. Les outrages faits en France aux magistrats, soit en correctionnelle, soit en Cour d'assises, ne peuvent donner qu'une faible idée des scènes scandaleuses qui ont lieu à l'audience du conseil de guerre. Celui-ci, quelle que soit la perversité des condamnés qui souvent ont à répondre devant lui de plusieurs crimes à la fois, ne peut leur appliquer qu'une peine qu'il sait par avance devoir être rarement exécutée [1]. La peine de mort prononcée, la clémence du chef de l'État intervient en effet le plus souvent, et, après quelques mois d'attente, le condamné se retrouve dans le même état qu'avant sa condamnation.

A notre avis, la situation présente serait de beaucoup améliorée, si le gouverneur en conseil privé pouvait, comme autrefois, statuer en dernier ressort sur l'exécution de la sentence prononcée par le conseil de guerre. Cette prérogative, qui avait été attribuée par un décret aux gouverneurs de Guyane et de Calédonie, leur a été retirée depuis par une simple

1. Pendant les années 1884 et 1885, 56 transportés ont été condamnés à mort en Nouvelle-Calédonie et 4 seulement ont été exécutés. En Guyane, le chiffre des condamnations à mort prononcées de 1877 à 1885 s'élève à 17 et il n'y a eu que 2 exécutions.

dépêche ministérielle [1]. Tant que cette attribution ne leur sera pas rendue, et aussi longtemps que la clémence du président de la République s'exercera à l'état de règle et non d'exception, l'autorité restera désarmée, le prestige dû à la magistrature disparaîtra, et les crimes, loin de diminuer, iront toujours en augmentant.

DES ÉVASIONS

Après avoir parlé d'une façon générale des infractions commises par les transportés et des peines qui leur sont applicables, nous devons, maintenant, examiner le crime spécial des évasions. Ce crime, dont la fréquence peut à la fois ôter à la peine une partie de son efficacité et créer à la métropole des difficultés extérieures, demande d'assez longs développements. Nous espérons, grâce aux documents qui nous sont parvenus, pouvoir traiter cet important sujet dans son ensemble.

Des caractères constitutifs du crime d'évasion. — Les éléments constitutifs de l'évasion doivent être examinés à deux points de vue différents ; ces élé-

1. Lorsque la peine de mort est exécutée, le châtiment ayant lieu plusieurs mois après la condamnation perd beaucoup de son exemplarité pour les condamnés qui assistent à l'exécution, mais qui ne se rappellent plus le crime qui a été commis.

ments diffèrent, en effet, suivant qu'il s'agit de transportés en cours de peine ou de libérés [1].

Une ordonnance de 1843, rendue applicable aux colonies pénitentiaires par une dépêche du 21 avril 1876, décide qu'il y a évasion « lorsqu'un condamné aux travaux forcés s'est éloigné du lieu où il était détenu ou employé, ou est parvenu à se soustraire à la surveillance des agents préposés à sa garde ». Un procès-verbal aussitôt dressé doit constater l'état d'évasion du transporté, et permet, si plus tard il est pris, de vérifier si les délais de prescription sont accomplis.

Pour les libérés, le crime d'évasion ne peut exister que s'ils abandonnent la colonie où ils sont internés. L'article 2 du Code pénal punissant la tentative de crime comme le crime même, le forçat fugitif repris avant d'avoir pu assurer sa retraite, et le libéré capturé au moment où il quitte la colonie, encourent l'un et l'autre les peines prononcées par l'article 8 de la loi du 30 mai 1854 [2].

1. Bien que le fait constitutif de l'évasion soit qualifié d'une façon différente par la loi de 1854, lorsqu'il est accompli par un libéré, néanmoins, pour faciliter l'étude que nous allons faire, nous emploierons le mot « évasion » indistinctement, qu'il s'agisse de transportés en cours de peine ou de libérés.

2. Une dépêche ministérielle du 26 mai 1882 adressée au gouverneur de la Nouvelle-Calédonie, rappelle, à cet égard, que les articles 1 et 2 du C. P. ont une portée générale et dominent toute la législation criminelle, y compris les lois pénales qui sont en dehors du Code (Cass., 10 octobre 1845 et 7 juillet 1847).

Les évasions, dans nos colonies pénitentiaires, peuvent avoir lieu, soit à l'intérieur, soit à l'extérieur.

Évasions à l'intérieur. — Le peu de surveillance qui entoure les condamnés en cours de peine, dans l'exécution des différents travaux auxquels ils sont livrés, leur permet aisément de s'évader.

En cherchant à s'enfuir, les condamnés poursuivent des buts différents ; à ce sujet, on peut partager les évadés en deux catégories bien distinctes.

Nous avons vu, dans le chapitre des condamnés en cours de peine, que tous les transportés sont, à leur arrivée dans la colonie, placés dans un pénitencier dépôt. Là, la plupart d'entre eux exercent le métier qu'ils avaient en France, attendant d'être envoyés dans les camps mobiles pour les travaux de la colonisation. Or, il arrive souvent que les condamnés contractent, au pénitencier, des habitudes qu'il leur est pénible d'abandonner. Sans parler de la nourriture et du logement qui sont meilleurs au dépôt que dans les camps, les transportés au chef-lieu ou dans les centres où ils sont primitivement placés, peuvent vendre de nombreux petits objets qu'ils confectionnent en cachette, dans les ateliers et se procurer ainsi certaines ressources qui leur permettent d'améliorer leur condition. On comprend, dès lors, qu'il leur coûte de laisser un travail relativement facile pour aller sur les chantiers pénitentiaires s'occuper à l'exécution de routes, de lignes télégraphiques, et de tous autres travaux d'utilité publique.

Aussi, beaucoup partent-ils avec l'intention de retourner le plus promptement possible reprendre, au pénitencier, leur occupation primitive. Dans ce but, arrivés au camp, ils s'évadent, et après être restés cachés pendant quelques jours, ils se font prendre, ou encore se rendent d'eux mêmes au camp voisin. L'administration, qui les regarde comme des malfaiteurs dangereux, les réintègre au pénitencier, les défère au conseil de guerre et leur permet ainsi, après quelques mois de cellule, de reprendre la vie relativement heureuse qu'ils avaient menée à leur arrivée.

A côté de ces évadés, il en est d'autres qui quittent le pénitencier uniquement pour s'affranchir de tout travail et de toute discipline. Ceux-là, bien décidés à fuir définitivement le joug de l'administration, préparent de longue main leur évasion, et ne retournent au pénitencier que lorsqu'ils sont repris par les agents de la force publique ou bien encore par les colons ou les indigènes qui assurent ainsi leur tranquillité, tout en percevant le prix que donne l'administration à l'occasion de chaque capture. Les Canaques de la Nouvelle-Calédonie et les Indiens de la Guyane, dans le but de se procurer la somme assez forte[1] que donne l'administration, organisent, à chaque évasion, de véritables chasses à l'homme et rendent fort difficile la fuite des condamnés. L'administration pénitentiaire est, du reste, fortement intéressée à la prompte réintégration des évadés. Responsable des vols et déprédations des transportés, elle est exposée à payer, de ce chef, aux colons des sommes souvent considérables[2].

Les évadés de l'intérieur, qui portent ainsi atteinte à la propriété pour mettre leur projet d'évasion à exécution, ou bien encore pour assurer leur existence, n'offrent guère de dangers, au point de vue de la sécurité des personnes. M. John Norton, agent d'émigration de New-South-Wales (Nouvelle-Galles-du-Sud) qui, comme tout Australien, croyait devoir dénigrer notre belle colonie océanienne, fait allusion, dans une lettre adressée à Lord Salisbury en 1886, à des arrestations à main armée et à des attaques nocturnes qui auraient lieu, dit-il, assez sou-

1. Ces primes, après avoir souvent varié, sont aujourd'hui ainsi fixées : 10 francs pour une capture faite dans l'intérieur des camps, 20 francs en ville et 50 francs en mer.

2. Au début de la transportation, l'Etat indemnisait toutes les fois qu'il y avait eu vol, ne recourant à l'autorité judiciaire que pour faire évaluer le *quantum* des dommages causés. Les évasions ayant, dans la suite, considérablement augmenté, les plaintes des particuliers se prétendant lésés par les évadés s'accrurent dans les mêmes proportions. Le gouvernement recommanda alors à l'administration d'épuiser toutes les voies de droit avant d'acquitter le montant des sommes mises à sa charge. (*Notices,* année 1884, p. 263.)

vent à l'intérieur de l'île de la part des évadés.
M. Léo-Layard, vice-consul d'Angleterre à Nouméa,
bien placé pour apprécier les faits dont il s'agissait,
répondit à cette lettre par une dépêche que publia
l'*Evening News*, de Sydney, du 8 juin 1886, et que
nous devons reproduire, par suite de l'intérêt qu'elle
présente, au point de vue spécial qui nous occupe :
« La lettre de M. Norton, dit M. Layard, contient, au
sujet de la Nouvelle-Calédonie, des erreurs tellement
grossières que je considère comme un devoir de pré-
munir Lord Salisbury par télégramme contre les exagérations qu'elle renferme..... Le premier souci des
forçats, dès qu'ils sont évadés, est de se procurer des
vêtements de civil et quelque nourriture. Ils ne commettent jamais de violence, et s'ils sont pris en fla-
grant délit de vol, ils n'ont d'autre idée que de se
sauver... »

Les renseignements qui nous parviennent de
Guyane nous autorisent à penser que les évadés dans
ce dernier pays ne sont guère plus dangereux pour
les personnes qu'en Calédonie. « Après sept ou huit
jours passés dans les forêts, les évadés, nous écrit un
de nos amis, traqués comme de véritables bêtes fauves
par les Indiens, qui savent que leur capture représente
une somme pour eux assez importante, finissent
par se constituer prisonniers et reviennent au camp
minés par la fièvre et souvent rongés par les ulcères.»

Évasions à l'extérieur. — Les évasions dont il nous reste à parler sont communes à la fois aux transportés en cours de peine et aux libérés. Ces derniers, toutefois, on le comprend aisément, peuvent, grâce à la liberté dont ils jouissent, s'évader beaucoup plus facilement que les premiers.

En Nouvelle-Calédonie, les forçats de toute catégorie ne peuvent que fort difficilement s'enfuir de la colonie. Les tentatives d'évasion sont en effet entravées par des difficultés sans nombre.

En dehors du cas heureusement toujours assez rare, où la complicité d'un capitaine de navire vient faciliter le crime dont nous parlons, les transportés qui s'évadent doivent montrer un courage et une énergie que sont seuls capables d'avoir des hommes résolus à courir les plus grands dangers et à supporter les plus grandes privations pour reconquérir leur liberté.

La ceinture de récifs madréporiques qui entoure la Nouvelle-Calédonie semblerait, de prime abord, devoir être, à elle seule, un obstacle infranchissable à toute évasion tentée au moyen d'une embarcation; c'est ainsi cependant que s'effectuent la plupart d'entre elles.

Les évadés, avant de toucher la terre la plus proche qui est le continent Australien, doivent naviguer pendant dix jours et souvent plus. Ceux qui, pendant ce laps de temps, réussissent à échapper à la faim et au naufrage, débarquent en Queensland où bon nombre d'entre eux sont capturés par la police anglaise [1]. « Quoique confinés dans une île, dit M. John Norton, dans la lettre à Lord Salisbury, des vingtaines de convicts trouvent chaque année le moyen de se sauver en Australie. » M. Layard lui répond, dans l'*Evening-News*, « que des vingtaines de condamnés ne gagnent pas chaque année l'Australie, le fait s'est produit une seule année et les évadés ont d'ailleurs été ramenés en Nouvelle-Calédonie. »

La convention d'extradition du 14 août 1876, passée entre la France et l'Angleterre, a en effet reçu force exécutoire relativement aux colonies océaniennes des deux pays. C'est là ce qui résulte d'une communication faite par le gouvernement anglais en 1881, aux termes de laquelle « les prescriptions du traité d'extradition devront désormais être appliquées aux condamnés français qui se seront réfugiés en Australie[2] ». Nous devons reconnaître, avec M. Layard, que depuis cette époque la plupart des transportés évadés, réfugiés en Australie, ont été reconnus, arrêtés et signalés aux autorités calédoniennes qui se

---

1. *Notices*, année 1883, p. 469.

2. L'art. 7 du traité d'extradition en avait réservé l'application en ce qui concernait les colonies et possessions anglaises.

sont empressées de les faire reprendre et de les réintégrer sur le sol de notre colonie.

En Guyane, la facilité avec laquelle les évasions peuvent s'opérer les rend beaucoup plus fréquentes qu'en Calédonie [1]; nous devons toutefois ajouter que celles qui réussissent sont fort rares. Nous avons déjà vu le peu de succès de celles qui s'accomplissent à l'intérieur, celles qui ont lieu sur les possessions anglaises ou hollandaises qui avoisinent notre colonie ont également peu de chance de réussite. Le traité d'extradition du 14 août 1876, permet d'abord au gouvernement français de demander à l'Angleterre l'extradition des condamnés réfugiés sur son territoire [2]. En second lieu la convention des 2 et 3 août 1860,

---

1. Les premiers annamites arrivés en Guyane, laissés presque sans surveillance, s'évadèrent en masse en 1886.

2. Ce traité, qui a été rendu exécutoire pour les possessions anglaises de l'Amérique, a même fait, relativement à la Guyane, l'objet d'une communication que nous devons signaler. Le gouvernement français ayant, au commencement de l'année 1880, signalé à lord Grandville, les difficultés dans lesquelles se trouvait l'administration pénitentiaire pour produire les pièces nécessaires à l'extradition des condamnés, Lord Granville répondit que l'extradition aurait lieu pour la Guyane sur la simple preuve de l'identité et de la condamnation des transportés. Pareille mesure n'a pas été étendue par le gouvernement anglais aux demandes d'extradition qui peuvent être faites par les autorités calédoniennes à l'Australie. Le sous-secrétaire d'Etat à la marine, dans une dépêche du 4 octobre 1883, engage néanmoins le gouverneur de la Calédonie à réclamer l'extradition des transportés évadés qui se seront réfugiés dans les colonies australiennes « si incertain, d'ailleurs, ajoute-t-il, que puisse être le résultat de semblables procédures, en raison des exigences manifestées par les autorités britanniques

passée entre la France et la Hollande, autorise également les autorités de la Guyane à extrader les nouveaux transportés du Maroni qui profitent du voisinage de la frontière pour traverser le fleuve et se rendre en territoire étranger.

Pour achever cette question des évasions à l'extérieur, si importante, au double point de vue de la répression pénale et de nos relations avec l'extérieur, nous devons signaler une particularité que présente l'évasion des libérés.

Nous avons vu, dans le chapitre que nous avons exclusivement consacré à cette classe de transportés, que l'obligation de résidence qui leur est imposée, à l'expiration de leur peine, n'en fait pas, à proprement parler, des condamnés. De là une difficulté insurmontable qui s'élève, au point de vue de leur extradition. Comme l'a fort bien fait remarquer M. Léveillé, dans un remarquable article publié dans le *Temps* à propos de la loi sur les récidivistes, le traité d'extradition de 1876 passé entre la France et l'Angleterre, ne permet de réclamer l'extradition que lorsqu'il s'agit d'inculpés ou de condamnés. Les libérés étant consi-

de ces colonies pour accorder l'extradition. Il paraît, en effet, que les magistrats anglais, chargés de l'examen des requêtes de cette nature, réclament la production des pièces de l'information sur le vu desquelles a été rendu le mandat d'arrêt ou la sentence de condamnation, toutes pièces qu'il n'est pas toujours en votre pouvoir de communiquer. » Voy. l'art. 7 de la convention de 1876.

dérés comme ayant achevé leur peine, et le crime
d'évasion ne rentrant pas dans les cas d'extradition
prévus par le traité, il s'ensuit que le gouvernement
français est totalement désarmé. L'application de
la loi sur la relégation amène, au point de vue
spécial qui nous occupe, un résultat identique à
celui que nous venons d'examiner. Le relégué étant
qualifié de libéré, ne peut également être extradé [1].

Pénalités. — *Juridiction.* — Après avoir étudié les
caractères constitutifs du crime d'évasion et avoir
examiné les circonstances diverses dans lesquelles ce
crime s'accomplit, dans nos colonies pénitentiaires, il
nous reste maintenant à indiquer quelles en sont les
conséquences.

Nous devons, ici encore, envisager la question qui
nous occupe au double point de vue des condamnés
en cours de peine et des libérés. L'article 7 de la loi
de 1854, prévoyant le cas où c'est un condamné en
cours de peine qui s'évade, décide : « Tout condamné
à temps qui, à dater de son embarquement, se sera
rendu coupable d'évasion, sera puni de deux ans à
cinq ans de travaux forcés. Cette peine ne se confon-
dra pas avec celle antérieurement prononcée. — La
peine pour les condamnés à perpétuité sera l'applica-

---

1. Voy. *Le Temps* du 18 juin 1884, article reproduit par le *Réveil de
la Guyane* du 24 juillet 1884.

tion à la double chaîne, pendant deux ans au moins et cinq ans au plus. »

Il résulte de ce texte que l'évasion est punie différemment, suivant qu'il s'agit d'un condamné aux travaux forcés à temps ou d'un condamné aux travaux forcés à perpétuité. Le premier n'encourt qu'un supplément de peine, et le crime qu'il a commis ne change guère, actuellement du moins, la situation qu'il avait précédemment ; le second, au contraire, voit sa situation s'aggraver par l'application de la double chaîne. Le législateur de 1854, en punissant de cette façon le transporté condamné déjà aux travaux forcés à perpétuité, maintient une sorte de proportion entre le châtiment nouveau qu'il lui inflige et le cumul qui résulte pour le condamné aux travaux forcés à temps de l'addition de la peine de l'évasion à celle qu'il subissait antérieurement.

Aux termes de l'article 8 de la loi de 1854, « tout libéré coupable d'avoir, contrairement à l'article 6, quitté la colonie sans autorisation, ou d'avoir dépassé le délai fixé par l'autorisation, sera puni de un an à trois ans de travaux forcés. » La disposition fort claire de cet article ne nécessite aucune explication. Nous remarquerons seulement l'expression dont la loi se sert pour qualifier la conduite du libéré, qui abandonne la colonie. Au lieu de dire, comme dans l'article qui précède, que le transporté se rend coupable d'évasion, le législateur emploie simplement les mots « quitter la colonie sans autorisation ». C'est là, croyons-nous, une nouvelle preuve que l'obligation de résidence ne constitue pas, pour le libéré, une condamnation proprement dite.

Les évasions des transportés de toutes catégories sont jugées par les conseils de guerre établis dans nos colonies pénitentiaires. C'est là ce qui résulte de l'article 10 de la loi de 1854 qui a fait l'objet, plus haut, d'une longue explication.

CONCLUSION

La longue étude que nous venons de faire sur la condition des transportés aux colonies nous a permis de constater les résultats obtenus par l'application de la loi du 30 mai 1854.

Ces résultats, nous l'avons vu, sont loin d'être satisfaisants. La perspective d'un voyage au delà des mers, n'inspire plus aucune crainte aux condamnés[1]; le nombre toujours croissant des libérés constitue un grave danger pour nos colonies pénitentiaires qui craignent pour leur sécurité; enfin, la Guyane et la Nouvelle-Calédonie, après de longues années de transportation, n'ont encore retiré que des résultats bien minimes, d'une main-d'œuvre qui devait être consa-

---

1. M. Dislère, dans son troisième rapport sur l'application de la loi de la relégation, s'exprime ainsi :

« On ne saurait dire que la crainte salutaire de l'envoi aux colonies a pu empêcher certains délits... L'envoi aux colonies n'est pas un sujet de crainte pour la plupart des condamnés et dans un très grand nombre de dossiers nous rencontrons l'expression du désir de partir, surtout pour la Nouvelle-Calédonie. » (Dislère, *Rapport sur la relégation*, p. 37.)

crée tout entière à leur amélioration. Donc, ni inti-
midation dans la peine ni reclassement des transportés et peu ou point de colonisation, voilà le résultat
d'une aussi longue expérience, accusé par les notices
officielles elles-mêmes, mais attribué par le rédacteur
officiel à des causes différentes de celles que nous indiquons.

Faut-il donc condamner la transportation comme
un système pénitentiaire mauvais en soi et non susceptible d'aucune améliration[1] ?

Devant une semblable question, nous n'hésitons
pas à prendre parti, et à soutenir que ce ne sera pas
en vain que tant de milliers d'hommes et tant d'argent
auront été dépensés. Seulement le système pratiqué
par l'administration pénitentiaire, défectueux en plusieurs points, doit être modifié[2]. C'est là l'avis de notre
savant maître, M. Léveillé, qui écrivait récemment :
« Il me reste à provoquer et à poursuivre la réforme
administrative de la transportation. Une fois que nous
aurons, grâce à la révision de la loi criminelle, fourni
à l'administration pénitentiaire coloniale une arme
solide et souple, nous aurons le droit d'exiger de ses
chefs qu'ils en fassent un usage intelligent et fécond.
La constitution actuelle de nos colonies pénitentiaires

---

1. Voy. les arguments invoqués pour et contre la transportation, à
la *Société de législation comparée* (Séance du 13 février 1889, *Bulletin
de législation comparée*, mars 1889.)

2. Voy. Dislère, *loc. cit.*, p. 37.

me semble profondément vicieuse. Je pense que le gouvernement devrait au plus tôt résolûment la changer. La réforme administrative de la transportation ne peut plus être retardée. Des actes récents, d'une gravité extrême ont été accomplis, en Calédonie spécialement, dont la légalité me paraît douteuse, dont le péril au contraire me paraît certain[1]. »

Les engagements à long terme de la main d'œuvre pénale, auxquels notre professeur fait ici allusion, nous en avons parlé plus haut, et nous avons montré le danger qu'ils pouvaient causer dans notre colonie océanienne, en aggravant la situation déjà si précaire des libérés.

Dans cette dernière colonie, du reste, il semble que la transportation touche à sa fin. Pour s'y maintenir encore quelque temps, l'administration pénitentiaire abandonne un à un tous les principes de colonisation reconnus jusqu'alors.

Sans revenir sur ce que nous avons dit précédemment, nous croyons devoir cependant signaler un fait qui a son importance. On avait toujours pensé, jusqu'à ces derniers temps, que la main d'œuvre pénale

---

1. Voy. *Le Temps* du 2 mai 1889. — Ajoutons que le sous-secrétaire d'Etat aux colonies a constitué, le 20 mai 1889, une commission administrative permanente chargée de préparer les bases de la réorganisation du service pénitentiaire aux colonies et d'étudier toutes les questions qui se rattachent à l'utilisation de la main-d'œuvre pénale (M. Dislère est président de cette commission et M. Léveillé, vice-président.)

devait précéder la colonisation libre, lui aplanir les
difficultés par des travaux d'utilité publique, et ne gê-
ner en rien son libre développement. Sans parler de
ce qui se passe à l'île des Pins où l'on vient d'expro-
prier à grands frais les cultivateurs libres, pour donner leurs terres aux récidivistes nouvellement débarqués, nous apprenons que, pour installer des fermes
agricoles et des concessionnaires, on vient d'acheter
et de prendre à bail des terrains déjà cédés à des immi-
grants [1]. Mieux eut valu reconnaître que la transportation a fait son temps en Calédonie et lui chercher de
nouveaux débouchés. Cette île n'est pas la seule
possession française où nous puissions envoyer nos
forçats.

En Guyane, la vaste région du Maroni est loin d'être
peuplée, et nos établissements d'Afrique (exception
faite de l'Algérie) pourraient aussi recevoir des con-

1. Le 18 mars 1879, un contrat est intervenu entre l'administration
pénitentiaire et M. Higginson, par suite duquel ce dernier a donné à
bail à ferme l'établissement agricole et industriel de Koé et de ses
dépendances, Nemba, Koutio-Kouéta et Plaine-Adam.

(Journal l'*Avenir de la Nouvelle-Calédonie* du 8 février 1889.)

Le journal *Le Temps* du 28 janvier 1889 a publié le texte d'un contrat
par lequel M. Cardozo a vendu à l'Etat, au prix de 865.800 francs, la propriété d'Ouaménie-Bouloupari. L'art. 3 du contrat dit que cette somme
de 865.800 francs sera payée en dix annuités et en journées de main-
d'œuvre pénale calculées au prix de 1 fr. 30 par jour. M. Cardozo a,
depuis, transféré la main-d'œuvre pénale ainsi obtenue à la compagnie
minière le « Nickel », qui lui en a remboursé la valeur en espèces.
ournal le *Colon de la Nouvelle-Calédonie* du 23 février 188'.)

damnés. La transportation ne peut pas avoir toujours lieu dans les mêmes régions.

Espérons que l'expérience du passé servira de leçon dans les tentatives nouvelles qui seront faites, un jour ou l'autre, dans nos autres colonies. La colonisation pénale, en quelque endroit qu'elle se pratique, est une œuvre longue et difficile. Il faut, pour la mener à bonne fin, de l'intelligence, du dévouement et de la constance. Ces qualités différentes sont encore assez fréquentes chez nos administrateurs pour que nous ayons bon espoir dans le résultat de l'œuvre qu'ils entreprendront de mener à terme.

POSITIONS

DROIT ROMAIN

POSITIONS PRISES DANS LA THÈSE

I. La *controversia de fine* portait sur un espace compris dans les deux pieds et demi à partir de la ligne séparative.

II. A Rome les *flumina* étaient *publica* ou *privata* suivant qu'ils étaient on non *perennia*.

III. L'action *finium regundorum* était une action personnelle.

IV. L'action *finium regundorum* n'était pas de bonne foi, ni de droit strict, elle était arbitraire.

POSITIONS PRISES HORS DE LA THÈSE

I. Le *damnum non corpori datum* ne donnait lieu qu'à une action *in factum* différente de l'action *utilis ex lege Aquilia.*

II. Les pactes et stipulations ne pouvaient, même

sous Justinien, constituer des servitudes comme droits réels.

Le *jus antiquum* ne s'exerçait pas sur les *caduca*.

IV. En cas de constitution d'hypothèque de la chose d'autrui, le créancier n'avait d'action hypothécaire utile contre le débiteur devenu par la suite proprié-taire que s'il avait été de bonne foi.

DROIT FRANÇAIS

POSITIONS PRISES DANS LA THÈSE

I. La peine de la transportation n'est pas suffisamment intimidante.

II. La loi de 1885, qui a remplacé la surveillance de la haute police par l'interdiction de séjour, nuit à la sécurité des colonies pénitentiaires.

III. Les pénalités encourues par les transportés sont insuffisantes.

IV. La main-d'œuvre pénale consacrée à l'industrie privée vient nuire au reclassement des libérés.

POSITIONS PRISES EN DEHORS DE LA THÈSE

DROIT CIVIL

I. La séparation de corps n'entraîne pas, comme le divorce, la révocation de plein droit des libéralités que l'époux qui l'a obtenue peut avoir faites à son conjoint.

II. L'acquéreur d'un immeuble hypothéqué n'est pas recevable à écarter les poursuites dirigées contre lui, en alléguant que le créancier, par suite de sa négligence, l'a privé de l'effet utile de la subrogation légale, établie en sa faveur.

III. Les héritiers du donateur ne peuvent pas opposer le défaut de transcription de la donation.

IV. Les parents d'un enfant naturel ne peuvent le réduire à la moitié de sa part héréditaire, conformément à l'article 761 C. C., que s'il y consent.

DROIT PÉNAL

Les juges d'instruction ont le droit de saisir, dans les bureaux de poste les lettres dont la connaissance leur est utile.

DROIT COMMERCIAL

Le mari seul peut donner à sa femme le droit de faire le commerce; l'autorisation de justice ne saurait y suppléer.

ENREGISTREMENT

I. La transaction qui ne contient qu'un partage de

l'objet litigieux, ne donne jamais lieu qu'à la perception du droit fixe.

II. La cession de droits successifs faite par l'un des cohéritiers à tous les autres, constitue un véritable partage, dans le sens des articles 883 C. C. et 68 de la loi du 22 frimaire an VII.

Vu par le Doyen,   *Vu par le Président de la Thèse,*
Colmet de Santerre.   J. Léveillé.

Vu
et permis d'imprimer,
Le Vice-Recteur
de l'Académie de Paris,
Gréard.

TABLE DES MATIÈRES

De la condition des transportés aux colonies.

Châteauroux. — Typographie et Stéréotypie A. MAJESTÉ